Riga
LETTLAND
stsee
LITAUEN
KALININGRAD
(RU)
Vilnius
Wolfsschanze
OSTPREUßEN
Minsk
Grenzverlauf 1937
WEIßRUSSLAND
Warschau
OLEN
Grenzverlauf 1937
Kiew
UKRAINE
SLOWAKEI
atislava
Budapest
MOLDAWIEN
UNGARN
Chisinau

JAN MARTIN OGIERMANN

Geheimnisvolle ORTE

REICHSKANZLEI | CARINHALL
BOGENSEE | HOHENLYCHEN | WOLFSSCHANZE

rbb PLAZA Das Erste

PLAZA
ist ein Imprint der

HEEL Verlag GmbH
Gut Pottscheidt
53639 Königswinter
Tel.: 02223 9230-0
Fax: 02223 9230-13
E-Mail: info@heel-verlag.de
www.heel-verlag.de

In Kooperation und mit freundlicher Genehmigung
rbb rbb media

Autor: Jan Martin Ogiermann
Gestaltung: Sabine Vonderstein, Köln
Lektorat und Projektleitung: Ulrike Reihn-Hamburger

Fotos:
© Picture Alliance
Mit Ausnahme von:
© rbb: 72, 100/101, 106, 129, 159
© Bundesarchiv: 30 r (Bild 183-R77793 / SNB – Sowjetisches Nachrichtenbüro), 32 (Bild 183-J31334 / Scherl), 59 (Bild 146-1979-175-10), 67 o, ul (Bild 183-M0903-329 und Bild 183-M0903-328 / Otto Donath), 74 (Bild 183-1990-1002-500 / Scherl), 75 (Bild 183-R32860), 76 (Bild 146-1978-086-03), 84 (N 1790 Bild-004 und N 1790 Bild-018), 89 l (BildY 3-1109-08 / SAPMO), 92 o (BildY 3-1113-01 / SAPMO), 95 (Bild 183-93126-0019 / Eva Brüggemann), 96 u (Bild 183-Z1210-421 / Klaus Franke),
© Mahn- und Gedenkstätte Ravensbrück: 122 (Foto-Nr. 1694)
© Berlin-Brandenburgisches Wirtschaftsarchiv e.V./Archiv Philip Holzmann: 20, 43 u, 51 ol, 51 ur, 54
© DEFA-Stiftung/„Der Augenzeuge 1947/66“: 89 o/r
© Archiv der Stiftung August Bier für Ökologie und Medizin: 113
© Wikimedia Commons: 19, 49, 104
© agk images: 63 o + 111 (Interfoto), 96 o (ddrbildarchiv.de), 107 o (Imagno), 107 u (Science Source), 145 (TT Nyhetsbyrån AB)
© ullstein bild: 38/39 + 46 + 134 (Süddeutsche Zeitung Photo), 51 + 53 (Ernst Sandau), 63 (Rosemarie Clausen), 109 (Imagno), 143 (adoc-photos), 146 (Chronos Dokumentarfilm GmbH), 135, 142, 149
© Alamy Stock / Reinhard Schultz: 29
© Imago/Hohlfeld: 73, 79, 81 o
© Adobe Stock: 27 (a_medvedkov); 103 (Tilo Grellmann), 157 (Maurizio)
© Christian von Steffelin: S. 82 u
© Ralph Handmann: Pläne und Grundrisse
© Jan Martin Ogiermann: 69, 102, 108

Printed in Slovakia

ISBN 978-3-95843-990-0

VORWORT
GEHEIMNISVOLLE ORTE

Wer mit dem Fahrrad oder dem Auto in den Wäldern der Schorfheide nördlich von Berlin unterwegs ist, der landet vielleicht – sollte er durch Zufall oder mit Absicht den richtigen Forstweg genommen haben – an einer von klotzigen Torhäusern gesäumten Einfahrt. Kein Wegweiser, kein Schild macht darauf aufmerksam: Hier begann einst das Reich von Hermann Göring, führender Politiker des NS-Regimes und zweiter Mann nach Adolf Hitler. Die ehemaligen Torhäuser für die Wachsoldaten markieren den Eingang zu Carinhall, Görings legendärem Jagd-Anwesen in der Schorfheide. Hier frönte der Nazi-Führer seiner Leidenschaft, der Jagd, und zelebrierte einen pompös-selbstherrlichen Lebensstil – inklusive Raubkunst-Ausstellung und Trophäensammlung. Bis auf die alten Wachhäuser erinnert nichts mehr an dieses düstere Kapitel der deutschen Geschichte. Der Schlossherr, Hermann Göring, hatte kurz vor Kriegsende den Befehl zur Sprengung der Anlagen gegeben. Mit den Jahren wuchsen Gras, Gestrüpp und märkische Kiefern über die Reste des düsteren Märchenschlosses. Carinhall ist ein wahrhaft „Geheimnisvoller Ort". Ein Ort, um den sich Geschichten und Gerüchte ranken. Und ein Ort, an dem es lohnt innezuhalten, um die Schichten der deutschen Vergangenheit freizulegen. Denn das ist das so unglaublich Spannende und Lehrreiche bei einer Spurensuche in der Region Berlin-Brandenburg: Auf Schritt und Tritt begegnen einem Zeugnisse der wechselvollen Geschichte und man kann Bezüge herstellen zu den historischen Umbrüchen, zu Herrschern und Beherrschten, zu Politik und Alltag in dieser deutschen Kernregion. Seit 2003 hat der Rundfunk Berlin-Brandenburg (rbb) für die Dokumentationsreihe „Geheimnisvolle Orte" weit mehr als 100 Ortserkundungen produziert. Die Serie gehört damit zu den erfolgreichsten Dokumentationsreihen im deutschen Fernsehen.

Für dieses Buch hat Jan Martin Ogiermann, der an zahlreichen historischen TV-Projekten des rbb mitgearbeitet und bereits mehrere historische Sachbücher veröffentlicht hat, fünf „neuralgische" historische Knotenpunkte ausgewählt: neben Carinhall die Reichskanzlei im Berliner Regierungsviertel, das Goebbels-Landhaus mit der FDJ-Schule bei Wandlitz, die Lungenheilanstalt Hohenlychen und Hitlers „Führerhauptquartier" in Ostpreußen, die Wolfsschanze. All diese Orte verbindet der Schatten der Nazi-Herrschaft. Dort haben nationalsozialistische Akteure ihre Macht zelebriert oder folgenreiche Entscheidungen getroffen. Und überall kann man als Reisender, Gast oder Lesender der Geschichte auf die Spur kommen. Dazu möchte dieses kundige Buch einladen.

Johannes Unger, Leiter Dokumentation und Zeitgeschehen des rbb

EINLEITUNG

In und um Berlin entstanden während der nationalsozialistischen Herrschaft Orte politischer Machtausübung und Repräsentation. Das Zentrum dieser Herrschaftslandschaft bildete die Reichskanzlei im Regierungsviertel, ihre Peripherie lag vor allem nördlich der Hauptstadt: Carinhall in der Schorfheide, wo Hermann Göring residierte; der Bogensee bei Wandlitz, an dessen Ufer Josef Goebbels wohnte und arbeitete; das Sanatorium Hohenlychen in der Uckermark, wo zeitweise Albert Speer und Heinrich Himmler ihre Befehlsstellen aufschlugen. Eine weitere Herrschaftslandschaft entstand ab 1940 in Ostpreußen mit dem Führerhauptquartier Wolfsschanze als Herzstück.

Die 1939 eingeweihte Neue Reichskanzlei war ein ganz auf Überwältigung ausgerichteter Schlossbau. Hitler verstand ihn als Ausdruck machtpolitischer Expansion. Der Bauherr bediente sich, ungeachtet der Eigenheiten im Detail, barock-absolutistischer Formen. Diese sollte die unangefochtene Stellung des „Führers" über den Institutionen und Bewohnern des Staates zum Ausdruck zu bringen. Hitler sagte, er wolle nicht „in ehemalige Schlösser hineingehen" und baute für sich einen sündhaft teuren Palast, der seine zur Schau gestellte Bescheidenheit Lügen strafte. Hinzu kamen konzeptuelle Mängel: wegen der eigenwilligen Standortwahl und Planung wich die Neue Reichskanzlei in wichtigen Punkten von ihren Vorbildern ab. Weder schöpfte der Palast im engen Stadtraum seine volle monumentale Wirkung aus, noch war er symmetrisch und von einer geradlinigen Achse durchzogen. Diese Unausgegorenheit des Repräsentationsbaus lässt sich als Sinnbild für die impulsive Hast begreifen, die regelmäßig die Politik des NS-Regimes kennzeichnete.

Noch vor Hitler baute sich Göring, „Zuständigkeitsgigant" und „zweiter Mann des Dritten Reichs", eine feudale Residenz in die Einsamkeit der märkischen Wälder. In dem 1933 bis 1940 schrittweise ausgebauten Anwesen Carinhall knüpfte er an das lange gehütete adelige Privileg der Jagd an; schon mit der Wahl der Schorfheide, jahrhundertelang das Revier der Hohenzollern, inszenierte sich der „letzte Renaissancemensch" als Erbe der abgedankten Dynastie. Die Jagd und sein Jagdschloss bildeten den Rahmen für Diplomatie und Selbstdarstellung, bei der Göring auf Luxus, Kunstschätze und Extravaganz setzte. Der beliebte Göring hatte großen Erfolg mit seiner PR-Strategie, obwohl die dahinterstehende Korruption und Verschwendung unschwer zu erkennen waren. Offensichtlich war es gerade seine demonstrative Bedenkenlosigkeit, die ihn populär machte. Wie von der Reichskanzlei blieben kaum Spuren des kurz vor Kriegsende gesprengten Jagdschlosses.

Neidisch auf Göring schaute Propagandaminister Josef Goebbels, dem, bei allem Einfluss in der Medien- und der Kulturpolitik, nicht annähernd vergleichbare Mittel zur Verfügung standen. Der Gauleiter von Berlin ließ sich sein Fertighaus am Bogensee 1936 von der „dankbaren Reichshauptstadt" schenken und bezog 1939 eine Villa, in der er während des Krieges mit seiner Familie wohnte, und ein Dienstgebäude, von dem aus er das Propagandaministerium zeitweise steuerte. Mit seiner Frau Magda und den sechs Kindern bildete er die Vorzeigefamilie des „Dritten Reichs", das Haus am See war die Kulisse für deren Auftritte in der Wochenschau. Der „Waldhof" vertrug sich insgesamt mit dem von Goebbels gepflegten Image von Bescheidenheit und Fleiß. Als Herr über den deutschen Film gab er dort Feste für bekannte Schauspieler und begutachtete hetzerische Propagandawerke, die einen beträchtlichen Beitrag zur Kriegs- und Vernichtungspolitik des Regimes lieferten. 1946 übernahm die Freie Deutsche Jugend das äußerlich unversehrte Anwesen und richtete darin ihre Jugendhochschule ein. In den Fünfzigerjahren entstand ein großzügiger, gleichfalls schlossartiger Neubau. Die Jugendhochschule war über Jahrzehnte Kaderschmiede und ein privilegierter Ort internationaler Begegnung. Im Jahr 2021 steht der Komplex leer.

Als Schaltzentrale führender NS-Politiker diente vorübergehend auch Hohenlychen, das aber schon Jahrzehnte zuvor ein Ort mit großer Strahlkraft geworden war. Die Heilstätte ging auf die Sozialpolitik und die Behandlung von Tuberkulosekranken im Kaiserreich zurück, vor und nach dem Ersten Weltkrieg wurde dort international beachtete Spitzenmedizin betrieben. 1933 übernahm Karl Gebhardt, ein persönlicher Bekannter Heinrich Himmlers, die Leitung und entwickelte neue Methoden für die Wiederherstellung Versehrter. Zur Erholung und Gesundung fanden sich in den Dreißigerjahren Prominente, Politiker und Leistungssportler ein. Ab 1939 stellte der SS-Arzt Gebhardt sich und sein Krankenhaus in den Dienst der Kriegsanstrengung. Dazu gehörten auch Menschenversuche an polnischen Frauen und jüdischen Kindern. 1943 kam Rüstungsminister Speer als Patient nach Hohenlychen, 1944/45 nahm dort SS-Chef Himmler mit seinem Stab Quartier. Nach 1945 richtete die Sowjetarmee ein Lazarett ein. 2021 sind einige Gebäude saniert, sie enthalten Wohnungen und ein Seniorenheim.

Weitab der Hauptstadt lag das Führerhauptquartier Wolfsschanze. Es wurde ab 1940 nahe dem ostpreußischen Rastenburg gebaut, um von dort den Krieg gegen die Sowjetunion zu steuern. In den Baracken und Bunkern wurden Feldzüge kommandiert und verbrecherische Befehle gegeben. Weitere militärische und zivile Befehlsstellen siedelten sich im weiteren Umkreis der Wolfsschanze an. In symbolischer Hinsicht war die stark gesicherte Bunkersiedlung im Wald das Gegenstück zum Prunk der Reichskanzlei. Hier diente alles dem militärischen Zweck, und Hitler konnte sich als Verzicht übender Kriegsherr darstellen. Am 20. Juli 1944 überlebte er dort knapp das Attentat durch Claus von Stauffenberg. Bei ihrem Abzug sprengte die Wehrmacht die Bunker, die seit den späten 1950er Jahren für den Tourismus erschlossen wurden. Hunderttausende besichtigen Jahr für Jahr die gigantischen Trümmer.

Was zeichnet diese Orte aus? Einmal ist da der Rückgriff auf die feudale Symbolsprache: langgezogene Schlossbauten mit Höfen und kostbarer Ausstattung, dazu der Aufenthalt auf Landsitzen, wie schon die großen Familien des alten Preußens zwischen ihren Stadtpalais in der Wilhelmstraße und den herrschaftlichen Häusern auf ihren Gütern zu pendeln pflegten. Während das Regime die Überwindung der Stände und Klassen durch die „Volksgemeinschaft" behauptete, stellten besonders Hitler und Göring mittels aristokratischer Zeichen heraus, dass sie weit über allen anderen und über dem Recht standen. Sodann ist da der Wald: Carinhall und die Goebbels-Villa lagen tief in den Forsten Brandenburgs, die Wolfsschanze verschwand regelrecht unter und zwischen den Kiefern und Buchen Masurens. Dort verband sich das Bedürfnis nach Tarnung mit dem mythischen Potenzial des „deutschen Waldes", das offensichtlich auf die Bauherren wirkte und ihnen zu Diensten sein sollte. Schließlich ist da die Rolle der Topografie in der Politik: Goebbels hatte neben dem Ministerium in der Wilhelmstraße „nur" den Bogensee und keinen Amtssitz nahe Rastenburg, was ihn im Kampf um Einfluss benachteiligte. Andererseits konnte Göring auch von seinen ostpreußischen Stützpunkten aus den eigenen Bedeutungsverlust nicht verhindern. Hohenlychen diente zwei mächtigen Politikern in prekären Situationen als Rückzugsort und war so gut angebunden, dass sie von dort ihre Amtsgeschäfte führen konnten. Doch wo auch immer sie gerade saßen – Hitler und seine Getreuen verfolgten bis zum Ende ihre Politik von Krieg und Vernichtung.

DIE REICHSKANZLEI

VOM ADELSPALAIS ZUM „FÜHRERSCHLOSS"

In der Wilhelmstraße siedelten sich seit dem späten 18. Jahrhundert Regierungsbehörden an. Die wichtigste Adresse war seit 1875 die Nummer 77 mit der Reichskanzlei Otto von Bismarcks. In der Weimarer Zeit wurde sie erweitert, dann baute sich Adolf Hitler in der Voßstraße einen schlossartigen Amtssitz, die Neue Reichskanzlei. Sie ähnelte in vielem barocken Schlössern und symbolisierte auf diese Weise die uneingeschränkte Macht des „Führers". Im Bunker neben dem „Führerschloss" endete Hitlers Herrschaft mit Selbstmord. Die Sowjets räumten den Riesenbau ab, die DDR errichtete an seinem früheren Standort Wohnhäuser. Direkt daneben erinnert das Denkmal für die ermordeten Juden Europas an die NS-Verbrechen.

EIN PALAIS IN DER WILHELMSTRASSE

Am Ursprung der Reichskanzlei steht das preußische Militär und sein Geldbedarf. Um diesen zu decken, schaffte König Friedrich Wilhelm I. den teuren Berliner Hofstaat ab. Er übersah allerdings, dass die Herrschaften kräftig konsumierten und dabei für die Verbrauchssteuer aufkamen, die das Rückgrat der preußischen Finanzen bildete. Zum Ausgleich nahm der Monarch eine Vergrößerung der Hauptstadt in Angriff, die Wirtschaftskraft der Neuberliner sollte die Steuerlücke schließen.

Die Reichskanzlei während der Amtszeit Otto von Bismarcks

Die Wilhelmstraße wurde in den 1730er Jahren angelegt, als eine der drei Nord-Süd-Achsen der damals nach Süden erweiterten Friedrichstadt. Im südlichen Abschnitt wurden Handwerker, Manufakturen und Kaufleute angesiedelt, im nördlichen zwischen der Leipziger Straße und Unter den Linden bauten sich Adelige und vermögende Bürger schmucke Stadtpalais. Den neuen Anwohnern war gemeinsam, in militärischer oder administrativer Funktion für den preußischen Staat tätig zu sein. Die 40 bis 60 Meter breiten Grundstücke waren auf der Westseite der Straße besonders tief. Sie erstreckten sich 300 bis 400 Meter bis zur Akzisemauer, der Stadtgrenze, und boten reichlich Platz für Gärten. Neben den Handwerkern und Kaufleuten am unteren Ende der Straße erhielten auch die privilegierten Bauherren der Palais von der Krone das Baumaterial, zum Teil auch die Grundstücke geschenkt. Zu den Begünstigten zählte Adolf Friedrich Graf von der Schulenburg, dessen Palais, die Nummer 77, später die Reichskanzlei beherbergen sollte. Die Investition brachte dem König jedoch kein Glück. Bei der Einweihungsfeier des noch nicht getrockneten Palais Schulenburg holte er sich 1739 eine schwere Erkältung und starb im folgenden Jahr. Ihm zu Ehren wurde die neu gebaute Straße ge-

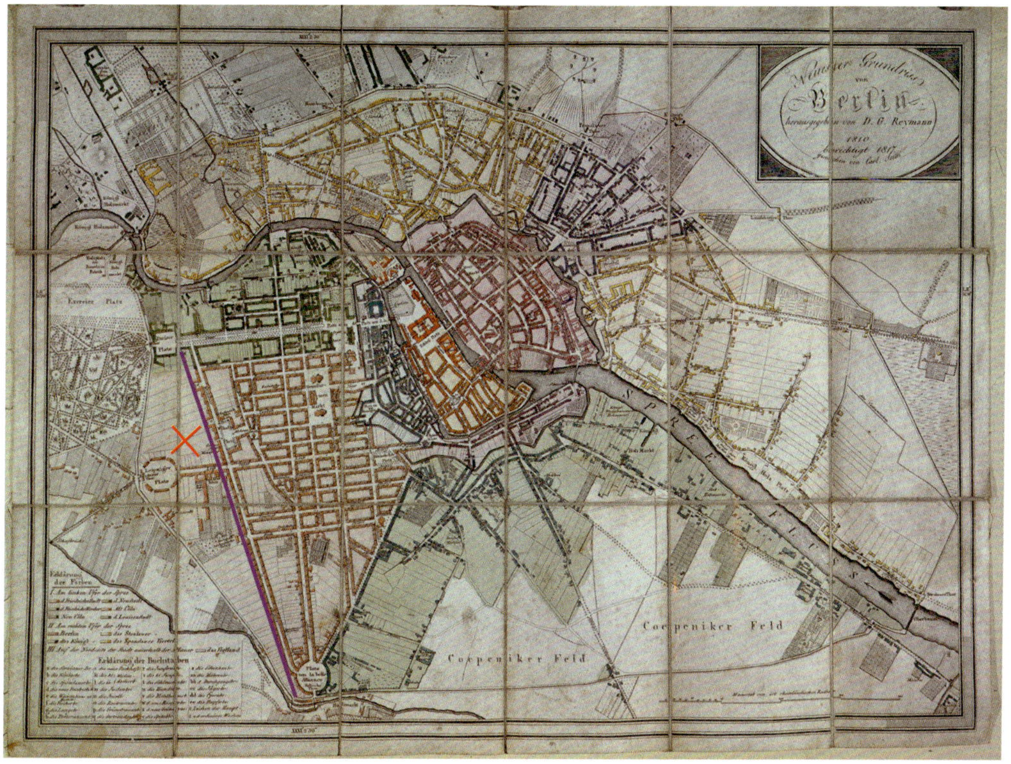

Auf diesem Stadtplan von 1810 verläuft die lila hervorgehobene Wilhelmstraße zwischen dem quadratischen Platz vor dem Brandenburger Tor und dem Rondell vor dem Halleschen Tor.

pflastert und, nachdem sie zuerst „Husarenstraße“ geheißen hatte, nach ihrem Begründer umbenannt.

Friedrich Wilhelms Nachfolger Friedrich II. baute lieber im Zentrum Berlins und schenkte dem jungen Stadtteil wenig Beachtung. Zahlreiche Palais in der nördlichen Wilhelmstraße wechselten bis Ende des 18. Jahrhunderts mehrmals den Besitzer. Oft zogen Adelige aus, Großbürger ein. Das Palais Schulenburg blieb in aristokratischem Besitz. In den 1790er Jahren hatte König Friedrich Wilhelm II. das leerstehende Haus diskret von den Schulenburgs erworben und darin seine Geliebte Julie Gräfin Dönhoff untergebracht. Nachdem er die Beziehung beendet und die Gräfin Berlin verlassen hatte, verkaufte er 1796 an die Radziwills. Das aus Litauen stammende Fürstengeschlecht zählte seit der vollständigen Teilung Polens 1795 zu den edelsten Untertanen des Monarchen an der Spree. Fürst Anton (1775–1833) wollte eine tragfähige Verbindung des preußisch gewordenen Landesteils an Berlin herstellen und amtierte als Statthalter in Posen. Seine Berliner Residenz diente indessen als ein Zentrum der katholischen Minderheit in der Hauptstadt wie auch als Bühne des kulturellen

Wilhelmstraße und Wilhelmplatz, ca. 1860.

und gesellschaftlichen Lebens. Im Salon gruppierten sich die Damen und Herren zu „lebenden Bildern“ und lauschten Kompositionen des Hausherrn. Auch Frédéric Chopin spielte in der Wilhelmstraße 77.

Selbst die Pracht der Radziwills änderte nichts an der stetigen Verbürgerlichung der Wilhelmstraße.

Die Entwicklung missfiel König Friedrich Wilhelm III., der das staatstragende Projekt seines Urgroßvaters weiterentwickeln wollte. Statt Adelsgeschlechter anzulocken, siedelte er jedoch die Spitze seiner Verwaltung in dem Viertel an. 1799 brachte er den Amts- und Wohnsitz des „Groß-Canzlers“ in der Wilhelmstraße 74 unter. Das einst für Friedrich von Kellner errichtete Palais verfügte über ausreichend Platz für Büros wie auch über die gebotenen repräsentativen Qualitäten. Gleich neben dem obersten Staatsdiener bezog der „Chef des Departements für auswärtige Angelegenheiten“ das Pannewitzsche Palais mit der Hausnummer 76. Die Machtverschiebung vom Schloss hin zum westlichen Rand der Friedrichstadt nahm ihren Anfang. Auch in Wien, Paris und London siedelte in dieser Zeit die Regierungsspitze von der Herrscherresidenz in eigene Amtsgebäude um.

VOM ADELSSITZ ZUM MACHTZENTRUM

In den 1870er Jahren wollten die Radziwills ihr Palais verkaufen und fanden im gerade zum Reichskanzler aufgestiegenen Otto von Bismarck einen zahlungskräftigen Interessenten – den Kaufpreis von 6 Millionen Goldmark beglich das Deutsche Reich aus den Frankreich 1871 abgepressten Kriegsreparationen. Ab 1875 arbeitete Bismarck in der Wilhelmstraße 77, und im Mai 1878 richtete er sich mit Abschluss aufwändiger Umbau- und Modernisierungsarbeiten in seiner Dienstwohnung im ersten Stock des rechten Seitenflügels ein. Dem Regierungschef einer Großmacht genügten vorerst drei Arbeitsräume im Erdgeschoss, sein Stab zählte vier Beamte sowie einige Schreibkräfte. Wenige Wochen nach der offiziellen Eröffnung tagte im Festsaal des Reichskanzler-Palais die Berliner Konferenz. Nach einem der regelmäßigen Waffengänge zwischen dem Osmanischen und dem Russischen Reich regelte sie – wenig dauerhaft – die Angelegenheiten in Südosteuropa. 1884/85 besprachen im selben Raum, er lag im ersten Stock des Mitteltrakts, die europäischen Kolonialisten bei der Kongo-Konferenz die Aufteilung Afrikas.

„Der Kongress zu Berlin“, Gemälde von Anton von Werner, 1881

Im Gründerboom explodierten die Bodenpreise. Ein Bau- und Immobilienunternehmen erwarb 1871 das Palais Marschall beziehungsweise die Wilhelmstraße 78. Bismarck hatte erwogen, das über 400 Meter tiefe Grundstück zu kaufen, um dessen Aufteilung und den Bau von Mietshäusern zu verhindern und dort Behörden anzusiedeln, wollte den saftigen Preis aber nicht aufbringen. Der Käufer, die Deutsche Baugesellschaft, riss das Palais ab und legte die nach dessen letztem Eigentümer, dem General Ferdinand August Hans Friedrich Graf von Voß benannte Straße an. Die Adresse Voßstraße 1 an der Ecke Wilhelmstraße belegte das Palais des Industriemagnaten Albert Borsig, sein Nachbar in der Wilhelmstraße 78 war der schlesische Kohlebaron und Fürst Hans Heinrich XI. von Pleß. Weiter westlich in der Voßstraße fanden neben luxuriösen Mietshäusern die Gesandtschaften mehrerer deutscher Bundesstaaten ihren Platz.

Die Reichskanzlei war eine von vielen Reichsbehörden, die sich entlang der Wilhelmstraße ansiedelten, neben dem Reichsschatzamt, dem Reichspostamt, dem Reichskolonialamt und so weiter. Sie lagen bevorzugt auf der Westseite der Straße, die preußischen Ministerien auf der östlichen. Das Regierungsviertel griff derweil Richtung Süden und Osten aus. Botschaften und Luxus-Hotels siedelten sich an, Dutzende Banken- und Unternehmenszentralen saßen zwischen Wilhelmstraße und Spree, die politische und wirtschaftliche Macht konzentrierte sich auf wenigen Quadratkilometern.

Mit der Bedeutung des Viertels wuchsen auch die Behörden. Die Zeiten, in denen Bismarck mit vier Beamten die Politik des Reiches leitete, währten nicht lange. Kurz vor dem Ersten Weltkrieg arbeiteten in der Wilhelmstraße 77 bereits einige Dutzend Mitarbeiter, die inzwischen die Räume der Kanzlerwohnung in Beschlag genommen hatten. Die Reichskanzlei erwarb 1913 das benachbarte Grundstück mit dem Palais Pleß, das, noch keine 40 Jahre alt, für einen Erweiterungsbau abgerissen wurde. Dessen Realisierung verhinderte der Kriegsausbruch 1914.

BEWAHRUNG UND ERWEITERUNG IN DEN WEIMARER JAHREN

Nach dem Ende des „Großen Krieges" ließen die Weimarer Politiker in der Wilhelmstraße baulich zunächst alles beim Alten. Sie übernahmen ein geschwächtes, politisch zerrissenes Land und hatten andere Sorgen, als sich um architektonische Selbstdarstellung zu kümmern. Erster Reichskanzler wurde 1919 Philipp Scheidemann, der am 10. November 1918 von einem Fenster der Reichskanzlei die Ausrufung der Republik wiederholt hatte. Die politische Lage blieb auch nach der Revolution lange volatil: Von Scheidemanns sieben Nachfolgern bis 1930 bezogen zwei das Reichskanzlerpalais gleich zweimal.

Ein wichtiger Funktionswandel betraf die Wilhelmstraße 73. Dort hatte sich 1859 das Ministerium des Königlichen Hauses eingerichtet und die Reichskanzlei stets scharf im Blick behalten – keiner der Nachfolger Bismarcks erlangte eine ähnliche Machtfülle wie der „Eiserne Kanzler". Nachdem das Reich den entthronten Hohenzollern den Bau abgekauft hatte, residierte ab November 1919 Friedrich Ebert im nunmehrigen Reichspräsidenten-Palais. Die Weimarer Republik wurde von einer Doppelspitze geführt: vom Reichspräsidenten, der als „Ersatzkaiser" Herr des Notstands und Befehlshaber der Streitkräfte war, und dem Reichskanzler, der zwischen Präsident und Parlament stand. Räumlich trennten die Machtpole drei Hausnummern bzw. das zwischen ihnen angesiedelte Auswärtige Amt. Ein drittes Machtzentrum lag auf der anderen Straßenseite: Im Preußischen

10. November 1918: In einem Fenster der Reichskanzlei stehend ruft Philipp Scheidemann die Republik aus.

Staatsministerium, der Nummer 63, saß ein Ministerpräsident, dessen Teilstaat zwei Drittel der Fläche und 60 Prozent der Bevölkerung Deutschlands besaß. Da nun nicht mehr, wie im Kaiserreich, die ständig wechselnden Reichskanzler auch als Preußens Ministerpräsidenten amtierten, konnte sich das beständig vom Sozialdemokraten Otto Braun regierte Land zu einer Stütze der Demokratie entwickeln.

Die Weimarer Verfassung machte aus den alten Reichsämtern vollwertige Reichsministerien. Im Reichskanzlerpalais erforderten die Stärkung der Zentralgewalt, die kollegiale Kabinettsarbeit und die Richtlinienkompetenz des Regierungschefs viel zusätzliches Personal. Für das schon vor dem Ersten Weltkrieg abgeräumte Grundstück Wilhelmstraße 78 schrieb die Reichskanzlei einen Architekturwettbewerb aus, den Eduard Jobst Siedler und Robert Kisch gewannen. Von 1928 bis 1930 entstand ein Bau, dessen Hülle bereits einige Merkmale späterer NS-Archi-

Die Gartenseite der Reichskanzlei um 1920

tektur zeigte: eine Fassade mit wenig gegliederten Werksteinflächen, steinerne Rahmungen um große Fenster und eine monumentale Bauidee, die sich von den Palastfassaden der Gründerzeit ebenso absetzte wie von der Transparenz und kantigen Leichtigkeit der klassischen Moderne. An der als „Dienstgebäude" bezeichneten Erweiterung stach ein leicht zurückgesetzter, um ein Stockwerk höherer Turmbau hervor, der, wie auch einige weitere abgesetzte Fassadenelemente und Gesimse, für eine Auflockerung des Baukörpers sorgte, die diesen von der blockhaften Härte der späteren NS-Verwaltungsbauten unterschied.

Noch ehe das Dienstgebäude zur Jahreswende 1930/31 eingeweiht war, verlor das Amt des Reichskanzlers seine Stütze im Parlament und geriet in weitgehende Abhängigkeit von Präsident Paul von Hindenburg und seinen Notstandsvollmachten. Unter dem Einfluss nationalkonservativer Kreise aus Adel, Militär, Beamtenschaft und Industrie ließ Hindenburg 1932 Kanzler Heinrich Brüning fallen und dem Straßenterror der Nationalsozialisten, deren Wähler- und Anhängermassen den rechten Kräften die Macht sichern sollten, freie Bahn. Dann gab der Reichspräsident der Absetzung der preußischen Minderheitsregierung unter Otto Braun seinen Segen, das Reich kassierte Preußen einfach ein. Es folgten diverse Wahlen und Winkelzüge der aristokratisch-militärischen Clique, die schließlich ihr Ziel erreichte: eine Rechtsregierung und die Zerstörung der Demokratie.

HITLER IN DER REICHSKANZLEI

Am 30. Januar 1933 fuhr der Vorsitzende der stärksten Partei im Reichstag, Adolf Hitler, die wenigen Meter vom Hotel Kaiserhof am Wilhelmplatz, wo er in Berlin bevorzugt wohnte, in die Reichskanzlei. Dort war für die Dauer von Renovierungsarbeiten der Reichspräsident untergekommen. Im Festsaal, wo Bismarck einst die Diplomaten Europas empfangen hatte, legte Hitler den Amtseid ab. Eine vom Berliner Gauleiter Josef Goebbels organisierte Menge erwartete ihn an der Ausfahrt und jubelte ihm zu. Am Abend stand er an

Hitler nimmt am 30. Januar 1933 die Huldigung der Menge vor der Reichskanzlei entgegen.

einem Fenster des Dienstgebäudes und betrachtete die vorüberziehenden Kolonnen der SA.

Den Amtssitz, dessen „Eroberung“ ihn mit großem Stolz erfüllte, mochte Hitler nicht. Das Dienstgebäude verglich er herablassend mit einem „Feuerwehrgebäude“[1] und dem „Verwaltungsgebäude eines Seifenkonzerns“, dessen Inneres mit einem „Lungensanatorium“.[2] Nur widerwillig nutzte er zunächst das zurückhaltend moderne, ihm mit 60 Quadratmetern viel zu kleine Kanzlerbüro im Dienstgebäude und bewohnte dort im vierten Stock die großzügige Staatssekretärswohnung. Sogleich begann ein Umbau. Im baulich vollkommen intakten Reichskanzlerpalais wurden Wände eingerissen, Stuck abgeschlagen und Holzverkleidungen entfernt.

Im ersten Stock des nördlichen Gebäudeteils entstanden bis Mai 1934 ein neues Büro für Hitler und die zum Garten hinausgehende Kanzlerwohnung, später „Führerwohnung“. Im Mitteltrakt wurde die Raumaufteilung für einen neuen Empfangsbereich verändert. Die Decke des Erdgeschosses beziehungsweise der Boden des Festsaals wurde entfernt, um anschließend mit Stahlträgern eine größere lichte

1 Hitler, Die neue Reichskanzlei, in: Speer, Die Neue Reichskanzlei
2 Schäche S. 120 Fn. 71

Am 20. April 1937 grüßt Hitler vom „Führerbalkon“ die Massen auf dem Wilhelmplatz.

Weite der Räume zu erzielen. Im umgestalteten Festsaal tagte fortan das Kabinett.

Die Um- und Anbauten plante der Architekt Paul Ludwig Troost, der sich mit der Innengestaltung von Transatlantik-Dampfern und dem Umbau der NSDAP-Zentrale in München empfohlen hatte und, ebenfalls in München, mit dem „Führerbau" und dem Haus der deutschen Kunst beauftragt war. Die Bauleitung hatte Albert Speer inne, seit 1931 in der NSDAP und 1932 von Goebbels mit dem Umbau der Berliner Gauleitung in der Voßstraße 11 betraut. Im Januar 1934 verstarb Troost, seine Witwe Gerdy und sein Mitarbeiter Leonhard Gall setzten die Arbeit in der Reichskanzlei zunächst fort. Speer sollte bald die Planungen an sich ziehen, stieg er doch rasch zum ersten Architekten, dann auch zu einem der mächtigsten Politiker im „Dritten Reich" auf. Er bekam Aufträge für das Reichsparteitagsgelände in Nürnberg und den deutschen Pavillon auf der Pariser Weltausstellung 1937. Im selben Jahr avancierte er zum „Generalbauinspektor für die Reichshauptstadt" mit weitgehenden Vollmachten.

Eine der ersten eigenen Aufgaben Speers nach Troosts Tod betraf die Einbindung des Palais Borsig in die Reichskanzlei. Im März 1934 kaufte das Reich den Bau der Preußischen Pfandbriefbank ab, kurz darauf erhielt Speer den Auftrag zum Einbau weiterer Büros. In dem Gebäude hatte seit Juni 1933 die „Kanzlei des Stellvertretenden Reichskanzlers" Franz von Papen gesessen, konservative Kritiker und Gegner Hitlers waren dort ein und aus gegangen. Am 30. Juni 1934 stürmten SS-Männer den Bau, erschossen einen engen Mitarbeiter von Papens und verhafteten weitere. Am selben Tag ermordeten SS-Kommandos Dutzende weitere Gegner, allen voran den Großteil der SA-Führung. Danach wollte Hitler die SA im Blick haben und ordnete deren Übersiedlung von München nach Berlin ins Palais Borsig an, was Speers Tätigkeit einen neuen Zweck verlieh.

Sodann ergänzte Speer Hitlers Amtssitz um eine Bühne nach außen: 1935 realisierte er einen Balkon am Dienstgebäude, der mit zehn Metern Länge ausreichend Platz für Hitler und sein Gefolge bot. Hier trat der halbgöttliche „Führer" vor sein Volk, das ihm, auf dem Wilhelmplatz versammelt, zujubelte. Damit die begeisterte Menge sich nicht die Schuhe schmutzig machte und den Rasen zertrampelte, beseitigte Speer die Bepflanzung des Platzes und belegte ihn mit Granitplatten. Für einen unverstellten Blick hinauf zum „Führerbalkon" wanderten außerdem die Statuen der Generäle aus den Schlesischen Kriegen, die seit den Tagen Friedrichs II. an der Wilhelmstraße gestanden hatten, an den Ostrand des Platzes.

Im Garten hinter dem Auswärtigen Amt wurde 1935/36 nach Plänen von Leonhard Gall ein neuer Fest- und Empfangssaal für die Reichskanzlei errichtet. Darunter befand sich der erste „Führerbunker" – ein Hinweis auf den von Beginn an gewollten Krieg. Der Saal löste das Reichspräsidenten-Palais, das an Joachim von Ribbentrops Außenpolitisches Amt der NSDAP ging, als Schauplatz repräsentativer Anlässe ab. Unter anderem fanden dort die Neujahrsempfänge für das Diplomatische Korps statt. Mit dem Reichskanzler-Palais verband den Saal ein Wintergarten, der

Der Wilhelmplatz Ende der 1930er Jahre. Am Dienstgebäude rechts hängt der „Führerbalkon", die Einfahrt auf den Ehrenhof der Neuen Reichskanzlei ist bereits in die Fassade gebrochen worden. Der Platz ist mit Steinplatten belegt und die Statue von Feldmarschall Kurt Christoph von Schwerin steht an dessen Ostrand statt wie zuvor an der Nordwestecke. Ein Geländer unterhalb des Balkons soll die Massen auf Abstand halten.

besondere Bedeutung für Hitlers Hofstaat hatte. Hier versammelte man sich zu abendlichen Filmvorführungen und zu – mehr oder weniger einseitigen – Gesprächsrunden. Zu diesem Kreis, mehrheitlich „ungehobelte Sauf- und Raufbolde aus der Frühzeit der NSDAP",[3] zählten seine engsten Mitarbeiter, mit denen er auch seine freie Zeit am Abend verbrachte. Die bessere Gesellschaft vertraten neben Albert Speer der Begleitarzt Karl Brandt oder der Luftwaffenadjutant Nicolaus von Below.

In der Reichskanzlei blieb es also überwiegend bei Änderungen im Innern, die Hitlers Wünsche und die Bedürfnisse seines vielteiligen Apparats bedienten. Gleichzeitig sahen die Berliner das Reichsministerium für Luftfahrt, das Reichssportfeld, den Flughafen Tempelhof und den Neubau für die Reichsbank emporwachsen. Als anlässlich der Olympischen Spiele 1936 die Welt zu Gast in Berlin war, konnte Göring das Luftfahrtministerium als emblematischen Regierungsbau des neuen Deutschlands präsentieren. Doch die Vorarbeiten zu Hitlers Schloss waren da längst im Gange.

„GESAMTPROJEKT VOSSSTRASSE 1–19"

In den Monaten nach seinem Einzug in die Wilhelmstraße 77 hatte Hitler mit nackter Gewalt die linken Parteien zerschlagen und interne Konkurrenten ausgeschaltet, seine Steigbügelhalter hatten mitgemacht oder waren an den Rand gedrängt worden. Als Hindenburg am 2. August 1934 starb, erklärte Hitler sich zum „Führer und Reichskanzler". Zum ersten Mal seit dem Ende des alten Preußens 1806 residierte in Berlin ein absoluter Herrscher. In jenem Sommer brachte der architekturbegeisterte Diktator ein neues Schloss auf den Weg und besprach im Juli 1934 mit Vertretern der Stadt Berlin die Grundzüge des Vorhabens. Er entschied sich gegen einen Neubau auf dem Grund des Auswärtigen Amts an der Wilhelmstraße und für die Voßstraße. Hitler wollte einen Prachtbau, der jeden Besucher überwältigte. Die Funktion als Dienstlokal war nachrangig.

Blick von Osten auf die Neue Reichskanzlei in der Voßstraße

Das Portal Voßstraße 6

Hitler forderte ein langgezogenes Gebäude mit einer Flucht von Repräsentationsräumen entlang der Voßstraße. Dazu wurden von 1934 bis 1937 die Gebäude auf der Nordseite der Straße erworben. Behördensitze hatten dort die Bayerische, Württembergische und Sächsische Gesandtschaft, außerdem das Justiz- und das Verkehrsministerium; die NSDAP besaß das „Gauhaus" in der Nummer 11. Zwölf Häuser waren in Privatbesitz, davon acht in jüdischem. Sieben davon gehörten der Wertheim AG, deren gro-

3 Görtemaker S. 198

ßes Kaufhaus am Leipziger Platz seine Rückseite an der Voßstraße hatte. Unternehmensvertreter sprachen nach 1945 von „kolossal korrekten Verhandlungen",[4] während für das achte Haus mit jüdischem Eigentümer nur 480 000 Reichsmark flossen, was unter dem Steuerwert lag. Der Gesamtpreis für die Grundstücke betrug 16,6 Millionen Reichsmark.

Ende Mai 1936 billigte Hitler Speers nach einjähriger Arbeit fertiggestellten Vorentwurf unter dem Titel „Gesamtprojekt Voßstraße 1–19". Im selben Jahr begannen die Abbrucharbeiten. Im Juli 1937 beendete Speer die Grundrisse sämtlicher Stockwerke. Die Fassade des Palais Borsig integrierte er in die Pläne; vielleicht retteten die Prominenz von dessen Architekt Richard Lucae beziehungsweise die Spenden Ernst von Borsigs an die NSDAP in den zwanziger Jahren die Hülle des Bauwerks. Um die Proportionen an der Schnittstelle zum Neubau zu prüfen, wurde auf einem Lagergelände in Neukölln ein Fassadenmodell in Originalgröße gefertigt und an der Voßstraße aufgestellt, von anderen Gebäudeteilen bauten die Werkstätten Modelle im Maßstab eins zu zehn.

Am 27. Januar 1938 befahl Hitler das Richtfest des „Gesamtbauvorhabens in der Voßstraße" für den 1. August desselben Jahres, die Übergabe für den 1. Januar 1939. Zu diesem Zeitpunkt waren die Abrissarbeiten weit fortgeschritten, im östlichen Bauabschnitt stand bereits der Rohbau. Da dort ein großer Teil der schwierig umzusetzenden Repräsentationsräume entstand, war das Projekt also schon weit gediehen. Der Befehl veranlasste eine erhebliche Beschleunigung der Arbeiten. Fortan schufteten 3000 Menschen in zwei Schichten zu zwölf Stunden bei Tages- und unter Scheinwerferlicht auf der Baustelle, weitere 4000 waren in Steinbrüchen und Werkstätten tätig. Der rote Marmor etwa kam aus Saalburg in Thüringen. Die großen Bauunternehmen Hochtief und Philipp Holzmann sowie die mittelständische Firma Erich Schwarz waren mit der Ausführung beauftragt, vierzehn Kräne drehten sich an der Voßstraße. Für ihre Leistungen berechneten die Unternehmen knapp 11 Millionen Reichsmark. Den Arbeitern zahlten sie 90 Pfennig pro Stunde, 20 Pfennig mehr als der Durchschnittslohn, da unter den Bedingungen eiliger Hochrüstung – zeitgleich wurden die Bunker des Westwalls betoniert – ein empfindlicher Mangel an Arbeitskräften herrschte. Als Bonus erhielten die Arbeiter vom Bauherrn, das heißt dem Deutschen Reich, eine kostenlose Suppe pro Schicht.

4 Arnold S. 66

EIN SCHLOSS FÜR DEN FÜHRER UND SEINE NACHFOLGER

Einen Festschmaus bekamen die Arbeiter am 2. August 1938 in der gerade eröffneten Deutschlandhalle vorgesetzt. Anlass war das um einen Tag verspätete Richtfest, das Hitler nutzte, um in einer Rede das Bauprojekt zu begründen. Deutschland solle durch die Neue Reichskanzlei besser repräsentiert werden als andere Länder. „Ich bin zu stolz, als daß ich in ehemalige Schlösser hineingehe",[5] wie andere es in Moskau, Warschau oder Prag täten. „Ich habe nun den Ehrgeiz, dem neuen deutschen Volksreich Bauten hinzustellen, deren es sich auch diesen anderen ehemaligen fürstlichen Werken gegenüber nicht zu schämen hat."[6] Die Diplomaten würden zum Neujahrsempfang am 10. Januar 1939, so der Bauherr, „auf dem langen Weg vom Eingang bis zum Empfangssaal schon etwas abbekommen von der Größe des Deutschen Reiches".[7] Die Pracht der neuen Bauten solle auch seinen Nachfolgern, die einfacher Herkunft sein würden, Legitimität verleihen. Sodann stellte er die Leistung der Bauarbeiter in den Vordergrund. Die Massenarbeitslosigkeit habe ihn dazu veranlasst, große Bauvorhaben anzustoßen. Die Arbeiten an diesem „Denkmal unserer Volksgemeinschaft, unserer Arbeitsgemeinschaft" vollzögen sich nicht bloß in einem amerikanischen, sondern schon in einem „deutschen Tempo".[8] Nur sechs Stunden habe Speer nach dem angeblichen Baubefehl im Januar 1938 gebraucht, um das Haus zu entwerfen, und von Januar bis 15. März sei der gesamte Abriss bewerkstelligt gewesen.

Zur Übergabe der Neuen Reichskanzlei am 9. Januar 1939 spann Hitler die Legende vom Rekordtempo weiter. Bevor er die Feierlichkeiten für die gehobene Gesellschaft in den Festsälen des Zoos

5 Schönberger S. 178
6 Ebd. S. 178f.
7 Ebd. S. 181
8 Ebd. S. 180

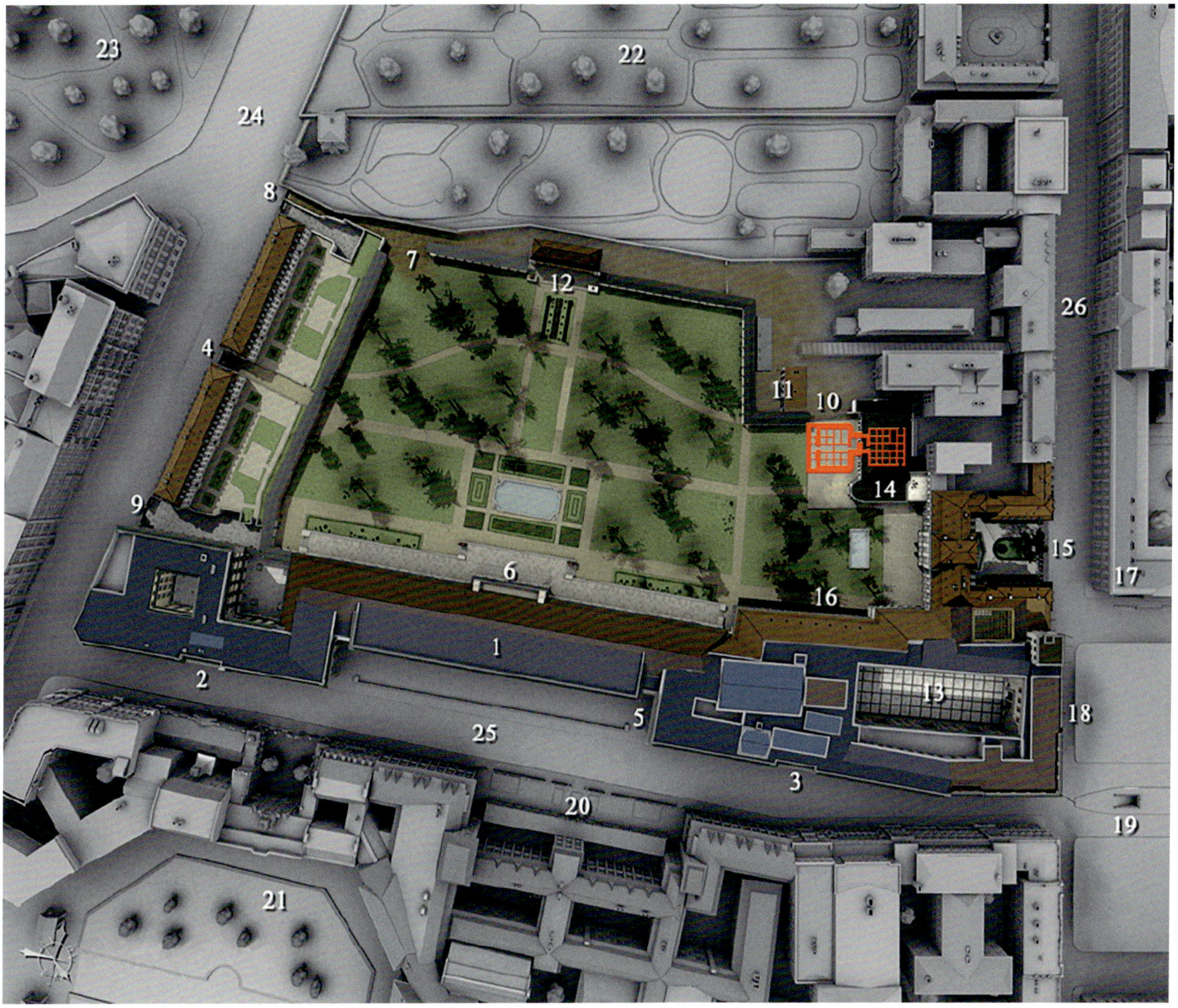

Rot markiert: Neuer (links) und alter Führerbunker

1. *Mittelbau mit Marmorgalerie*
2. *Eingang zur Reichskanzlei*
3. *Eingang zur Präsidialkanzlei*
4. *Kasernenbauten*
5. *Hebebühne zu den Katakomben*
6. *Gartenportal zu Hitlers Arbeitszimmer*
7. *Bauzufahrt zum Führerbunker*
8. *Zufahrt – Tiefgarage und Führerbunker*
9. *Einfahrt – Tiefgarage und Feuerwehr*
10. *Zufahrt Führerbunker*
11. *Haus Kempka*
12. *Gewächshaus*
13. *Ehrenhof*
14. *Festsaal mit Wintergarten*
15. *Alte Reichskanzlei*
16. *Speisesaal*
17. *Propagandaministerium*
18. *Erweiterungsbau mit Dienstgebäude und Palais Borsig*
19. *U-Bahn-Eingang Wilhelmplatz*
20. *Kaufhaus Wertheim*
21. *Leipziger Platz*
22. *Ministergärten*
23. *Tiergarten*
24. *Hermann-Göring-Straße*
25. *Voßstraße*
26. *Wilhelmstraße*

besuchte, sprach er neuerlich vor den Bauarbeitern, diesmal im Sportpalast, und präsentierte sich als einer von ihnen. Als ehemaliger Kollege – seine Tätigkeit in dieser Branche während seiner Wiener Jahre blieb von äußerst kurzer Dauer – könne er beurteilen, dass ein solcher Bau noch nie so schnell fertiggestellt worden sei. Wenig später präzisierte eine Pressemitteilung, die Bauzeit habe neun Monate zuzüglich drei Monate für den Abriss gedauert – eine Unwahrheit, die die Leistungsfähigkeit des Regimes untermauern sollte. Sie blieb noch über dessen Ende hinaus lebendig, zumal der „Blitzbau" im Rückblick den „Blitzkrieg" vorweggenommen zu haben schien. Albert Speer, der es besser wusste, wiederholte den Mythos in seinen Memoiren. Tatsächlich hatten, wie erwähnt, die Vorbereitungen 1934, die Abriss- und Bauarbeiten 1937 begonnen, und der Innenausbau zog sich noch bis 1943.

Am 9. Januar 1939, also acht Tage später als gefordert, nahm der Hausherr die Neue Reichskanzlei in Besitz. Der Einsatz von Bautrocknern, der allein 100 000 Reichsmark kostete, hatte die annähernd pünktliche Übergabe ermöglicht und dazu beigetragen, dass die Gesamtkosten auf schließlich über 90 Millionen Reichsmark stiegen. Eine Vorkalkulation hatte im September 1937 Gesamtkosten von knapp 28 Millionen RM veranschlagt. Geld spielte also keine Rolle. Schließlich würden die geplanten Eroberungskriege und die Versklavung der „Ostvölker" genug abwerfen, um die ruinöse Rüstungspolitik und nebenbei auch die Großbauten in den „Führerstädten" Nürnberg, München, Linz, Hamburg und Berlin zu finanzieren. Und im Falle von Niederlage und Untergang des Reichs und seiner Rasse wären Finanzfragen ebenfalls nachrangig, die Bauten aber keinesfalls sinnlos, wie Hitler in der „Kulturrede" von 1935 mit Hinweis auf die Baudenkmäler vergangener Jahrtausende erklärte: „Sollten selbst die letzten lebenden Zeugen eines solchen unglücklichen Volkes ihren Mund geschlossen haben, dann werden die Steine zu sprechen beginnen ... und selbst besiegt, erhebt sich ein solches Volk durch seine unsterblichen Leistungen vor der Geschichte noch nachträglich zum wahren Sieger über seine Gegner."[9]

Die Großbaustelle Neue Reichskanzlei, 1938

Gleichgültigkeit gegenüber den Kosten und der „Ruinenwert" charakterisierten ein monarchisches Bauvorhaben neuen Stils. Hitler wollte in kein „ehemaliges Schloss" hineingehen, weil er es vorzog, sich selbst eines zu schaffen. Er verstand die Reichskanzlei, die besser „Führerschloss" geheißen hätte, als Symbol seiner unumschränkten Herrschaft. Der stolze Hausherr bekannte sich denn auch am Tag der Einweihung zu einem Herrschaftsverständnis, das der absolutistischen Idee, wonach Herrscher und Staat eins seien, sehr nahe kam. Nicht als Privatmann empfange er einen Besucher, „sondern durch mich empfängt ihn Deutschland." Und er betonte die Dauer des Bauwerks: „Jeder Einzelne hat mitgeholfen an einem Bauwerk, das viele Jahrhunderte überdauern wird und das von unserer Zeit sprechen wird. Das erste Bauwerk des neuen großen deutschen Reiches."[10] Manche „Volksgenossen" übrigens – das Primat der Rüstung nötigte sie zu einem bescheidenen Lebensstil – legten wenig Wert auf die folgenden Jahrhunderte und spotteten: „Wir haben kein Fleisch, keine

9 Adolf Hitler, Robert Eikmeyer (Hg.): Reden zur Kunst- und Kulturpolitik 1933–1939, Frankfurt/Main 2004, S. 84f.

10 Ebd.

Butter, kein Ei, dafür eine neue Reichskanzlei.“[11] Wie zur Antwort auf die Unzufriedenen rechtfertigte Hitler den Aufwand, indem er die 20 Millionen verbauten Ziegelsteine zu einem „kleinen Bruchteil“ der jährlich 400 Millionen in Berlin verwendeten kleinredete, obwohl dieses Verhältnis ebenso gut den gegenteiligen Schluss zuließ. Viele fanden sowieso, der Führer sei nicht mit den „Goldfasanen“, den korrupten Gauleitern und Parteifunktionären zu vergleichen, über die sich deutlich mehr Deutsche empörten als über die Entrechtung und Erniedrigung ihrer jüdischen Landsleute. Die Führergläubigen nahmen Hitler gerne seine Auskunft ab, dass er „als Privatmann“ noch immer in seiner gewöhnlichen Münchner Wohnung hause. Dabei hielt sich der „Privatmann“ viel lieber in seiner so gar nicht bescheidenen Residenz am Obersalzberg auf und schaute nur noch ganz gelegentlich am Prinzregentenplatz vorbei. Doch was hatten solche Dissonanzen schon zu bedeuten bei einer Person, die den Staat verkörpert – sie kann unmöglich korrupt sein. Alles, was dem Staat gehört, gehört auch ihr.

Weitere politische Deutungen des Baus durch Hitler erfuhren Zeitungsleser im *Völkischen Beobachter* vom 17. Juli 1939.[12] Darin heißt es, die alte Reichskanzlei sei nach Bismarck geschmacklos ausgestattet gewesen. Der Autor Hitler verschweigt aber, dass erst der Reichskanzler Hitler das Arbeitszimmer Bismarcks umgestalten ließ. Auch von faulen Böden und Decken ist die Rede, das Gebäude sei „im vollen Verfall begriffen“ gewesen. Tatsächlich beweisen erhaltene Bauakten das Gegenteil. Die Realität hätte aber die Botschaft getrübt, dass der neue Hausherr die morsche, dazu ästhetisch verkommene Republik überwunden habe.

Der Auftraggeber der Neuen Reichskanzlei konstruierte einen engen Zusammenhang zwischen seiner Bau- und der aggressiven Außenpolitik des Jahres 1938: „Ich hatte mich in den Dezember- und Ja-

11 Das Tagebuch der Hertha Nathorff, hg. von Wolfgang Benz, München 1987, S. 118

12 derselbe Text in Speer, Die neue Reichskanzlei

Modell des Reichskanzlei-Komplexes. An der Ecke das Palais Borsig, rechts davon das Dienstgebäude, dann die Alte Reichskanzlei. Auf der linken Seite erstreckt sich der Neubau an der Voßstraße.

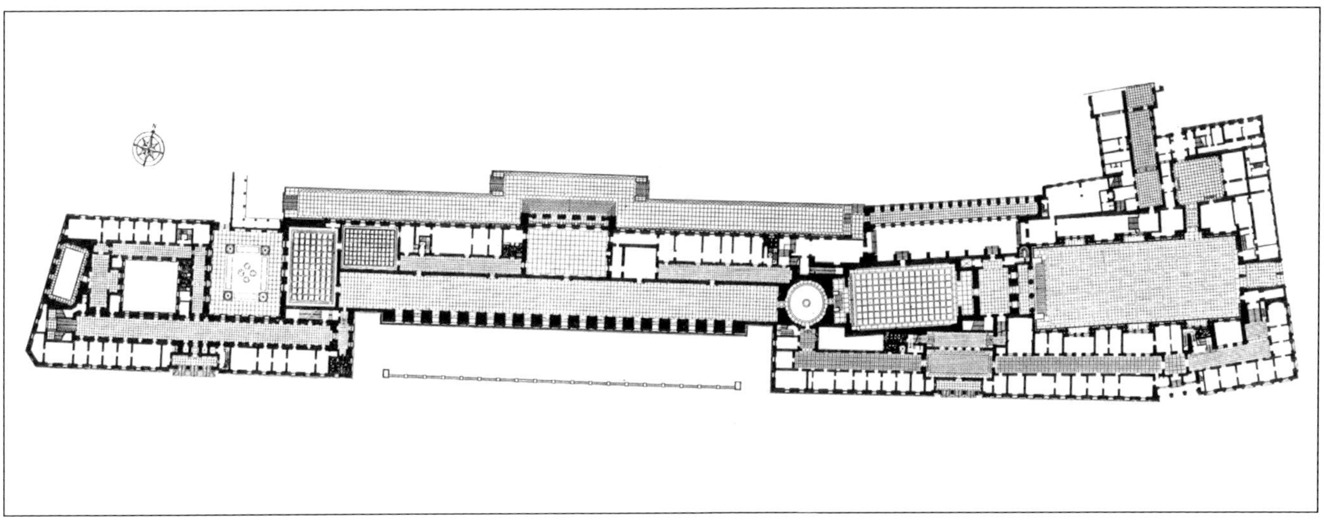

Grundriss der Neuen Reichskanzlei

nuartagen 1937/38 entschlossen, die österreichische Frage zu lösen und damit das Großdeutsche Reich aufzurichten. Sowohl für die rein dienstlichen als auch die repräsentativen Aufgaben, die zwangsläufig damit verbunden waren, konnte die alte Reichskanzlei unter keinen Umständen mehr genügen.“ Damit sollte es aber noch nicht getan sein, denn die Neue Reichskanzlei sei „vom Jahre 1950 ab übrigens für einen anderen Zweck vorgesehen“, wenn er ein noch gewaltigeres Gebäude beziehen wolle. Wenige Wochen vor der deutschen Aggression gegen Polen ließ Hitler unmissverständlich durchblicken: Die Eroberungen werden weitergehen und ein noch viel größeres Reich soll in einem noch viel größeren Herrschersitz seinen Ausdruck finden. Der im Januar 1939 bezogene Riesenbau war ein Provisorium, ein Etappenziel.

„DAS ERSTE BAUWERK DES NEUEN GROSSEN DEUTSCHEN REICHES“

Die Neue Reichskanzlei zog sich über 421 Meter entlang der Voßstraße. Diese begann als Verlängerung der Achse des Wilhelmplatzes und war in den 1870er Jahren nach etwa 100 Metern nach rechts abknickend angelegt worden, um ausreichend Baugrund im Zwischenraum zur Leipziger Straße frei zu lassen. Speer verbreiterte die Straße, indem er ihren nördlichen Rand direkt im Anschluss an das Palais Borsig abknicken ließ, so dass die Entfernung zwischen den Fassaden von 50 Metern an der ebenso breiten Wilhelmstraße auf gut 66 Meter zunahm. Der zurückgesetzte Standort des Mitteltrakts sowie ein bereits vorhandener Ehrenhof auf der gegenüberliegenden Straßenseite boten zusätzlichen Raum.

Diese Maßnahmen und Gegebenheiten begünstigten die Außenwirkung eines Monumentalbaus, der an eine geschlossen bebaute, innerstädtische Straße gesetzt wurde. Barocke Schlösser hingegen, die wichtigsten Vorbilder für die Reichskanzlei, standen frei in der Landschaft oder beherrschten große Plätze in den Residenzstädten. Ihre Front lässt sich, wenn man zentral vor ihnen steht, auf einen Blick erfassen. Die Fassade ihrer späten Nachahmung war hingegen nur als Teil einer Straßenflucht optisch einzufangen. Tatsächlich empfand Speer den Wirkungsraum für das Straßenschloss immer noch als unzureichend und plante eine analoge Verschiebung der gesamten Häuserfront auf der Südseite der Voßstraße.

In seinem schon zitierten Aufsatz im *Völkischen Beobachter* – dieser erschien außerdem in einem kostbaren farbigen Bildband über das Gebäude – begründete Hitler die Wahl des Bauplatzes damit, dass zur Erleichterung des Ost-West-Verkehrs durchs Berliner Zentrum die Voßstraße „den Charakter eines Engpasses verlieren“ sollte. Weil eine Erweiterung auf Kosten des Warenhauses Wertheim sich „aus naheliegenden Gründen“ kaum hätte erreichen lassen, sei dies nur auf der anderen Straßenseite möglich gewesen. „Damit ergab sich von selbst die Notwendigkeit,

Das Portal im Ehrenhof der Neuen Reichskanzlei

Der Mosaiksaal

diese ganze Front abzubrechen und neu zu erstellen.“ Diese Begründung hinkte, denn an der Nahtstelle zur Wilhelmstraße war die Fahrbahn kein bisschen breiter als zuvor. Dass Hitler sie dennoch vorbrachte, zeigt, dass er es für notwendig hielt, die merkwürdige Standortwahl zu rechtfertigen. Was also ließ ihn diese Wahl treffen? Wahrscheinlich die bauliche Verbindung zu Bismarcks Amtssitz und die legitimatorische Kraft desselben. Die neue Residenz konnte so ein altneues Doppelgesicht zeigen und sich in der Voßstraße neuartig, in der Wilhelmstraße konservativ geben, was den Erhalt der Fassaden von alter Reichskanzlei, Dienstgebäude und Palais Borsig verlangte. Auch persönliche Vorlieben und Eigenschaften kommen in Betracht. Statt zum Beispiel die unbebaute Westseite der Ministergärten an der Hermann-Göring-Straße (heute Ebertstraße) oder die Wilhelmstraße für sein Schloss auszuwählen, wollte Hitler – vielleicht aus Gewohnheit und Bequemlichkeit – an seiner alten Umgebung festhalten. Er brauchte nicht einmal einen Fuß auf den Hof setzen, wenn er vom alten in den neuen Teil des Komplexes wechselte.

Trotz des wenig geeigneten Standorts machte der Bau auf Passanten einen mächtigen Eindruck. Der an die Fassade des Palais Borsig anschließende Flügel war wie diese zweigeschossig und ebenfalls 19,4 Meter hoch. Abgeteilt durch ein Portal folgte ein nun dreigeschossiger, ebenso 19,4 Meter hoher Gebäudeteil. Der anschließende Mitteltrakt war um 16 Meter zurückgesetzt, überragte die benachbarten Flügel um 2,8 Meter und nahm die Marmorgalerie auf. Er hatte eine zweigeschossige, ganz aus Naturstein bestehende Fassade, während auf den übrigen Außenwänden die Flächen zwischen den Fensterrahmungen und gliedernden Bändern aus Stein weiß verputzt waren. Ein weiterer, westlich anschließender Büroflügel schloss den Komplex südlich zur Hermann-Göring-Straße ab. Außer dem unveränderten Eingang zum Palais Borsig – die Adresse lautete Voßstraße 2 – hatte die Gebäudefront zwei weitere Portale, Voßstraße 4 und 6; vier monumentale Säulen fassten diese jeweils ein, sie waren von einem Reichsadler gekrönt.

Wie viele Barockschlösser war die Neue Reichskanzlei ein langgestreckter Bau mit einer Schauseite zur Stadt hin und einer für die Öffentlichkeit unsichtbaren Gartenfront. Letztere prägte ein vorkragendes Element mit acht Doppelsäulen, hinter denen Hitlers Arbeitszimmer lag. Unterhalb der Säulen erstreckte sich eine Terrasse, von einer Mauer mit Brüstung und seitlichen Freitreppen begrenzt. An den Treppen standen zwei Monumentalstatuen schreitender Pferde von Josef Thorak. Dem Arbeitszimmer gegenüber an der Mauer zum Garten des Auswärtigen Amts lag das auf Hitlers Anordnung gebaute und von ihm oft genutzte Teehaus. Südlich an der Hermann-Göring-Straße standen die niedrigeren, mit Walmdächern gedeckten Unterkünfte der Wachmannschaften und

Hitlers Arbeitszimmer in der Neuen Reichskanzlei

Die Marmorgalerie

Schreibkräfte. Darunter lag die Haupttiefgarage mit 200 Stellplätzen und einer Tankstelle.

Das Gebäude war vorrangig darauf ausgelegt, offizielle Besucher zu beeindrucken, und zwar von innen, denn die Hauptfront in der Voßstraße bekamen sie bei einer Anfahrt über die Wilhelmstraße nicht zu Gesicht. Sie erreichten über das Doppeltor in der Fassade des Dienstgebäudes zunächst den rings umbauten Ehrenhof, wie es welche zum Beispiel im Berliner Stadtschloss gab. Dieser war 68 mal 26 Meter groß, die in einem betont schlichten Klassizismus gestalteten Fassaden knapp 18 Meter hoch. Neben den Säulen waren Scheinwerfer montiert, die die Wandflächen abends feierlich beleuchteten. Durch das Portal an der Westseite, welches die Bronzefiguren „Die Partei" und „Die Wehrmacht" von Arno Breker flankierten, traten Besucher in die Vorhalle, dann in den 874 Quadratmeter messenden Mosaiksaal, den steinerne Einlegearbeiten schmückten. Als nächstes kamen sie in den Runden Saal. Dieser kaschierte den Knick in der Gebäudeachse, der den Knick im Verlauf der Voßstraße nachvollzog. Prägendes Gestaltungselement all dieser Räumlichkeiten waren roter Marmor und roter Granit auf Böden und Wänden.

Die Marmorgalerie maß in der Länge 146 Meter. Auf ihrer linken Seite öffneten sich sechs Meter hohe, in 2,10 Meter tiefen Nischen liegende, matt geschliffene Fenster zur Voßstraße, während die vorher zu durchschreitenden Räume Oberlichter hatten. Rechts lag als mittlere von fünf Türen der Zugang zu Hitlers Arbeitszimmer, am Ende der Galerie das zweite mögliche Ende der „Diplomatenroute", der Empfangssaal. Beide Räume verfügten jeweils über eine Grundfläche von rund 400 Quadratmetern. Der etwas größere Empfangssaal war 11,60 Meter hoch, das Büro knapp zehn Meter. Es hatte eine Kassettendecke aus Palisander und Wurzelholz, dazu Wände aus dunkelrotem Marmor. Der große Schreibtisch stand nahe der westlichen Wand, an der Fensterfront ein 5 mal 1,6 Meter messender Kartentisch mit einer aus einem Stück gefertigten Marmorplatte. Vor dem Kamin in der Ostwand war eine Sitzgruppe aufgestellt, daneben ein großer Globus. Die Kunsthistorikerin Angela Schönberger: „Da die ganze offizielle Raumfolge zu Hitlers Arbeitszimmer als ihrem eigentlichen Höhepunkt hinführt ..., ist dieser Raum als Thronsaal anzusehen, obwohl er durch seine offizielle Bezeichnung wie zum Teil auch durch seine Ausstattung [zum] ‚Arbeitszimmer' erklärt wird, in dem der ‚Führer', Tag und Nacht arbeitet.'"[13]

13 Schönberger S. 113

Eine Postkarte der Reichskanzlei, ca. 1939

Im Untergrund verbargen sich die militärischen und technischen Elemente der Neuen Reichskanzlei. Unter dem Mitteltrakt und nahe der Wilhelmstraße befanden sich Luftschutzräume, fünf im Bürgersteig versenkbare Stahlklappen vor dem Mitteltrakt bedeckten die Zugänge. Eine Hebebühne versenkte Kohlenfuhrwerke in das Untergeschoss mit den, wie sich schnell herausstellte, zu klein dimensionierten Lagerräumen. Die technische Ausstattung – Klimaanlage, Fußbodenheizung im Kernbereich, Aufzüge, Rolltreppen, Telefonanlage, Küchenutensilien – bot das Mordernste und Teuerste auf.

SYMBOLIK UND FUNKTION

Die Eröffnung der neuen Reichskanzlei schloss die 1799 begonnene Verschiebung des Berliner Machtzentrums an die Wilhelmstraße ab. Im November 1918 hatte das Schloss auf der Spreeinsel seine königlichen Bewohner verloren, und der Reichspräsident als Ersatzkaiser hatte in der Weimarer Zwischenzeit nicht etwa im Schloss, sondern in der Wilhelmstraße 73 amtiert, bis dessen Vollmachten und Apparat an Hitler fielen. Dieser bezog nun an der Voßstraße ein neues Schloss, welches das alte in den Schatten stellte. Die neue Residenz zitierte die architektonischen Formen des Absolutismus und diente zugleich der Distanzierung von dieser Tradition, da Hitler eben in dieses und gerade nicht in das Stadtschloss gezogen war. Und auch im Detail unterschied sich der neue Herrschersitz vom alten – barocke Schnörkel gab es keine.

Als Palastbau geplant, diente die Neue Reichskanzlei zugleich als Behördensitz und beherbergte ein Sammelsurium von Dienststellen. Über den Eingang Voßstraße 2 gelangte man zur SA-Führung unter Viktor Lutze und zu der von Hindenburg geerbten Präsidialkanzlei, die Otto Meissner leitete. In der Voßstraße 4 befanden sich die „Kanzlei des Führers der NSDAP“ unter Philipp Bouhler und die Wehrmachtsadjutantur mit den Verbindungsoffizieren zu Heer, Luftwaffe und Marine. Die Nummer 6 nahm die eigentliche Reichskanzlei unter Hans Heinrich Lammers sowie die persönlichen Adjutanten Hitlers auf. Der Parteiapparat wiederum unterstand zuerst Rudolf Hess, dann Martin Bormann und wurde von München aus verwaltet; eine Berliner Außenstelle befand sich im früheren Preußischen Staatsministerium, Wilhelmstraße 63. Bormann gehörte zur ständigen Entourage Hitlers und stieg ab 1941 zu einer der mächtigsten Personen im NS-Staat auf. Sein großes Arbeitszimmer in der Neuen Reichskanzlei lag wie das von Lammers neben dem Hitlers.

Im Alltag nutzte der „Führer“ nach wie vor seine Wohnung und sein Büro im alten Reichskanzlerpalais. Das riesenhafte Büro im Neubau, der „Thronsaal“, diente allein dem Empfang von wichtigen Gästen. Die meisten der gut 300 weiteren Büros waren aber klein, denn die hohen Decken der Repräsentationsräume schmälerten die Flächen in den oberen Stockwerken, die zudem durch platzraubende 6,50 Meter breite Flure und imposante Treppenhäuser erschlossen waren. Ein Journalist berichtete im April 1941: „Im Gegensatz zu den Ausmaßen des Gebäudes ist die Zahl der Beamten, Angestellten und Arbeiter klein. Mit den eigentlichen Regierungsgeschäften sind etwa 70 Menschen beschäftigt ... Die gesamte Gefolgschaft beläuft sich auf rund 250 Personen, deren erheblichster Teil aber ... für technische Arbeiten, etwa Botengänge und die Instandhaltung des Gebäudes benötigt wird.“[14]

Ein Renommierbau erfüllt seinen Zweck nur dann, wenn er zur Bühne gemacht und ins Bild gesetzt wird. So verbreiteten Briefmarken mit dem Ehrenhof und Postkarten die Architektur der Reichskanzlei weit über ihren Standort hinaus. Sodann war sie Schauplatz von mal volkstümlichen, mal feierlichen Ereignissen. Am 12. Februar 1939 saßen 1400 Mitarbeiter der Regierungsbehörden im Ehrenhof und verzehrten Eintopf, den die Feldküchen der SS-Leibstandarte ausgaben. Zu Hitlers fünfzigstem Geburtstag am 20. April lieferte im Ehrenhof ein Reigen von Gratulanten in Tracht und Uniform Präsente ab, und am Tag zuvor hatte Hitler Teilnehmer am Putschversuch vom November 1923 im Mosaiksaal empfangen. Im Juli begrüßte er Spanien-Veteranen der Legion Condor in der Marmorgalerie.

Wie schon die interne Bezeichnung „Diplomatenroute“ verrät, sollte die Neue Reichskanzlei vor allem offiziellen ausländischen Besuchern imponieren. Zielpunkt der Baubeschleunigung war der Neu-

14 *Das Reich,* 6.4.1941, bei Schönberger S. 162

jahrsempfang für das Diplomatische Korps 1939, der dann auch am 12. Januar mit den Vertretern von 52 Staaten in den Repräsentationsräumen stattfand. Sie bewegten sich dabei über einen buchstäblich glatten Untergrund aus polierten Marmorplatten. Dabei befand Hitler den Empfangssaal für zu klein und ordnete dessen Vergrößerung von gut 400 auf 870 Quadratmeter an. Er war unzufrieden mit dem „Bühnenbild eines Führers, der sich anschickt, die Welt zu erobern".[15] Für die „Inszenierung einer unbarmherzigen, brutalen Macht",[16] wie es der Architekturhistoriker Wolfgang Schäche formulierte, war Hitler dieser Teil der Neuen Reichskanzlei zu klein.

Im Frühjahr 1939 erfüllte die Neue Reichskanzlei ihren Zweck besonders effektiv. Zuerst empfing Hitler am 13. März den slowakischen Ministerpräsidenten Jozef Tiso und stellte ihn vor die Wahl, entweder die Unabhängigkeit der Slowakei unter deutschem „Schutz" zu erklären oder deren Angliederung an Ungarn und Polen hinzunehmen. Am folgenden Tag proklamierte das Parlament in Bratislava die Unabhängigkeit, und am Abend traf der tschechoslowakische Staatspräsident Emil Hácha in Berlin ein. Hitler ließ ihn bis Mitternacht im Hotel Adlon warten, während er selbst einen Film sah. Nach dem nächtlichen Abschreiten der Ehrenkompanie wurde der kleingewachsene Präsident, von Außenminister und Botschafter seines Landes begleitet, die zweihundert Meter vom Ehrenhof zu Hitlers Büro geführt. Chefdolmetscher Paul Schmidt: „Die dunkle Täfelung und der braun abgetönte Teppich verbreiteten in dem nur durch einige bronzene Stehlampen erhellten Raum eine düstere Atmosphäre, welche die Gemälde und das kleine Standbild Friedrichs des Großen auf einem der Tische im Halbdunkel nur undeutlich erkennen ließ und einen passenden Rahmen für die tragische Szene jener Nacht bildete."[17]

In dieser Kulisse stießen die drei tschechischen Emissäre auf den „Führer" und ein vielköpfiges militärisches und administratives Gefolge. Hitler sprach erregt und aggressiv. Er beschuldigte Prag, für die Spannungen der letzten Jahre verantwortlich zu sein, und verkündete, die deutschen Truppen ließen sich nicht mehr aufhalten. Hácha solle in Prag anrufen und jede Gegenwehr untersagen. Hitler verschwieg dabei, dass er der Wehrmacht den Befehl gegeben hatte, unabhängig vom Ergebnis der „Verhandlungen" in die Tschechoslowakei einzurücken. Als Luftwaffenchef Hermann Göring mit der Bombardierung Prags drohte, brach Hácha zusammen. Hitlers Leibarzt Theodor Morell gab ihm eine Spritze, der kujonierte Präsident erholte sich leidlich. Nach technischen Problemen kam endlich eine Leitung nach Prag zustande, und Hácha gab die gewünschte Anweisung, den Deutschen keinen Widerstand zu leisten. Gegen vier Uhr morgens unterschrieb er eine Erklärung, er lege das Schicksal seines Volkes in die Hände des Führers des Deutschen Reiches. Hitler ging zu seinen Sekretärinnen: „So Kinder, jetzt gebt mir mal da und da, ... jede einen Kuß! ... Ich werde als der größte Deutsche in die Geschichte eingehen."[18] Am selben Tag besetzte die Wehrmacht die „Resttschechei", fortan das „Reichsprotektorat Böhmen und Mähren". Selten in der Geschichte war ein Bauwerk so sehr Werkzeug eines Gewaltakts wie die Reichskanzlei im März 1939. Es war nicht nur Symbol des „Großdeutschen Reichs", es hatte mit seinen Einschüchterungsqualitäten unmittelbar zur Expansion beigetragen.

Auch mit ihrer Wirkung auf den eigenen Machtapparat trug die Neue Reichskanzlei zur Gewaltpolitik bei. Bald nach der Eröffnung lud Hitler die Wehrmachtsführung, dann die Leutnants der drei Teilstreitkräfte in die Reichskanzlei ein, um sie auf den Krieg einzustimmen. Sie sollten etwas von der Autorität spüren, die „das deutsche Volk im 20. Jahrhundert vor dem Zusammenbruch gerettet" habe. „Die Gegner werden es ahnen, aber vor allem die Anhänger müssen es wissen: zur Stärkung dieser Autorität entstehen unsere Bauten",[19] hatte Hitler schon 1937 erklärt. Auch der Hausherr selbst erbaute sich an seinem Palast. Lammers stellte für einen Betrieb rund um die Uhr einen zusätzlichen technischen Leiter ein und gab als Begründung an: „Es kommt vor, daß der

15 Interview in Geheimnisvolle Orte – Hitlers Reichskanzlei. Dokumentarfilm, Deutschland, 2012, 43:42 Min., Buch und Regie: Jürgen Ast und Kerstin Mauersberger, Produktion: astfilm, rbb

16 Ebd.

17 Schmidt, Paul: Statist auf diplomatischer Bühne. Erlebnisse des Chefdolmetschers im Auswärtigen Amt mit den Staatsmännern Europas, Bonn 1949, S. 428

18 Ian Kershaw, Hitler 1936–1945, München 2002, S. 234

19 Max Domarus, Hitler. Reden und Proklamationen 1932–1945, I.2, S. 719

Der neue Standort der Siegessäule: Der Große Stern, Luftaufnahme von 2020

Führer allein oder mit Gästen mitten in der Nacht durch die Räume der Reichskanzlei geht.“[20]

LEERSTAND UND GROSSE PLÄNE

Die Reichskanzlei stand in Hitlers Gunst weit hinter dem „Berghof“ bei Berchtesgaden. Jedes Jahr reiste er mit seinem Hofstaat mehrmals für wochenlange Aufenthalte in die Abgeschiedenheit seines alpinen Landsitzes und Hauptquartiers. Mit Kriegsbeginn hielt er sich außerdem in den näher an den Kriegsschauplätzen liegenden „Führerhauptquartieren“ auf, vor allem in der ostpreußischen „Wolfsschanze“, wo er am 24. Juni 1941, zwei Tage nach dem Angriff auf die Sowjetunion, erstmals ankam.

Immer wieder begutachtete Hitler die Pläne und Modelle der großen Bauvorhaben in den „Führerstädten“; die Planungen liefen trotz des Krieges und einer vorübergehenden Unterbrechung 1939/40 bis März 1943 weiter. Berlin sollte in eine neue, andere, nie gesehene Stadt verwandelt werden. Schon zum fünfzigsten Geburtstag 1939 hatte sein ergebener Chefarchitekt Speer ihm ein drei Meter hohes Modell der „Großen Halle“ verehrt. 320 Meter hoch sollte sie sich im Spreebogen erheben und 150 000 Menschen fassen. Der Ort für die mystische Zusammenkunft von „Führer“ und „Volksgemeinschaft“ sollte laut Hitler ein „Kultbau“ werden, den sein Charisma über dessen Tod hinaus erfüllen würde. Zu Speer sagte er: „Sie müssen alles daransetzen, sie noch zu meinen Lebzeiten fertigzustellen. Nur wenn ich selber noch in ihnen gesprochen und regiert habe, bekommen sie die Weihe, die sie für meine Nachfolge brauchen.“[21]

Das Gleiche galt für den „Führerpalast“ direkt neben der Großen Halle. Dieser war der Zielpunkt von Hitlers Lebensträumen, sein letzter und endgültiger Wohnsitz, wenn er endlich aus dem unangemessenen Provisorium in der engen Voßstraße aus- und in einen Bau einziehen würde, der zwar nicht gänzlich frei, aber viel mehr für sich stehen sollte. Für die „Führerwohnung“ beziehungsweise das „Adolf-Hitler-Palais“ waren 1,9 Millionen Quadratmeter Geschossfläche vorgesehen, für den Verwaltungsflügel, wiederum „Neue Reichskanzlei“ genannt, 1,2 Millionen. Der „Diplomatenweg“ hätte 504 Meter gemessen und in ein Arbeitszimmer von über 900 Quadratmetern gemün-

20 Arnold S. 107

21 Schäche S. 112

1942: Tausende KZ-Häftlinge wurden ab 1938 gezwungen, im Flossenbürger Steinbruch der SS-eigenen Deutschen Erd- und Steinwerke zu arbeiten. Nur wenige überlebten diese Strafkommandos. Nach Arbeitsschluss mussten Häftlinge die Toten zurück ins Lager tragen.

det. Der Nordflügel hätte ein Theater aufgenommen, wie auch Schlösser des 17. und 18. Jahrhunderts eines aufwiesen; ebenso waren Gärten und Springbrunnen vom Barock inspiriert. Wieder war das Schloss des Absolutismus das Hauptvorbild, wieder sollte es überdeutlich in den Schatten gestellt werden. Der Bewohner dieses Herrscherhauses wäre mindestens so erhaben wie die Könige, mit Sicherheit aber um vieles mächtiger. Der Schlossherr in spe sagte im Oktober 1941, als die Zeichen noch auf Sieg standen: „Wer die Reichskanzlei betritt, muß das Gefühl haben, vor den Herrn der Welt zu treten."[22]

Neben den langen Raumfluchten teilten die projektierte und die reale Reichskanzlei auch den „Führerbalkon", über der Haupteinfahrt sollte er in vierzehn Metern Höhe hängen und auf den 500 mal 450 Meter großen Adolf-Hitler-Platz blicken. Eine Million Jubelnde hätten dort Aufstellung nehmen können. Auf der gegenüberliegenden Ostseite des Platzes hätte das auf Hitlers Anweisung verschonte Reichstagsgebäude neben der Großen Halle winzig gewirkt. Auf der Südseite hätten ihn die „Neue Reichskanzlei" und der Bau des Oberkommandos der Wehrmacht begrenzt und den einzigen Zugang flankiert. Dort also sollte ab 1950 – das Fertigstellungsdatum beruhte auf umfangreichen Machbarkeitsstudien – das gouvernementale, repräsentative und rituelle Herz der „Welthauptstadt Germania" sitzen.

Für „Germania" begannen bereits eine Reihe von Baumaßnahmen. Unter anderem schuf der Generalbauinspektor Speer Raum für die Große Halle und den Platz davor, indem er die Siegessäule von ihrem Standort vor dem Reichstag auf den Großen Stern verlegte und einen großen Teil der Bebauung im Spreebogen abriss. Trotz der Wohnungsnot sollten über 50 000 Wohnungen rückgebaut werden. Erste Leidtragende waren jüdische Berliner, ihre Wohnungen wurden beschlagnahmt, sie mussten in „Judenhäuser" umziehen. Der Druck seitens des Generalbauinspektors trug dazu bei, dass ab Oktober

22 Demps S. 229

1941 Juden aus Berlin „in den Osten“ deportiert und ermordet wurden. Tausende KZ-Häftlinge brachen und bearbeiteten für die SS-eigenen Deutschen Erd- und Steinwerke Baumaterial für den Generalbauinspektor. Schließlich lagen gebrochene Steine im Wert von 31 Millionen Reichsmark bei insgesamt 62 Firmen für die neue Hauptstadt bereit, wurden aber nicht mehr abgeholt.[23] Es handelte sich um einen Bruchteil des Materials und der Werte, die verbaut worden wären.

Derweil verlor die reale Reichskanzlei zunehmend ihre Rolle als Sitz der Macht. Hitler war selten anwesend, den nach wie vor stattfindenden „Chefrunden“ im „Reichskabinettssaal“ saß Lammers vor. Um von Hitler Weisungen und Entscheidungen für die Regierungsbehörden und den staatlichen Verwaltungsapparat zu erhalten, bezog er nahe der Wolfsschanze ein Feldquartier bei dem Dorf Rosengarten (Radzieje). Nahe dem Berghof stand Lammers und seinen Beamten die alpenländisch anmutende „Kleine Reichskanzlei“ zur Verfügung. Vorgelassen wurde er aber nur auf Geheiß Bormanns, und das zunehmend seltener.

23 Schönberger, S. 170 Fn. 47

Unterdessen diente der Teilzeit-Regierungssitz in Berlin nach wie vor als Bühne für staatliche Feierlichkeiten. Nach dem Sieg über Frankreich 1940 hatte Hitler Marschallstäbe an hohe Befehlshaber überreicht. Die Länge der Marmorgalerie, zweimal die des Spiegelsaals von Versailles, hatte damals ihre ganze Symbolkraft entfaltet: Der 1919 dort unterzeichnete Vertrag war scheinbar endgültig Vergangenheit, die Besiegten von damals die Sieger von heute. Später gab zumeist der Tod eines ranghohen Amtsträgers den Anlass für Zeremonien. 1941 und 1942 wurden Kirchenminister Hanns Kerrl, Rüstungsminister Fritz Todt und die Nummer zwei des Terrorapparats, Reinhard Heydrich, im Mosaiksaal aufgebahrt, im Mai 1943 SA-Chef Viktor Lutze. Im Anschluss an die Trauerfeier für Lutze hielt Hitler eine Ansprache vor Parteiführern in der Reichskanzlei. Es war die letzte Rede Hitlers an der Voßstraße.

Seit den ersten britischen Angriffen im Sommer 1940 beeinflusste der Bombenkrieg die Nutzung der Regierungszentrale. Von den 53 Luftschutzräumen unter dem Mittelflügel wurden 18 kleinen Kindern und Schwangeren zur Verfügung gestellt. Auf dem Dach installierte die Luftwaffe im Frühjahr 1943 eine Flakstellung. Wegen der zunehmenden Schäden wurden

Modell der großen Halle mit dem Adolf-Hitler-Platz, links der Führerpalast. Gegenüber erscheint der Reichstag geradezu winzig.

Sowjetische Soldaten in der Marmorgalerie, Anfang Mai 1945

Rotarmisten vor einem herabgestürzten Reichsadler

im Januar 1944 die Oberlichter durch Pappe ersetzt Das wertvolle Mobiliar war da bereits ausgeräumt, für einzelne Anlässe wie zwei Goebbels-Reden im Juli und August 1944 holte man Teile davon wieder hervor. Goebbels war auch anwesend, als am 12. November 1944 auf dem Wilhelmplatz Volkssturmmänner einen Eid auf den „Führer" leisteten. Er notierte in sein Tagebuch: „Die Kundgebung trägt ausgesprochen kämpferischen Charakter. Der Wilhelmplatz mit seinen versengten und verbrannten Ruinen bildet eine zeitgemäße Silhouette zu dieser Kundgebung."[24]

Nach dem Scheitern der letzten Offensive im Westen kehrte Hitler am 16. Januar 1945 aus dem Führerhauptquartier „Adlerhorst" in Hessen endgültig nach Berlin zurück. Für Lagebesprechungen wurden der Wintergarten oder der Kartentisch im großen Arbeitszimmer genutzt. Was einmal als imponierendes Requisit gedacht war, fand unter dem Zwang der Umstände eine praktische Verwendung. Der große Luftangriff vom 3. Februar 1945 traf sowohl die Neue Reichskanzlei als auch die Führerwohnung im Reichskanzler-Palais. Ende Februar hatten die Bombardierungen und Schäden ein Maß erreicht, das Hitler zum Umzug in den „Führerbunker" veranlasste. Dieser war von Frühjahr 1943 bis Oktober 1944 westlich des Bunkers unter dem Gartensaal angelegt worden, weil die Deckenstärke des alten Bunkers von 1,60 Metern als nicht mehr ausreichend galt. Der neue Bunker wies ebenfalls 250 Quadratmeter Nutzfläche auf und hatte eine sehr ähnliche Raumaufteilung wie der nunmehrige „Vorbunker"; die meisten der 19 Räume maßen kaum zehn Quadratmeter. Der Hauptunterschied war die Decke von vier Metern Stärke. In diesem engen, feuchten Schutzbau, dessen Fußboden achteinhalb Meter unter der Erde lag, spielte sich der letzte Akt von Hitlers Herrschaft ab.

FINALE IM BUNKER

Wenige historische Ereignisse haben die Phantasie von Zeitgenossen, Filmschaffenden und Autoren so sehr beschäftigt wie Hitlers letzte Tage. Das sinnlose Ausharren, die opferreiche Verlängerung des Krieges, die Befehle an inexistente Armeen, die kurzlebige

24 Joseph Goebbels, Tagebücher II, 14, S. 208

Hoffnung auf eine Wende, die Episoden von Verrat und Rachsucht sind oft erzählt worden. Für den Mythos von Reichskanzlei und Führerbunker prägend war die Tatsache, dass lange keine Gewissheit über Hitlers Tod und dessen Umstände herrschte. Es gab keine Leiche, kein Foto, welches das Ende des Diktators zweifelsfrei belegte. Diese Unsicherheit ging nicht zuletzt auf ihn selbst zurück.

Am Nachmittag des 30. April standen Sowjetsoldaten nur noch hundert Meter von der Reichskanzlei entfernt, als Hitler mit seiner Ehefrau Eva, geborene Braun, sich das Leben nahm und ihre Leichname anschließend, gemäß Hitlers letztem Willen, in einen Bombentrichter nahe dem Bunkerausgang verbrannt wurden. Die verkohlten Überreste bedeckten seine Diener und Adjutanten mit Erde. Am folgenden Tag beging auch der neue Reichskanzler Joseph Goebbels mit seiner Familie Selbstmord, die meisten Bunkerinsassen gingen in sowjetische Gefangenschaft.

SS-Soldaten hatten das Regierungsviertel beharrlich verteidigt, die Kämpfe der Reichskanzlei erhebliche Schäden zugefügt. Deutsche Zeugen sprachen von einer am Ende widerstandslosen Besetzung der Reichskanzlei, sowjetische von verbissenen Gefechten. Die Angriffspläne der Sowjets hatten ihr keine besondere Beachtung geschenkt, ihnen galt ausgerechnet der für das Regime bedeutungslose Reichstag als „Höhle der faschistischen Bestie“. Am 2. Mai jedenfalls war Hitlers Amtssitz in der Hand der Sowjets. Der Maschinist im Führerbunker erinnerte

Hitlers Arbeitszimmer im Juli 1945, links der umgestürzte Kartentisch

Zerstörungen an den Fassaden der Reichskanzlei in der Wilhelmstraße

sich an einen ersten Kontakt mit Soldatinnen auf der Suche nach Eva Brauns Garderobe. An Laternen um den Wilhelmplatz hingen sieben wegen „Feigheit vor dem Feind" hingerichtete Deutsche, darunter Hitlerjungen.

Am 4. Mai fanden die Sowjets die stark verkohlten, mit Erde bedeckten Leichname der Hitlers in dem Bombentrichter und identifizierten sie in den folgenden Tagen mit Hilfe von zahnärztlichem Personal. Der sowjetische Geheimdienst erkannte und verhörte die überlebenden Bunkerinsassen. Bald hatten die Sowjets ein recht klares Bild von den Vorgängen, misstrauten jedoch ihren eigenen Erkenntnissen und äußerten sich widersprüchlich. Stalin wollte offenbar aus der Unsicherheit seiner Verbündeten politischen Gewinn schlagen, während er mit ihnen in Potsdam über die Details der europäischen Nachkriegsordnung verhandelte. US-Präsident Harry Truman gegenüber bezweifelte er, dass Hitler tot sei, und vermutete ihn in Spanien oder Argentinien.[25] Die vermeintliche Präsenz des Feindes in der westlichen Machtsphäre setzte Amerikaner und Briten unter Druck.

Irreführung und Misstrauen gingen an der Spitze der Sowjetmacht ineinander über. Noch Jahre später verhörte der Geheimdienst die gefangenen Zeugen. Eine Nachgrabung förderte 1946 ein Schädeldach mit Einschussloch zutage, das Hitler zugeordnet wurde, vielleicht aber nicht von ihm stammt.[26] Die Bunkerbewohner konnten der westlichen Öffentlichkeit erst nach ihrer Freilassung 1955 Bericht erstatten. Die bayrischen Behörden sammelten die Informationen und erklärten Hitler schließlich im Oktober 1956 für tot. Noch einmal vierzehn Jahre später ordnete KGB-Chef Juri Andropow an, die Überreste Hitlers

25 Joachimsthaler S. 395

26 www.spiegel.de/wissenschaft/mensch/streit-um-ueberreste-russen-halten-hitler-schaedel-fuer-echt-a-665886.html abgerufen am 11.3.2020

und Eva Brauns sowie der Familie Goebbels zu verbrennen und die Asche zu verstreuen. Sie waren bis dahin auf einem Militärstützpunkt bei Magdeburg aufbewahrt worden.[27]

Geheimhaltung und Widersprüche nährten die Spekulationen über das Ende eines Mächtigen, der Freund und Feind immer wieder überrascht und schamlos getäuscht hatte. Wo war er geblieben? Die Vorstellungskraft diverser „Sachbuch“-Autoren entrückte ihn nach Arabien, ins ewige Eis, auf den Mond oder gleich auf den Mars. War nicht die Pilotin Hannah Reitsch bei ihm gewesen, um ihn abzuholen? Hätte er nicht mit einer V2-Rakete aus Berlin herausgeschossen werden können oder sich in eine „Reichsflugscheibe“ setzen? Warum sollte er nicht in einem geheimen unterirdischen Raum nahe der Reichskanzlei das Kriegsende überlebt haben? Oder verbarg er sich in einem Berg im Harz, wie Kaiser Friedrich Barbarossa?

Die Unsichtbarkeit seines subterranen Unterschlupfs speiste zusätzlich die Märchen vom untoten Hitler. Dessen bescheidene Ausmaße wollten nicht zur Prachtentfaltung über der Erde passen und vermochten den von Hitler ausgelösten Sensationshunger nicht zu stillen. Noch dazu war die bescheidene Behausung bald unzugänglich. Der Schauplatz des Finales verschwand ebenso wie das Schloss in der Voßstraße.

DAS VERSCHWINDEN

Im Mai 1945 war der Altbau der Reichskanzlei nach Bombentreffern ein Schutthaufen. Dienstgebäude und Neubau waren stellenweise eingestürzt, die Wände des letzteren aus Ziegelsteinen und Muschelkalk sowie die Decken aus Profilträgern und Stahlbeton waren aber großenteils intakt geblieben. Der Neuen Reichskanzlei wurde also weniger der Krieg als ihre Symbolik zum Verhängnis. Der Renommierbau des Regimes zog unerschütterliche Anhänger des Nationalsozialismus an. Sie schrieben „Es lebe der Führer!“ und Ähnliches an die Wände. Die Schriftzüge bestärkten die Sowjets darin, dieses Symbol von Hitlers Herrschaft zu beseitigen. Dass westalliierte Soldaten in den Ruinen posierten, störte die Besatzungsmacht im Osten Berlins ebenfalls. Sie wollte den ehemaligen Verbündeten möglichst wenig Grund geben, ihr Recht auf freie Bewegung in ganz Berlin wahrzunehmen.

Im Oktober 1948 erging der sowjetische Befehl, die Reichskanzlei abzureißen, und wurde ab Februar 1949 umgesetzt, gut zehn Jahre nach ihrer Einweihung. Erst 1956 kam der Rückbau zum Abschluss, unter anderem waren die – in der zerstörten Stadt knappen – Bauarbeiter vorübergehend für den Abriss des Stadtschlosses und den Bau der Stalinallee (heute Karl-Marx-Allee) umdirigiert worden. Auch anderswo entlang der Wilhelmstraße wurde in den folgenden Jahren und Jahrzehnten tüchtig abgerissen, nur fünf

Blick in den Vorbunker, 1988

27 Ebd.

Prozent der Bausubstanz überstanden Krieg und Rückbau.

Das Verschwinden der letzten unterirdischen Befehlszentrale Hitlers zog sich noch länger hin und dauerte mehr als vier Jahrzehnte. Am 11. Dezember 1947 brachten die Sowjets große Mengen Munition im Führerbunker zur Explosion, welche die Innenwände, den oberirdischen Eingang und den Abluftturm zerstörte. Der Bunkerkörper als solcher blieb unbeschädigt und wurde durch das Verfüllen der Eingänge unzugänglich gemacht. 1959 versuchten Bauarbeiter, die Deckenplatte zu sprengen, erzielten aber nicht die gewünschten Ergebnisse und gaben auf. Um die Reste von Eingang und Belüftungsturm wurde ein Hügel aufgeschüttet. Zwei Jahre später zog das SED-Regime die Mauer hoch, das Areal lag jetzt im Todesstreifen, der Hügel markierte den Standort des Bunkers. Von den Besucherplattformen am Potsdamer Platz und am Brandenburger Tor war er deutlich sichtbar.

Eingangsbau und Lüftungsturm des Führerbunkers nach der Sprengung im Dezember 1947

„Tiefenenttrümmerung" an der Otto-Grotewohl-Straße im Sommer 1988

Die Schaulustigen im Westen schauten auf eine riesige Brache, der Blick auf den Wilhelmplatz, seit 1949 Thälmannplatz, und Wilhelmstraße, seit 1964 Otto-Grotewohl-Straße, war frei. In den Gründungsjahren hatte das Machtzentrum der DDR noch an der Wilhelmstraße, genauer im ehemaligen Luftfahrtministerium gelegen. Dort war am 7. Oktober 1949 der erste sozialistische deutsche Staat proklamiert worden, das Gebäude fungierte bald darauf als „Haus der Ministerien". Nebenan, im ehemaligen Preußischen Abgeordnetenhaus, residierte Ministerpräsident Otto Grotewohl. An der nördlichen Wilhelmstraße saß unter anderem die Nationale Front im früheren Propagandaministerium.

Am 16. Juni 1953 zogen 10 000 Demonstranten, viele davon Bauarbeiter aus der Stalinallee, vor dem Haus der Ministerien auf, der Sitz der DDR-Regierung war zwischen den Protestierenden in der Leipziger Straße und der Sektorengrenze eingeklemmt. Das Ereignis gab der SED-Führung einen weiteren Grund, das Machtzentrum vom Rand des sowjetischen Sektors in die historische Mitte zu verlagern. Die Symbolkraft des Ortes blieb aber bestehen – die Pläne, auf dem nunmehrigen Thälmannplatz ein monumentales Denkmal für den von den Nationalsozialisten ermordeten KPD-Vorsitzenden zu errichten, wurden noch einige Jahre weiterverfolgt.

Ende der sechziger, Anfang der siebziger Jahre berichteten West-Berliner Zeitungen über wiedergefundene unterirdische Anlagen unter dem Tiergarten und am Reichstag. Die Staatssicherheit der DDR war alarmiert und fürchtete, dass alte Tunnel und Bunker in Mauernähe für die Flucht in den Westen genutzt werden könnten. Stasi-Beamte sammelten Informationen und suchten im Boden, sie gingen von fünfzig „untertägigen Anlagen" im Bereich der Ministergärten und der Reichskanzlei aus. 1973 betraten sie den

Roter Marmor im U-Bahnhof Mohrenstraße ...

... und im Foyer der Humboldt-Universität

Vorbunker, nachdem das über einen Meter hoch stehende Grundwasser abgepumpt worden war – der Bau lag im Grundwasser und war vollgelaufen, als die Entwässerungspumpen Anfang Mai 45 stehen geblieben waren. Die Ermittler fanden die Stockbetten, in denen die Kinder von Joseph und Magda Goebbels gestorben waren, und eine „schlammartige Masse",[28] die sich als ein großer Teil der Goebbels-Tagebüchern herausstellte. Der tiefer liegende Führerbunker hingegen war durch die Sprengung von 1947 stark zerstört. Insgesamt fand der Suchtrupp siebzehn unterirdische Anlagen, die meisten davon normale Keller. Einen Geheimgang nach Westen fanden sie nicht.

Im Januar 1984 beschloss das Politbüro, auf dem Areal der Ministergärten und der Reichskanzlei Wohnungen zu bauen, das Vorhaben wurde seit Anfang 1988 umgesetzt. Die Blocks sind kleiner als die gewöhnlichen Plattenbauten, ambitioniert gestaltet und gut ausgestattet. Die Passanten in der Otto-Grotewohl-Straße blickten fortan auf attraktive Wohnhäuser statt auf die Mauer. Den Thälmannplatz auf der anderen Straßenseite gab es da schon nicht mehr, die tschechoslowakische Botschaft füllte seinen Südteil seit Ende der siebziger Jahre, ein Standardplattenbau den Nordteil seit den Achtzigern. Dementsprechend erhielt die U-Bahnstation Thälmannplatz 1986 den Namen Otto-Grotewohl-Straße. Das im selben Jahr fertiggestellte, seit Jahrzehnten geplante Thälmann-Denkmal fand seinen Platz schließlich am Rande eines Neubauviertels in Prenzlauer Berg.

Im Zuge der „Tiefenenttrümmerung" auf dem Baugrund wurde 1988 der Vorbunker vollständig beseitigt, vom Hauptbunker blieben noch die Bodenplatte und Teile der Außenwände in der Erde. Erhalten sind ein Teil der Bunker unter der Neuen Reichskanzlei sowie die Fahrerbunker nahe der Ebertstraße. Das Neubauviertel hätte sich auch noch bis über den Leipziger Platz hinweg erstrecken und diesen unkenntlich machen sollen, doch die Ereignisse der Jahre 1989 und 1990 und eine Bürgerinitiative brachten das Projekt auf der Nordseite der Voßstraße zum Stehen. 1991 erhielt die U-Bahn-Station Otto-Grotewohl-Straße den Namen „Mohrenstraße", die Wilhelmstraße bekam ihren alten Namen 1993 zurück.

28 Kellerhoff S. 88

VERSTREUTE SPUREN

Den Marmor im U-Bahnhof Mohrenstraße umrankte lange die Legende, dort seien Platten aus rotem Saalburger Marmor, die aus der Reichskanzlei stammten, verbaut worden, ebenso im Foyer der Humboldt-Universität Unter den Linden und an den drei großen sowjetischen Ehrenmälern in Berlin. Für letztere wurde, wenn überhaupt, anderer Stein aus der Reichskanzlei verbaut, und, wenn überhaupt, in geringem Umfang.[29] Für den U-Bahnhof steht seit 2008 fest, dass die Platten für den Ausbau der Station im Jahr 1950 gebrochen und geschnitten wurden.[30] Dessen Benennung nach dem wichtigsten Märtyrer der deutschen Kommunisten, dem auf dem darüberliegenden Platz ein Denkmal gesetzt werden sollte, motivierte die Planer, den edlen Stein aus Thüringen zu verwenden, und zwar frisch aus dem Steinbruch. Aber die Geschichte vom sagenumwobenen Marmor aus der Reichskanzlei hielt sich hartnäckig. Sie veranlasste einen Käufer noch 2013, 1000 Euro für eine rote Steinplatte aus der Staatsbibliothek Unter den Linden hinzulegen, die bei Restaurierungsarbeiten entfernt worden war.[31]

Was also blieb? Hitlers Schreibtisch besitzt das Deutsche Historische Museum zu Berlin. Brekers Standbild „Die Partei" steht im Park von Schloss Nörvenich. Einige Gemälde hängen im Pentagon in Washington, Teile des Essgeschirrs besitzen die Familien alliierter Soldaten, die sie einst mitnahmen. Thoraks Bronzepferde standen bis 1988 auf einem sowjetischen Militärstützpunkt in Eberswalde, wurden in die Bundesrepublik verkauft und 2015 bei einer Razzia gegen illegalen Kunsthandel in der Pfalz beschlagnahmt. Die Ermittlungen wegen Hehlerei wurden zwar eingestellt, doch muss der Besitzer die beiden Skulpturen an die Bundesrepublik abtreten.[32]

29 https://zeitgeschichte-online.de/sites/default/files/documents/mittig.pdf abgerufen am 11.3.2020

30 Axel Mauruszat, Klaus Topel: Marmor-Mythos Mohrenstraße. In: Verkehrsgeschichtliche Blätter, Heft 4/2008, S. 106–109

31 www.berliner-kurier.de/berlin/kiez---stadt/irre-geschichte-riesen-reibach-mit-angeblichem-hitler-marmor-4025534 abgerufen am 11.3.2020

32 www.welt.de/regionales/rheinland-pfalz-saarland/article209954311/Streit-um-2015-in-der-Pfalz-entdeckte-NS-Kunst-dauert-an.html abgerufen am 11.1.2021, https://www.spiegel.de/panorama/justiz/rheinland-pfalz-unternehmer-muss-hitler-pferde-an-die-bundesrepublik-abtreten-a-82c55302-0518-470b-bb28-20a7d2e1eaa1, abgerufen am 28.7.2021

Hitlers Schreibtisch aus der Neuen Reichskanzlei im Deutschen Historischen Museum

Mehrere neue Straßen verlaufen heute über die ehemaligen Grundstücke der Amtssitze westlich der Wilhelmstraße. In Anknüpfung an ihre Vorgänger in der Voßstraße liegen entlang der Straße „In den Ministergärten“ mehrere Vertretungen von Bundesländern. Weitere Straßen sind nach der politischen Denkerin Hannah Arendt, der Sozialwissenschaftlerin Cora Berliner und der Schriftstellerin Gertrud Kolmar benannt. Sie waren deutsche Jüdinnen, Erstere wurde von den Nationalsozialisten verjagt, die beiden anderen in Auschwitz und Maly Trostinez ermordet. Die Straßen grenzen an das Denkmal für die ermordeten Juden Europas, das seit 2005 an das größte der zahllosen Verbrechen erinnert, die vom Berliner Regierungsviertel ausgingen.

Die „Geschichtsmeile Wilhelmstraße“ präsentieren dreißig Informationstafeln des Dokumentationszentrums Topographie des Terrors, die in erster Fassung 1996 aufgestellt wurden. Seit 2006, nicht zufällig das Jahr der Fußball-Weltmeisterschaft in Deutschland, informiert eine Tafel des Vereins Berliner Unterwelten an der Ecke Gertrud-Colmar-Straße/In den Ministergärten über den Führerbunker. Auf dessen Höhe steht seit 2011 das „Denkzeichen Georg Elser“ an der Wilhelmstraße. Die im Dunkeln beidseitig leuchtende, filigrane Stahlskulptur von Ulrich Klages zeigt das Profil des Hitler-Attentäters Georg Elser. Nicht der „Führer“ soll an dessen Amtssitz sichtbar sein, sondern der einsame Widerstandskämpfer, dem es am 9. November 1939 in München beinahe gelungen wäre, den wichtigsten Urheber von nationalsozialistischem Krieg und Massenmord zu töten.

CARINHALL

HOFHALTUNG UND JAGD IN DER SCHORFHEIDE

Der Machtausübung und Selbstdarstellung Hermann Görings, von 1933 bis mindestens 1938 der zweitmächtigste Politiker Deutschlands, diente Carinhall, sein ins märkische Nirgendwo gesetztes Jagdschloss. Nicht ohne Grund umgaben es fantastische Gerüchte. Er hielt dort Löwen, bewirtete die internationale Politprominenz, pirschte mit Diplomaten. Während sich Hitler, Goebbels und Himmler nach außen als bescheidene, fleißige Arbeiter gaben, entfaltete der zeitweilige Ersatzreichskanzler, inoffizielle Außenminister, Wirtschaftslenker und Luftwaffenchef höfische Pracht und neureiche Extravaganz. In seinem öffentlichen Bild mischten sich Volksnähe, Verschwendung und die Vorstellung vom „großen Mann", der viel vermag und noch mehr darf. Auch im Rückblick setzte Görings Selbstdarstellung seinen Anteil an Eroberungskrieg und Massenverbrechen in ein weicheres Licht.

EIN KRIEGSHELD MIT GELTUNGSDRANG

Mit seiner Herkunft aus der Führungsschicht des Kaiserreichs stach Hermann Göring aus der NS-Elite heraus. Seine Vorfahren hatten Karriere in der preußischen Verwaltung gemacht, sein Vater war ein hoher Kolonialbeamter, er selbst absolvierte die Kadettenanstalt in Lichterfelde. Im Ersten Weltkrieg erlangte er als hochdekorierter Kampfflieger Bekanntheit. 1920 flog er in Schweden Verkehrsmaschinen und lernte dort Carin von Fock kennen. Sie war vier Jahre älter als ihr Verehrer, verheiratet und Mutter eines Sohnes. Ende 1922 ließ sie sich scheiden, heiratete Göring und folgte ihm nach Deutschland. Der Sohn blieb beim Vater, der seiner Frau eine hohe Abfindung zahlte und so den frisch Vermählten vorerst einen gediegenen Lebenswandel ermöglichte.

Das Ehepaar zog nach München, Hermann Göring wollte dort Geschichte und Volkswirtschaftslehre studieren. Er besuchte politische Kundgebungen und traf auf Hitler, dem er im Herbst 1922 Gefolgschaft schwor und bald als SA-Chef diente. Am 9. November 1923 nahm Göring am rechtsradikalen Putsch in München teil, erlitt eine schwere Verwundung und floh nach Österreich. In einem Innsbrucker Krankenhaus erhielt er Morphium, das er in den folgenden Jahrzehnten mehr oder weniger regelmäßig konsumierte. Er saß die Strafverfolgung gegen die Umstürzler in Italien aus und ging 1925 mit seiner Frau zurück nach Schweden. „Aus dem strahlenden ehemaligen Kriegshelden war ein mittelloser, von Krankheit und Medikamentenmissbrauch gezeichneter politischer Emigrant geworden."[1]

Ohne in Stockholm beruflich Fuß gefasst zu haben, ging Göring 1927 nach Berlin und fand über Kriegskameraden Zugang zu den besseren Kreisen. Auch weil ihn diese Kontakte wertvoll machten, nahm ihn Hitler, der ihn nach dem Putschversuch hatte fallen lassen, wieder in die Partei auf und gab ihm einen vorderen Listenplatz für die Reichstagswahl im Mai 1928. Dafür erneuerte Göring seinen Eid bedingungsloser Gefolgschaft. Nach dem Wahlerfolg vom 14. September 1930 ernannte der bevorzugt in München weilende Hitler Göring zum „politischen Beauftragten des Führers in der Reichshauptstadt". Mit Hilfe seiner Kontakte und Umgangsformen etablierte er die NSDAP hinter den Kulissen – im Hochadel, im aristo-

1 Knopf S. 17

Der Kampfpilot Hermann Göring auf einer Postkarte von 1918

Carin Göring, 1931

kratisch geprägten Umfeld des Reichspräsidenten, in der Reichswehr, in diplomatischen Kreisen – und ergänzte sich dabei mit Gauleiter Joseph Goebbels, der für eine militante Präsenz auf der Straße und hemmungslose Agitation sorgte.

Görings Wohnung in der Badenschen Straße 7 diente als Treffpunkt der rechten Gesellschaft, seine im Umgang versierte, persönlich gewinnende und ideologisch sattelfeste Ehefrau Carin stand im Mittelpunkt dieser Begegnungen. Gesundheitlich fragil, starb sie am 17. Oktober 1931 in Stockholm, von ihrem Ehemann heftig betrauert. Ihr Tod schwächte ihn auch politisch, da Hitler nun häufiger bei Joseph Goebbels und seiner Ehefrau Magda, für die der „Führer" schwärmte, zu Besuch kam. Doch auch so stieg er zum zweiten Mann der NSDAP auf. Seit dem Abschneiden in den Wahlen vom Juli 1932 war er als führender Vertreter der stärksten Fraktion Reichstagspräsident.

Dem am 30. Januar 1933 eingesetzten Kabinett Hitler gehörte Göring als Reichsminister ohne Geschäftsbereich an. Sein ungleicher Weggefährte Goebbels lobte dessen Rolle im Vorfeld. Dieser habe den Boden für Hitlers Ernennung zum Reichskanzler bereitet, bis der „aufrechte Soldat mit dem Kinderherzen ... seinem Führer ... die schönste Botschaft seines Lebens" übersandt habe.[2] Gleichzeitig wurde Göring preußischer Innenminister – eine Schlüsselposition. Er säuberte den Beamtenapparat von Demokraten und Juden, verlieh SA- und Stahlhelm-Männern den Status von Hilfspolizisten und ermächtigte sie zum Gebrauch der Schusswaffe. Die Terrorkampagne nach dem Reichstagsbrand am 27. Februar trieben an vorderster Stelle Göring und die von ihm gegründete und befehligte Geheime Staatspolizei voran.

2 Joseph Goebbels, Vom Kaiserhof zur Reichskanzlei, München 1934, S. 251

Am 3. März verkündete er: „Volksgenossen, meine Maßnahmen werden nicht angekränkelt sein durch irgendwelche juristischen Bedenken. Meine Maßnahmen werden nicht angekränkelt sein durch irgendeine Bürokratie. Hier habe ich keine Gerechtigkeit zu üben, hier habe ich nur zu vernichten und auszurotten, weiter nichts!“[3]

Am 11. April 1933 erhielt Göring die Ernennung zum Ministerpräsidenten Preußens, am 5. Mai die zum Reichsminister für Luftfahrt. Der „treue Paladin des Führers“, wie er sich selbst titulierte, nahm eine Schlüsselposition in der täglichen Regierungsarbeit ein, auch weil Hitler daran wenig Interesse zeigte. Der höchst eitle „zweite Mann des Dritten Reichs“ sammelte aus Macht- und Prestigegründen fleißig Ämter und Orden. Goebbels kommentierte: „Er ist nun endlich General. Wieviel Titel hat er eigentlich? Wahrscheinlich soviel er Uniformen hat. Das kotzt jeden an.“[4] Der Propagandachef hoffte, dass sein Konkurrent Göring sich durch die eigene Geltungssucht schaden würde. Im Oktober 1933 kritisierte Hitler vor Parteigranden die Prunksucht mancher Funktionäre und Goebbels bemerkte: „Der Saal rast. Chef hat innerlich bereits mit Göring gebrochen. Armer Protz! Man macht nur noch Witze über ihn.“[5] Doch Goebbels lag falsch. Görings Auftreten sollte weder Hitler noch die Öffentlichkeit abstoßen – im Gegenteil.

3 Ciesla S. 148
4 Goebbels, Joseph: Tagebucheintrag vom 29. August 1933

In der ersten Reihe: Reichsminister Göring am 30. Januar 1933

DER MINISTERPRÄSIDENT LÄSST SICH EIN JAGDHAUS SCHENKEN

Anfang Mai 1933 trafen sich Vertreter des Reichsjagdbundes, unter ihnen Herzog Adolf Friedrich von Mecklenburg-Schwerin, mit Göring, um mit dem preußischen Ministerpräsidenten über eine neue Jagdgesetzgebung zu sprechen. Sie trugen Göring dabei die Schirmherrschaft über das Weidwerk an, sahen sie in ihm doch einen vielversprechenden Verbündeten, um ihre exklusive Vorstellung von der Jägerei zu verteidigen. Vom Mittelalter bis ins 19. Jahrhundert hatte die Jagd zu den demonstrativ genossenen und mit harschen Mitteln gehüteten Privilegien des Adels gehört, und mochte das Standesvorrecht auch verloren sein, so sollten die Hürden doch hoch bleiben. Nicht wenige in der NSDAP verabscheuten wiederum diese „reaktionäre“ Tradition und verlangten eine Öffnung der Jagd. Dagegen suchten die elitären Weidmänner nun die Unterstützung derjenigen NS-Größe, die ihnen von Herkunft, Auftreten und gesellschaftlicher Einbindung her am nächsten stand. Nicht zuletzt gebot der preußische Ministerpräsident über die Mehrheit der deutschen Förster und Jäger. Schon als er für die NSDAP in Berlin netzwerkte, hatten ihn großgrundbesitzende Mitglieder der Berliner Gesellschaft gelegentlich zur Pirsch geladen. Von sich aus hatte er die Jagd, mit der er schon als Kind erste standesgemäße Erfahrungen gemacht hatte, aber nicht betrieben.

Am 16. Mai 1933 stellte sich Göring den Förstern der Schorfheide bei einem Appell am Schloss Hubertusstock vor, wo die Hohenzollern einst ihre Hofjagden abgehalten hatten. Im Juni 1933 dann beauftragte er den Architekten Werner March, den wichtigsten Gestalter der Olympia-Bauten in Berlin, ein Block-

5 Goebbels, Joseph: Tagebucheintrag vom 18. Oktober 1933

Jagdschloss Hubertusstock, 1931

haus im skandinavischen Stil zu realisieren. Dazu veranlasste der Ministerpräsident das von ihm regierte Land Preußen, ihm 120 Hektar Wald zur lebenslangen Nutzung zu überlassen. Von einem als Bauplatz ausgewählten Plateau über dem tief abfallenden Ufer schweifte der Blick zwei Kilometer weit über den Großen Döllnsee, der mit dem Wuckersee eine an dieser Stelle rund 500 Meter breite Landenge umschließt. Es war eine Lage in privilegierter Abgeschiedenheit: Die nächstgelegene größere Siedlung Friedrichswalde liegt 6,5 Kilometer entfernt Richtung Nordwesten. Zugleich waren es nur 65 Kilometer Richtung Süden nach Berlin. Der Bauplatz lag inmitten des traditionellen Jagdreviers der preußisch-deutschen Monarchen.

Nach wenigen Monaten Bauzeit feierte Göring Richtfest. Auf dem Eingangstor aus Eiche war eine Inschrift eingeschnitzt: „Seinem Ministerpräsidenten Hermann Göring, der mit kraftvoller Hand die Geschicke Preussens leitet, widmet das dankbare Land das Jagdhaus am Wuckersee in der Schorfheide zum dauernden Gebrauch, auf dasz des deutschen Waid-

Giebel des Blockhauses von 1933

Die Landenge zwischen dem Wuckersee (oben) und dem Großen Döllnsee. Den Standort Carinhalls zeigt das Rechteck an, von dem die hellgrüne Kastanienallee nach links oben abgeht.

werks Schirmherr Waidmannslust und Freude finde in Preussens Forsten. Berlin, den 26. Oktober 1933."[6]

Von Groß Schönebeck rund zehn Kilometer Richtung Norden wurde ein asphaltierter Waldweg angelegt, der von der Fernverkehrsstraße 109 Berlin–Prenzlau abzweigte und über 3,6 Kilometer am Wasser entlang nach Osten zu dem Jagdhaus führte. Im April 1934 war es fertiggestellt. Aus der direkten Umgebung kamen die Findlinge für die Grundmauer, die Kiefernstämme für die Wände und Decken, das Schilf für das Dach. Herzstück des 230 Quadratmeter Wohnfläche bietenden Hauses war die „hohe nordische Halle",[7] wie es in einer zeitgenössischen Baubeschreibung heißt, an die ein offener Essbereich, Küche und Dienstbotenkammern angrenzten. Im Obergeschoss hatte der Hausherr ein Arbeitszimmer mit Schlafnische, daneben befanden sich zwei Gästezimmer. Über eine hölzerne Treppe gelangte man zu Bade- und Bootshaus am Seeufer. Hundert Meter östlich des Hauptgebäudes befanden sich die ähnlich gestaltete Adjutantur, wo die Bediensteten untergebracht waren, und Garagen. Außerdem ließ Göring ein Haus für Hitler bauen, das aber schon im Dezember 1933 abbrannte. 1936/37 entstand am Kleinen Döllnsee direkt auf der anderen Seite der Landstraße 109 ein neues, das aber ebenfalls nicht vermochte, Hitler oft oder gar dauerhaft in die Schorfheide zu locken.

Schon in der Namensgebung beschwor Göring die Erinnerung an seine verstorbene Frau, von der ein großes Ölgemälde in der Halle hing. Im Herbst 1933 war er nach Schweden gereist und hatte ein hakenkreuzförmiges Blumengebinde auf Carins Grab abgelegt. Dieses entwendeten schwedische Nazigegner, worüber sich Göring empörte. Er beschloss, die sterblichen Überreste seiner Frau auf seinen Jagdsitz zu holen. In das Steilufer des Wuckersees hinein ließ er eine Gruft mauern und diese von mächtigen Findlingen flankieren. Der Sarkophag wurde feierlich herangebracht, auf den letzten Kilometern von sechs

6 Knopf S. 26
7 Ebd. S. 27

Pferden gezogen und vor zahlreichen prominenten Trauergästen am 20. Juni 1934 von zwanzig Uniformierten in die Grabkammer getragen. Diese war so bemessen, dass auch der Witwer einst darin Platz finden würde. So machte Göring seine verstorbene Frau zu einer Marke, die sich glänzend verkaufte: Der aus der Feder von Carins Schwester Fanny von Wilamowitz-Moellendorff stammende hymnische Nachruf erreichte eine Auflage von über 900 000 Exemplaren. Auch die offizielle Göring-Biographie von Stabsamtschef Erich Gritzbach war ein Bestseller.

DER HERR DER SCHORFHEIDE

Görings Ehrgeiz und Einflussgewinn trübten 1934 mehrere Rückschläge. SS-Chef Heinrich Himmler bekam die Leitung der Gestapo übertragen, und Reichsinnenminister Wilhelm Frick erhielt das preußische Innenministerium. Einen weiteren Konkurrenten, Ernst Röhm und mit ihm das Führungspersonal der SA, ermordeten Himmlers und Görings Männer am 30. Juni 1934, nachdem ihre Vorgesetzten zusammen mit Hitler die Todeslisten erstellt hatten. Görings aufs Abhören spezialisierter Spionageapparat, „Forschungsamt" genannt, hatte dazu wesentliche Vorarbeiten geleistet.

Nach der Säuberung bekam Göring einen Ausgleich für die verlorenen Posten: Seit Juli 1934 leitete er das den Ministerien gleichgestellte Reichsforstamt und führte damit auch den Titel des Reichsjägermeisters. Im neuen Amt erfüllte Göring sogleich die Wünsche, die der Herzog von Mecklenburg und weitere Vertreter ihm im Vorjahr angetragen hatten. Das im Juli 1934 erlassene Reichsjagdgesetz schränkte die 1848/49 erfolgte Öffnung des Jagdrechts für bäuerliche Grundbesitzer stark ein, besonders durch die Jagdscheinpflicht: Den Bauern wurde die Jagd nicht mehr aus Gründen der Standeszugehörigkeit, sondern mittels Bildungshürden erschwert. Die Verpflichtung zur fachlichen Qualifikation hatte aber auch den Zweck, „waidgerechtes" Jagen und ein Höchstmaß an Tierwohl und Waldpflege zu gewährleisten – wobei das „ai" in „waidgerecht" und „Waidwerk" einen Neuanfang symbolisieren sollte. Das Gesetz ging auf eine preußische Verordnung von 1929 zurück, denn schon der sozialdemokratische Ministerpräsident

Hitler und Göring verlassen die Gruft am Wuckersee, 20. Juni 1934.

Otto Braun hatte die Jagd geliebt und großen Anteil an diesen Fragen genommen. Sein Nachfolger Göring drückte dann das längst entworfene Regelwerk gegen den Widerstand „antireaktionärer" Jäger in der NSDAP durch.

Sodann dehnte Göring die ebenfalls 1929 unter Otto Braun erlassenen Schutzbestimmungen für die Schorfheide, die vor allem die Auswirkungen von Ausflugsverkehr und Nahtourismus eindämmen sollten, erheblich aus und erhob sie 1936 zu einem von vier Reichsnaturschutzgebieten. Die Stiftung Schorfheide, geleitet von Görings rechter Hand Paul Körner, verwaltete von Groß Schönebeck aus ein Gebiet mit acht Forstämtern und 60 000 Hektar Fläche. Fünf Sechstel davon waren eingezäunt, insgesamt 400 Kilometer Zaun verliefen um und durch das Naturschutzgebiet. Die Stiftung begann mit dem Aufkaufen von privatem Grund und Göring wünschte die Aussiedlung aller Bewohner der Schorfheide, was aber nicht weiterverfolgt wurde, um vor Ort Arbeitskräfte zur Verfügung zu haben.

Südwestlich des Werbellinsees betrieb die Stiftung, die im Eigentum des preußischen Staates stand, eine zoologische Forschungseinrichtung mit großen Wildgehegen; ihr Ziel war es, Biber, Fischotter, Elch, Wildpferd und Wisent anzusiedeln. Die Urviecher sollten nach Görings Vorstellung einen germanischen Urwald bevölkern und dabei die „Volksgenossen" erbauen. Er proklamierte: „Ewiger Wald und ewiges Volk, sie gehören zusammen, und darum haben wir den Mut, zu bekennen: Wir wollen ewig bleiben, nicht als Person, wir sterben und vergehen, aber das Volk ist unvergänglich und unsterblich. Das soll uns der Wald wieder jeden Tag aufs Neue zeigen."[8] Zehntausende Berliner strömten bald zum Schaugehege der Wisente, die sich emsig vermehrten. Die Wisentzucht knüpfte an Projekte an, die bereits seit der Weimarer Zeit liefen, und hatte ähnliche Versuche des Großen Kurfürsten um 1680 zum Vorbild.

Göring präsentierte sich als vorbildlicher Naturfreund: „Von starker innerer Naturverbundenheit erfüllt und von der ihm angeborenen Liebe zu Wald und Wild getrieben, erkennt er die gewaltige Bedeutung des Waldes für das Leben des deutschen Volkes."[9] Neben deutschtümelnder Naturmystik verband der Nationalsozialismus den Wald mit einer vorgeblichen Tradition des Gemeinbesitzes und einem generationenübergreifenden Wirtschaften: „Allein schon der Gedanke der Nachhaltigkeit, der in der Regel ein Opfer der gegenwärtigen Geschlechter für die künftigen und einen Verzicht des einzelnen zugunsten der Volksgemeinschaft fordert, bedeutet die Anerkennung des Grundsatzes: ‚Gemeinnutz geht vor Eigennutz!'"[10]

Dieser angeblichen Verbindung von Wald und Volksgemeinschaft stand die – von Göring demonstrativ aufgegriffene – aristokratische Tradition im Jagdwesen entgegen, die er dann auch rundheraus bestritt. Zur Eröffnung der vielbeachteten Internationalen Jagdausstellung in Berlin 1937 sagte er: „Die Ausstellung will auch all denen in der ganzen Welt, die in völliger Verkennung der Dinge in der Jagd ein überflüßiges Vergnügen angeblich begüterter Kreise sehen, die Augen darüber öffnen, daß gerade Jagd und Jäger in aller Welt immer diejenigen waren, sind und bleiben werden, die einem Volke die schönste Zierde seiner Heimat, das Wild, erhalten haben. ... Bei der Jagd im gesitteten Waidwerk haben Standesunterschiede niemals eine Rolle gespielt."[11]

Nur zu gerne ließ sich Göring „Herr der Schorfheide" nennen. Dort sollte das besondere deutsche

8 Gritzbach S. 111
9 Ebd. S. 77
10 Gritzbach S. 81
11 Gautschi S. 257

Publikumsmagnet: das Wisentgehege in der Schorfheide

Das Blockhaus am Werbellinsee, das den Reichspräsidenten Ebert und von Hindenburg als Jagdquartier diente, 1923.

Verhältnis zum Wald zelebriert werden. Schließlich war die Schorfheide nicht irgendeine Landschaft, sondern eine geschichts- und symbolträchtige. Mit gut 1200 Quadratkilometern ist sie das größte geschlossene Waldgebiet Mitteleuropas, denn „Heide" heißt im Nordosten Deutschlands „Wald". Dort war wenig gerodet und gesiedelt worden, weil seit dem 16. Jahrhundert die Herrscher von Brandenburg-Preußen und nach 1918 die Reichspräsidenten in den weitläufigen Forsten nördlich der Hauptstadt jagten. Wichtigster Stützpunkt für die königlichen Weidmänner war seit 1849 das Jagdschloss Hubertusstock nahe dem Westufer des Werbellinsees.

Drei Kilometer nördlich auf einer Landzunge im See stand seit 1923 ein Blockhaus, dass die Reichspräsidenten Friedrich Ebert und Paul von Hindenburg für ihre Jagdausflüge bezogen. Dieses „Jagdhaus Schorfheide" war gleichsam ein Ausweichquartier, da Hubertusstock den neuen Mächtigen bis zur Klärung der Eigentumsverhältnisse zunächst verschlossen blieb. In der Vermögensauseinandersetzung mit den Hohenzollern ging Hubertusstock schließlich 1926 an Preußen. Der begeisterte Jäger Otto Braun bewohnte Hubertusstock während seiner häufigen Ausflüge in die Schorfheide, auch andere Mitglieder der preußischen Staatsregierung nutzten es.

Brauns Nachfolger Göring entschied sich gegen Hubertusstock, er wollte seine ganz eigenen Vorstellungen von architektonischer und jagdlicher Repräsentation verwirklichen. Das „Jagdhaus Schorfheide" der Reichspräsidenten wiederum übertrug Hitler 1936 der Reichskanzlei und ihrem Chef Hans Heinrich Lammers. Von KZ-Häftlingen ließ Lammers ein Bürogebäude errichten, so dass neben Carinhall und Goebbels' Dienstsitz und Familienvilla am Bogensee ein weiteres Herrschaftszentrum in der Region entstand.

JAGDDIPLOMATIE

Seinen Jagdsitz in der Schorfheide nutzte Göring für außenpolitische Aktivitäten und erfüllte dabei eine Funktion, die der „Führer" ihm bereitwillig überließ. Hitler, seit August 1934 deutsches Staatsoberhaupt, fand wenig Gefallen an repräsentativen Aufgaben und delegierte diese ausdrücklich an Göring. Der „Führer" schuf zu diesen Zwecken einen Sonderfonds, aus dem große Summen in die Schorfheide flossen. Und so konnte Göring seinen Hang zur Selbstdarstellung mit seinem Drang nach politischem Einfluss verweben. Dem inoffiziellen Außenminister halfen dabei seine guten Manieren, einige Auslandserfahrungen und Kenntnisse im Englischen, Französischen, Schwedischen und Italienischen.

In Carinhall empfing er Diplomaten und Politiker aus Frankreich, Polen, Schweden, Jugoslawien oder Ungarn. Der zweite Mann des NS-Regimes präsentierte sich ausländischen Gästen mit Vorliebe im deutschen Wald als erster Forstmann des Reichs, der seinen Landsleuten die Natur und „germanische Werte" nahebrachte. Er trug am liebsten eine volle Ledermontur oder ein ledernes Wams zu einem weißen Hemd mit weiten Ärmeln. Seine halb romantische, halb praktische Aufmachung vervollständigte ein Spieß, den er wie einen Spazierstock benutzte. Er führte die Wisente vor und rief sie dabei selbst mit einem Horn. Mit seinen Gästen fuhr er in der Kutsche über die bequem ausgebauten Wege und ging mit ihnen auf die Pirsch. Auf der Jagd, so fand er, ließ sich besser reden als am Konferenztisch. Er empfing seine Gesprächspartner in Carinhall, aber auch im ostpreußischen Reichsjägerhof Rominten oder im niedersächsischen Saupark Springe.

Göring in Jagdmontur, 1937

Der französische Botschafter André François-Poncet schätzte den Gesprächspartner Hermann Göring: „Für uns Diplomaten war er von großem Wert. Nicht nur vermied er es nicht, mit uns zusammenzutreffen, er suchte unseren Verkehr. Er nahm unsere Einladungen an und erwiderte sie. An diesen Abenden, deren Glanz und Aufmachung er ebenso schätzte wie das gute Essen und Trinken, plauderte er vertrauensvoll und antwortete auf indiskrete Fragen. Er verabscheute vorsichtige Formulierungen und Umschreibungen, er sprach geradeheraus und frei, er lüftete einen Zipfel des Schleiers, mit dem die Wilhelmstraße und die Goebbelspresse die Wirklichkeit umhüllten. Wir wußten ihm Dank dafür und taten gern seiner Eitelkeit genüge, wofür er sehr empfänglich war."[12]

Zum Ärger des Auswärtigen Amtes reiste Göring in fremde Hauptstädte und betrieb mit Hitlers Segen Außenpolitik. Mit seiner jovialen Art ergänzte er den undurchsichtig agierenden Hitler und trug so viel zu den außenpolitischen Erfolgen der dreißiger Jahre bei. Besonders aktiv war der „Dolmetscher des Führers" in Südosteuropa und Polen, wo er mit Erfolg die Bündnisbemühungen Frankreichs und Großbritanniens vereitelte. Als Gast der polnischen Regierung nahm Göring im Januar 1935 an einer Staatsjagd im Wald von Białowieża teil und tafelte im ehemaligen

12 Neumärker S. 54

Göring zeigt US-Staatssekretär Sumner Wells in Carinhall seine Kunstschätze, 1940.

Pracht für den Zaren: das Jagdschloss Białowieża

Jagdschloss des russischen Zaren. Er war so beeindruckt, dass er in Carinhall den Rahmen für ähnliche Veranstaltungen schaffen wollte. Er würde seine Gäste nicht mehr nur als Weidmann in einem Jagdhaus, sondern wie ein kunstliebender Fürst empfangen, natürlich in einem Schloss.

DAS SCHLOSS IM WALD

Zwischen dem Impuls in Polen und dem Baubeginn verflossen gut eineinhalb Jahre, dann ging es schnell. Von September 1936 bis Juli 1937 leiteten die Bauräte Friedrich Hetzelt und Hermann Tuch von der preußischen Staatlichen Bauleitung für Sonderaufgaben die schnell voranschreitenden Arbeiten. Vorbild des Waldschlosses war Görings Reichsjägerhof Rominten, den ebenfalls Hetzelt unmittelbar zuvor verwirklicht hatte. Der ganz aus Holz errichtete, relativ bescheiden dimensionierte Reichsjägerhof Rominten hatte vier Flügel von rund 50 mal 35 Metern um einen Ehrenhof und einen repräsentativen zentralen Eingang. Er sollte an einen „altgermanischen Fürstensitz" erinnern. Der Hof war für das Auslegen der Strecke, das heißt des erlegten Wildes gedacht. Bis in die Raumaufteilung zeigen sich Parallelen zwischen dem Reichsjägerhof und dem Prachtbau am Großen Döllnsee.

Die offizielle Biographie, erschienen 1938 und geschrieben von Görings Stabsamtsleiter Erich Gritzbach, stilisierte Göring zum überragenden Architekten und eigentlichen Schöpfer des neuen Carinhall: „Von diesem Bauwerk hat er ein Menschenleben lang geträumt ... In bewundernswerter Meisterschaft hat er seine Gedanken in exakte Werkpläne umgeformt. Alles, den Bau selbst, die gärtnerischen Anlagen, die Möbel, die Stoffe, die Teppiche, die Beleuchtungskörper, die Beschläge, selbst die Türgriffe hat er erdacht und entworfen ..."[13] Der „letzte Renaissancemensch", wie Göring sich selbst nannte, wollte in allen Bereichen glänzen, auch in den Künsten. Zwar nahm er viel Einfluss, doch glich er mehr einem launischen Auftraggeber als einem Universalgenie: „Als Bauherr kümmerte sich Göring wenig um die einvernehmlich mit ihm aufgestellten Planungsvorgaben und verzögerte den Fortgang der Arbeiten ständig mit Sonderwünschen. Er schreckte nicht davor zurück, gerade

13 Gritzbach S. 342

erst plangerecht erstellte Gebäudeteile einreißen und in abgeänderter Weise wieder aufbauen zu lassen. Dennoch gelang es den beiden Bauleitern, auch die ausgefallensten Wünsche Görings zu befriedigen und die in Tag- und Nachtschichten am Bau beschäftigten Arbeiter zu Höchstleistungen anzutreiben."[14]

Der Neubau hieß „Waldhof" und war ein veritables Schloss. Es hatte um einen Ehrenhof drei Flügel, an den Längsseiten rund hundert Meter lang, der Hauptflügel war gut sechzig Meter breit. Auf dem Hof stand zuerst ein Keiler aus Bronze, dann eine reitende Amazone Franz von Stucks. Steil aufragende Reetdächer weckten ein ländliches Flair. Die eingeschossigen Seitenflügel hatten zur Hofseite Galerien aus Eichenbalken, weitere Balken trugen das Dach eines überdachten Verbindungsgangs, der den Hof nach Osten abschloss. Die Außenwände waren weiß verputzt, mit Querstreifen bemalte Fensterläden erinnerten an Ritterburgen.

In den zweigeschossigen Mittelflügel führte ein in den Hof hineinragender Eingangsbau mit einem steinernen Portal. Daran schloss sich die große Galerie an, wo auf 34 mal 5 Metern Kunstschätze ausgestellt waren. Nach Westen öffneten sich von der Galerie aus Türen zur Bibliothek und dem 94 Quadratmeter messenden Arbeitszimmer. Das südliche Ende der Galerie gewährte Zugang zur 288 Quadratmeter großen Jagdhalle, nach oben blickte man in die mit Schnitzereien geschmückten Balken des Dachstuhls. Hier wie in vielen anderen Räumen lagen schwere Teppiche auf dem Steinfußboden und hingen Gobelins an den Wänden. Der aus Feldsteinen gemauerte Saal ragte in den Garten hinein und hatte an der Westseite eine 6,5 mal 3,8 Meter große Glasscheibe, die ein Motor auf Knopfdruck im Boden versenkte. Am gegenüberliegenden Saalende war ein Kamin, darüber an der Wand eine hinter einem Holzgitter verborgene Orgel. Die Sessel und Sofas hatten massige Proportionen, auch um die Korpulenz des Gastgebers zu kaschieren.

Im nördlichen Obergeschoss des Hauptflügels befand sich die Jagdgalerie, die Trophäen und später Gemälde dekorierten und von der aus man die getrennten Schlafzimmer des Ehepaars Göring betrat. Der pseudofürstliche Potentat schlief in einem Himmelbett, am Kopfende hing ein lebensgroßer weiblicher Akt. Mittig auf der Hofseite lag das Frühstückszimmer, daran anschließend eine Terrasse über

14 Knopf S. 52

Der Reichsjägerhof Rominten, Blick auf die rückseitige Terrasse

Das Kaminzimmer des Jägerhofs Rominten

dem Eingang. In den Nordteil des Mitteltrakts war außerdem der nordische Saal des ersten Carinhall integriert.

Der nördliche „Wirtschaftsflügel" beherbergte die Küchen, Wohnräume der Bediensteten und zwei Speiseräume. Im Keller befanden sich eine Kegelbahn, die sich auch als Schießstand nutzen ließ, eine Bierstube, ein Gymnastikraum und Kühlräume. Ein dem Hausherrn besonders teures Spielzeug stand im Dachgeschoss: eine Modelleisenbahn mit 100 Quadratmetern Fläche und 600 Metern Schienen. Der diplomatische Besuch wie auch Nichten und Neffen

Bauarbeiten in Carinhall, 1940

Der Innenhof von Carinhall Richtung Westen mit Keiler, Galerie und im Hintergrund das Dienstgebäude.

Das Arbeitszimmer

Auf 34 mal 5 Metern stellte Göring in der Galerie Kunstschätze aus

kamen regelmäßig in den Genuss, die Eisenbahn zu begutachten. Sie bekamen ein Schlachtenszenario zu sehen: „Da fehlt nichts, was ein Jungenherz erfreuen könnte. Feuerspeiende Tanks rollen gegen den Feind, Minenwerfer schießen mit Aufschlagzünder. Die Infanterie wird eingenebelt, Flak-Artillerie beschießt Flugzeuge, die an feinen Drähten hängen, über das Kriegsgelände schweben und ihre Bomben auf Bahnhöfe, Brücken und Wälder herunterfallen lassen. Dazwischen hockt der Kinderfreund Hermann Göring und strahlt vor Freude ...“[15] Ein Löwenkäfig im Keller und ein Freiluftgehege nahm die sieben Jungtiere auf, die Göring zwischen 1935 und 1940 nacheinander aufzog und auch mit nach Ostpreußen oder Berchtesgaden nahm. Wenn eine Raubkatze zu groß geworden war, gab Göring sie an den Berliner Zoo ab.

Der Saal

Der Saal von außen mit dem versenkbaren Fenster links

Der südliche „Gästeflügel“ bot zwölf Zimmer für Besucher, sie trugen die Namen von Orten, die eine besondere Rolle im Leben der Görings spielten. Das Zimmer 4 trug den Namen „Rominten“ und nahm den „besonderen Gast“ auf, wie es auf der Telefonliste hieß.[16] Am Ostende des Trakts kam man zu einem Frisiersalon sowie einem ärztlichen und einem zahnärztlichen Behandlungszimmer. Im Dachgeschoss wohnte Görings persönliche Krankenschwester. Ein weiteres Zimmer dort enthielt Erinnerungsstücke an Carin Göring, vom Fenster blickte man auf ihre Gruft. Im Keller schließlich bot ein Kinosaal Platz für 50 Zuschauer. Ein unterirdischer Verbindungsgang mit Strom- und Wasserleitungen verband den Gästetrakt mit der neuen Adjutantur, die östlich des Hauptgebäudes entstand.

In der L-förmigen Adjutantur arbeiteten und wohnten diverse Untergebene Görings, zum einen Bürokraten aus Görings zahlreichen Behörden, zum anderen Bedienstete. Kriminalbeamte des Reichssicherheitsdienstes wachten dort über die persönliche Sicherheit des Hausherrn. Die Telefon- und Fernschreiberzentrale übernahm die Kommunikation, die Maschinen-, Heizungs- und Waschräume versorgten Bauten und Bewohner. Zusätzliche Gäste konnten in einem Gästehaus am westlichen Ende des Großen Döllnsees und einem Jagdhaus am Kleinen Döllnsee vier Kilometer weiter westlich einquartiert werden. Der Kernkomplex hatte 307 Innentüren und 57 Gauben, die Baukosten lagen bei mindestens 2,5 Millionen Reichsmark, der Versicherungswert stieg bis 1944 auf über 18 Millionen. Zum Vergleich: Die Baukosten für ein Einfamilienhaus betrugen damals rund 10 000 RM.

Es muss Kritik an dem Projekt gegeben haben, denn der lobhudelnde Biograph Erich Gritzbach schrieb, es sei unsinnig, „wenn die Naturschutz-

15 Gritzbach S. 318
16 Knopf S. 67

Im Spiel mit der Modelleisenbahn

Emmy Göring mit dem jungen Löwen Caesar

bewegung aus falsch verstandenem Idealismus zu Hemmnissen führt, die den Menschen in seiner Schaffenskraft und Freude beengen. Daß man das eine tun kann, ohne das andere zu lassen, hat Göring selbst durch den von ihm persönlich geschaffenen und wundervoll in die Natur gestellten Waldhof Carinhall in der Schorfheide bewiesen."[17] Und weiter hieß es in legitimierendem Ton: „Carinhall ist kein Wochenendsitz – dieser Waldhof ist eine Lebensnotwendigkeit für den Arbeitsmenschen Hermann Göring, er ist seine Werkstatt. Der Ministerpräsident und Generalfeldmarschall hat Pflichten wie jeder andere. Eine Pflicht aber hat er zuvörderst zu erfüllen, nämlich die, seine Kraft und Stärke dem Führer und dem Reich zu erhalten. Aus dieser Verpflichtung heraus ist er Baumeister in der Schorfheide geworden."[18]

Der Schlossherr hatte zum Einzug im Sommer 1937 längst eine Dame an seiner Seite. 1932 hatte er auf einer Gesellschaft die Schauspielerin Emmy Sonnemann kennengelernt, zwei Jahre darauf holte er sie von der Weimarer Bühne an das Staatstheater in Berlin und ernannte sie zur Staatsschauspielerin. Am 10. April 1935 feierte das Paar mit königlichem Pomp im Berliner Dom Hochzeit und gewann die Herzen der Bevölkerung. „Seine Hochzeitsreise in Wiesbaden hat Göring nach zwei Tagen abbrechen müssen, weil trotz seiner Anweisungen die Polizei ihm keine Ruhe verschaffen konnte."[19] Die Heirat steigerte außerdem Görings Ansehen innerhalb der NS-Elite, und Emmy konkurrierte eine Zeitlang mit Magda Goebbels um die Rolle der ersten Dame des Reichs. Für sie bürgerte sich die Bezeichnung „Hohe Frau"[20] ein, als ob es sich bei ihr um eine Fürstin gehandelt hätte.

Im „Waldhof Carinhall" nahm das Ehepaar Göring 1937 offiziell seinen Hauptwohnsitz. Bis dahin hatte es am im früheren Dienstpalais des preußischen Handelsministers, Leipziger Platz 11 A, logiert, Albert Speer hatte diesen 1933/34 für Göring umgebaut. Gleich daneben im ehemaligen preußischen Herrenhaus residierte Göring als Ministerpräsident und um

17 Gritzbach S. 95
18 Ebd. S. 343
19 Gritzbach S. 327
20 Anna Maria Sigmund, Die Frauen der Nazis, München 2005, S. 74

die Ecke in der Wilhelmstraße hatten Bauarbeiter das Luftfahrtministerium hochgezogen. Görings Amtsapparate saßen konzentriert zwischen Leipziger Straße, Wilhelmstraße und Prinz-Albrecht-Straße (heute Niederkirchnerstraße). Ein weiteres Haus hatte Göring auf dem Obersalzberg. Außerdem nutzte Göring diverse Kommandostellen der Luftwaffe, die er auch von seinen beiden luxuriösen Sonderzügen aus befehligte, und besaß verschiedene Jagdsitze. Die deutsche Automobilindustrie schenkte ihm nacheinander

Bauarbeiten für den neuen Flügel

Richtfest

zwei Jachten, die Carin II lag vor Kriegsbeginn am Werbellinsee.

MACHTZUWACHS UND BAUPLÄNE

Der zweite Mann im Reich bewohnte 1937 die größte Residenz aller NS-Politiker, und seine Macht war nach den Rückschlägen des Jahres 1934 erheblich gewachsen. Im März 1935 machte das Deutsche Reich die Existenz seiner Luftwaffe offiziell, ihr Kommandant: Hermann Göring. 1936 setzte Hitler Göring an die Spitze der Vierjahresplanbehörde. Diese baute eine Grundstoffindustrie auf, die auf heimische Agrarprodukte und im Inland verfügbare industrielle Rohstoffe zurückgriff, um Deutschland das Durchhalten in einem längeren Krieg zu erlauben. So verhütteten die Reichswerke Hermann Göring in Salzgitter das Raseneisenerz aus der Region statt gehaltvollerer – und rentablerer – Importerze. Vor dem und im Krieg war Unabhängigkeit von Einfuhren wichtiger als Produktivität, so dass sich die mühsam versteckten Probleme der Staatsfinanzen verschärften, während Göring für sein Waldschloss munter Millionenbeträge ausgab.

Mit der Kriegsvorbereitung verschärfte das Regime seine antijüdischen Maßnahmen, um die imaginären inneren Feinde zu vertreiben oder zu kontrollieren. In seinen verschiedenen Funktionen trieb Göring diese Politik voran, die er als selbstverständliches Element nationalsozialistischer Politik betrachtete. Der Herr der Kriegsproduktion leitete den Ausschluss der Juden aus dem Wirtschaftsleben und nutzte seine Macht im eigenen Interesse. Seiner Patentante Elisabeth von Epenstein schanzte er zu einem bei „Arisierungen" üblichen Spottpreis den Kondomhersteller Fromms Act zu und bekam im Gegenzug die Burgen Veldenstein und Mauterndorf vermacht, auf denen er manche Kindheitstage verlebt hatte.

Drei Tage nach dem Novemberpogrom 1938 trat unter Görings Vorsitz im Reichsluftfahrtministerium eine Konferenz mit über hundert Teilnehmern zusammen und beriet unter anderem darüber, den Juden den Zutritt zum „deutschen Wald" zu verwehren. Sie nahm Görings Vorschlag an, dass die Opfer der Angriffe für die „feindliche Haltung des Judentums gegenüber dem deutschen Volk und Reich" eine Milliarde Reichsmark „Sühneleistung" zahlen sollten. Der in dieser Sitzung wieder einmal als Ersatzreichskanzler fungierende Göring grollte wegen der Sachschäden: „Mir wäre lieber gewesen, ihr hättet 200 Juden erschlagen und hättet nicht solche Werte vernichtet."[21] Reinhard Heyddrich, Chef von Kriminalpolizei und Gestapo, antwortete, es seien 35 Tote. Ob er dabei entschuldigend, trocken oder zurechtweisend klang, ist nicht überliefert. Die tatsächliche Zahl lag weit höher, womöglich bei 2000. Am selben Tag unterzeichnete Göring die „Verordnung zur Ausschaltung der Juden aus dem deutschen Wirtschaftsleben", die den Juden jede selbständige Erwerbstätigkeit in Handel und Handwerk verbot.

Kurz vor dem Pogrom, am 4. November 1938, war Hitler zum fünften und letzten Mal nach Carinhall gekommen. Görings Tochter Edda wurde in der Großen Halle getauft und Hitler stand Pate. Ihr Name war der von Mussolinis Tochter. Eddas Geburt am 2. Juni 1938 und seine herausragende Rolle in Wirtschaft, Militär und Außenpolitik veranlassten Göring, Carinhall ein weiteres Mal auszubauen. Diese zweite Erweiterung führte, wie schon die erste, die Philipp Holzmann AG aus, die Organisation lag wiederum bei der Staatlichen Bauverwaltung für Sonderaufgaben unter Friedrich Hetzelt. Die Arbeiten dauerten vom Januar 1939 bis zum Januar 1940.

Bei dieser zweiten Erweiterung handelte es sich um eine annähernde Spiegelung des Vorhandenen, die in vielen Details noch größer, prächtiger und teurer daherkam als der nur wenig ältere Teil des Anwesens. Nun konnte der Herr des Waldes und des Wildes zwei statt einem Ehrenhof und zwei statt einem Hauptflügel vorzeigen, die verdoppelte Galerie verband die beiden Mitteltrakte und hatte im neuen, südlichen Teil ein Glasdach. Der Speisesaal, mit 411 Quadratmetern der größte Raum, hatte 70 Plätze und ein versenkbares, dreiteiliges Fenster von nun sogar zwölf mal vier Metern.

Der Haupteingang am neuen Ehrenhof war größer als der alte, auf dem Gesims über der Tür saßen zwei steinerne Löwen. Auf dem Hof stand ein Nachguss des mittelalterlichen Braunschweiger Löwen und etablierte die Großkatze als das Göring'sche Wappentier. Die Dachkonstruktion der beiden jüngeren Trakte fiel so wuchtig aus, dass sie von Stahlträgern statt von Holzbalken gestützt werden musste. Sie überspannten einen Festsaal von exakt denselben Ausmaßen wie die frühere Große Halle und eine riesige, mit Kunstwerken vollgepfropfte Bibliothek, die dem südlichen Flügel seinen Namen gab. In diesem waren außerdem ein Musikzimmer, ein Damensalon und die Wohnung der Hauswirtschafterin untergebracht. Das Untergeschoss barg unter dem Speisesaal eine weitere, hochmodern ausgestattete Küche, sodann ein Schwimmbad, einen Fitnessraum und, unter dem Bibliotheksflügel, einen rund 240 Quadratmeter großen Raum mit einer noch größeren, noch raffinierteren Modelleisenbahn. Im umgebenden Park setzten Gärtner 1941 185 000 Blumenzwiebeln aus Holland und säten sieben Tonnen Grassamen.

Das „Edda-Schlösschen" stand 150 Meter nordöstlich vom Haupthaus; es war ein hölzerner Nachbau von Schloss Sanssouci in verkleinertem Maßstab und ein Geschenk der deutschen Luftwaffe. Zimmer und Einrichtung hatten kindgerechte Abmessungen. In einem Klassenraum gab eine Erzieherin Edda Unterrichtsstunden, sie konnte in einem Miniaturtheater spielen und sich in einem kleinen Badezimmer waschen. Der Garten, den eine echte barocke Marmorgruppe zierte, hielt für sie einen Spielplatz bereit. Im Dachgeschoss des nunmehr mittleren Schlossflügels wurden 1938 zudem ein Schlaf- und ein Spielzimmer angelegt sowie die Räume des Kindermädchens.

All das wollte gebaut und bezahlt sein. In den Dörfern der Umgebung hieß es: „In Carinhall wird die Arbeit nicht all."[22] Noch einmal fielen Baukosten von mindestens 2,5 Millionen RM an. Zwanzig Hausangestellte, elf davon Reinigungskräfte, arbeiteten dort; die laufenden Kosten lagen 1942 bei 475 000 RM. Das Preußische Staatsministerium beglich 100 000 RM, den Rest die Vierjahresplanbehörde. Der Herr beider Institutionen war derselbe wie der Herr der Schorfheide und bediente sich bei diesen großzügig für seine Liebhabereien, während er von den preußischen Kommunen Sparanstrengungen verlangte und im Zuge der ökonomischen Kriegsvor-

21 Die Verfolgung und Ermordung der europäischen Juden durch das nationalsozialistische Deutschland 1933–1945, hg. von Götz Aly, Susanne Heim, Ulrich Herbert u.a., Bd. 2, München 2009, S. 421

22 Knopf S. 110

Die Grafik zeigt, wo das erweiterte Carinhall im später nachgewachsenen Wald lag.

bereitung die „Volksgenossen" dazu aufrief, Verzicht zu üben. Im Namen staatlicher Repräsentation leistete sich Göring eine sündhafte teure Selbstdarstellung, ohne dabei irgendwie zwischen Amtsperson und Privatexistenz zu unterscheiden.

Das Schloss in der Schorfheide beschrieb Görings Leibfotograf Eitel Lange so: „Von jetzt an sollte ich regelmäßig dieses sagenhafte Carinhall betreten, von dem so unzählige Gerüchte im Lande umhergingen und von dem bisweilen gesprochen wurde wie von der Hofhaltung Neros. ... Zwischen dem Wuckersee und dem Großen Döllnsee lag das langgestreckte, wuchtige Landhaus mit den drei Flügeln, umgeben von herrlichen Gartenanlagen, Blumenbeeten, steinernen Brunnen, Tierfiguren aus Bronze, weißen Kieswegen, von polierten Gehplatten durchzogen ... Schon auf den ersten Blick war er der Landsitz eines Potentaten ... Ich spürte: Hier herrschte Hofluft. Ich befand mich in einer Welt, die um einen regierenden Fürsten zu kreisen schien. ... Es war das Haus eines Monarchen oder Milliardärs."[23] Oder besser: das Haus eines Monarchen *und* Milliardärs, denn es war beides: unverkennbar aristokratisch und zutiefst neureich.

DER PRIVILEGIERTE

Aristokratisch an Carinhall war der Ehrenhof und die ihn umstehenden Flügel, sie erinnerten an barocke Adelspalais, wie sie in der Berliner Wilhelmstraße standen. Schon das Reichsluftfahrtministerium hatte einen Ehrenhof und sogar, wie die benachbarten Palais in der Wilhelmstraße, einen Festsaal im Obergeschoss des zentralen Flügels über dem Hof. Auch in Rominten umschlossen die Gebäudeflügel einen Hof. Der zweite Hof in Carinhall schließlich war zur Zugangsseite ganz offen, so dass, wie vor barocken Schlössern, ein Ankömmling von Weitem die ganze Pracht der Anlage erblickte.

Im Mittelflügel lagen, ganz wie in vielen Barockschlössern, die Gemeinschafts- und Repräsentationsräume. Weniger klassisch war die Fülle von Kunstgegenständen und Ausstattungsstücken. Sie zeigte, dass es dem Schlossherrn mindestens so sehr ums neureiche Renommieren wie um Kunstsinn ging. Göring war offensichtlich nicht von den bescheidenen frühen Preußenkönigen beeinflusst, sondern von dem eitlen, unpreußischen, deutsch-nationalistischen letzten Hohenzollernherrscher Wilhelm II., der ebenfalls die Selbstdarstellung in Uniform und anderen Verkleidungen liebte. Und der viel auf die Jagd ging. Auch Goebbels kam mit Blick auf Göring der Gedanke an diesen Vorläufer: „Göring hat wieder ein großes Pressetheater gemacht. Wilhelm III."[24]

Als ein weiteres, weitaus populäreres Vorbild kommt ein Fürst des späten 19. Jahrhunderts in Frage, der seine Beliebtheit eben gerade seiner Verschwendung verdankte: König Ludwig II. von Bayern. Das Volk liebte Ludwig nicht, weil er volkstümlich war, sondern für seine Exzentrik. Der exzentrische Göring erschien, anders als der menschenscheue Ludwig, nahbar und trat regelmäßig öffentlich in Erscheinung – eine für die deutsche Öffentlichkeit der dreißiger Jahre offenbar unwiderstehliche Kombination. An einen Auf-

23 Knopf S. 150
24 Goebbels, Joseph: Tagebucheintrag vom 23. Juli 1933

tritt der Görings erinnerte sich ein Teilnehmer am forstlichen Sommerfest 1939: „Jagdlich gekleidet in seiner bekannten Art mit Lederwams mischte sich das Paar unter uns forst- und jagdbeflissene Zuschauer. Es bildeten sich um ihn herum kleine Grüppchen, die er ins Gespräch zog. Damals noch keine Selbstverständlichkeit wie in heutigen fernsehgewohnten Auftritten, konnte ich aus nächster Nähe den, horribilie dictu, Ansatz seines frisch und sonnenbraun gepuderten Nackens bewundern. Nun ging es frischauf zu fröhlichen Wettkampfspielen mit Pfeil und Bogen, Saufeder und Speer. Unser Gastgeber war voller Jagdeifer, mit dem Speer einen als Scheibe dargestellten Wisent zu erlegen."[25]

Görings Art gefiel nicht jedem. Zarah Leander kolportierte eine Lästerei des italienischen Außenministers Graf Galeazzo Ciano: „Trotz allem hatte der dünnhäutige Hermann etwas Menschliches, wenn er in seinem Zobelpelz auftrat, der ein Mittelding war zwischen dem, was ein Autofahrer 1906 trug, und dem, was eine Luxusnutte für die Oper anzieht."[26] Ob der stilbewusste Italiener sich nun tatsächlich so äußerte oder nicht – der Ausspruch trifft einen Punkt. Es war eben gerade Görings unbekümmerte, selbstverliebte und geschmacklose Art, die ihn „menschlich" und populär machte. Auch Carinhall erzielte diese Wirkung.

Nur wer groß tut und sich etwas traut, wird als jemand Besonderes wahrgenommen und ist beliebt, so die Logik hinter der Prachtentfaltung eines Hermann Göring. Und je unverfrorener die Selbstbedienung, desto größer die Bereitschaft der Öffentlichkeit, dem Verschwender alles durchgehen zu lassen. Doch während sich die – damals steinreichen – Hohenzollern im 19. Jahrhundert längst an die Trennung von Staats- und Familienkasse gewöhnt hatten und sich Ludwig II. dem verzweifelten Widerstand seiner Minister gegenübersah, ließ Göring die öffentliche Hand für seinen privaten Luxus aufkommen, ohne dass sich ihm jemand ernsthaft entgegengestellt oder ihn selbst Zweifel geplagt hätten. Die nationalsozialistischen Bauherrn Göring und Hitler brachten architektonisch zum Ausdruck: Wie der Adelsschicht vergangener Zeit steht uns zu, was dem Rest der Menschheit nicht zusteht, finanziell, politisch und moralisch. Kurz: uns steht die Macht zu.

Die neuen Herren bedienten sich zwar der Symbolsprache der alten, um ihre Herrschaft zu legitimieren, legten aber auch Wert darauf, nicht mit diesen verwechselt zu werden. Dafür sorgte in Carinhall der schlichte Heimatstil. Die Pracht kontrastierte mit den ausgesprochen einfachen Fassaden – Carinhall war ein Schloss mit den Oberflächen einer Bauernkate. Dieser Kontrast glich die traditionell-aristokratische Bauidee aus und machte dem Betrachter klar, dass er es nicht mit einem bloß imitierenden, restaurativen Schlossherrn zu tun hatte.

Auch Görings Spleens und ostentativer Luxus bewirkten, dass die aristokratischen Formen nur eine Facette seines Images ausmachten. Allerhand Gerüchte rankten sich um die märchenhaften Kunstschätze, die gigantische Modelleisenbahn, die Löwenbabys. Göring kam das entgegen, er wollte als der von Goebbels so genannte „aufrechte Soldaten mit dem Kinderherzen" gesehen werden. Andere fanden ihn beängstigend. Der amerikanische Diplomat William C. Bullitt schrieb an US-Präsident Franklin D. Roosevelt: „Er ist wirklich der unsympathischste Vertreter einer Nation, den ich je erlebt habe. Er gab mir das Gefühl, daß die Deutschen nichts anderes erreichen werden als eine Serie von nationalen Katastrophen ..."[27]

CARINHALL IM KRIEG

In seinem Schloss am Großen Döllnsee empfing Göring ausländische Politiker, Militärs, Diplomaten und gekrönte Häupter. Als er im Sommer 1938 den zweiten Ausbau Carinhalls ins Auge fasste, stand er auf dem Höhepunkt seiner außenpolitischen Aktivitäten. Es war das Jahr, als Hitler seine gewaltsame und hochriskante Expansionspolitik begann. Schon seit 1937 hing in der Bibliothek von Carinhall – sie beherbergte außerdem den obligatorischen Globus – eine Landkarte Mitteleuropas, die Österreich, Danzig und das Elsass Deutschland zuschlug und die der Hausherr seinen Staatsgästen zeigte. Sie gab die territorialen Forderungen wieder, welche die NSDAP

25 Gautschi S. 350f.
26 Leander, Zarah: Es war so wunderbar. Mein Leben, Hamburg 1973, S. 183

27 Bei Knopf S. 50

seit jeher erhob, und verbarg doch das in *Mein Kampf* ausgegebene Hauptziel: die Eroberung von „Lebensraum im Osten".

Während Hitler drohte und erpresste, bestand Görings Rolle auf der Bühne von Carinhall darin, die westeuropäischen Politiker zu beruhigen. Im Jagdwagen vermittelte er ihnen, dass Deutschland nicht gewaltsam nach Österreich und der Tschechoslowakei greifen würde, obwohl er genau wusste, dass Hitler zum Krieg bereit war. Bei den Regierungen in Mittel- und Südosteuropa suchte er Rückendeckung für das deutsche Vorgehen gegen die beiden Nachbarländer und versprach ihnen einen Teil der Beute.

Persönlich bevorzugte Göring eine Verhandlungslösung und schlug sogar vor, die Zerschlagung der Tschechoslowakei aufzugeben. Dabei ging es Göring nicht um den Krieg und die Ziele als solche, sondern um den richtigen Zeitpunkt. Er wollte vielversprechende Aussichten, fürchtete eine Niederlage und sorgte sich um seinen Status und seine Reichtümer. Hitler fühlte sich von Görings Bedenken gebremst und grollte seinem Vertrauten, der gegenüber dem neuen Außenminister Joachim von Ribbentrop an Statur einbüßte. Noch bevor Hitler zu Eddas Taufe nach Carinhall fuhr, hatte Görings Stern zu sinken begonnen.

Im Sommer 1939 wiederholte sich das Spiel. Hitler ging gegen Polen aufs Ganze, Göring sorgte sich weit mehr als sein „Führer" wegen eines möglichen Krieges gegen Großbritannien. In der Hoffnung auf eine Einigung hatte er noch im August 1939 Einladungen zur Jagd an den polnischen und britischen Botschafter verschickt. Als er begriff, dass Hitler das Risiko eines Konflikts mit Frankreich und Großbritannien hinnahm, versicherte er am 22. August im Namen der versammelten Befehlshaber, dass die Wehrmacht ihre Pflicht erfüllen werde. Im Einverständnis mit Hitler bemühte er sich noch Monate nach Kriegsbeginn um einen Ausgleich mit London. Einen echten Dissens zwischen Hitler und Göring hat es aber nicht gegeben, nur Bedenken des „ersten Paladins", die seine „Treue" nie erschütterten.

Mit der Aggression gegen Polen rückten die Sicherheitsvorkehrungen für Carinhall in Görings Interesse. Er befahl, dass der Waldhof auf keiner Landkarte mehr auftauchen durfte. Ein Zaun hielt ungeladene Besucher fern. Nicht einmal den Familien der Waldarbeiter war gestattet, sich dem Anwesen zu nähern. Dieses bewachten 40 bis 80 Angehörige des Luftwaffen-Regiments General Göring.

Für die Wachsoldaten und die Hausangestellten entstanden nach Kriegsbeginn mehrere Neubauten rund um das Wachgebäude an der Abzweigung von der Landstraße 109. Dazu gehörten auch die Stallungen für Görings zwölf Kutsch- und Reitpferde. Versorgt wurden die Tiere von Reitersoldaten, die in der weiteren Umgebung patrouillierten. Die Zugangskontrolle übernahm der Reichssicherheitsdienst und ließ nur Inhaber von Passierscheinen oder verschiedenfarbigen Sonderausweisen ein, die regelmäßig ausgetauscht wurden. Der „Pilzbunker" bot seit 1937 Schutz vor Luftangriffen, lag 60 Meter nordöstlich der Adjutantur und war von dort durch einen unterirdischen Gang zu erreichen. In den ersten Kriegswochen wohnte Emmy Göring deshalb in der Adjutantur. Dann gab der besorgte Luftwaffenchef einen unterirdischen Bunker von 22 Quadratmetern für sich und die Familie zwischen Schloss und See in Auftrag. Nachdem die Adjutantur zu klein geworden war, zog der Kommandoapparat der Luftwaffe 1943 ins sogenannte T-Gebäude 500 Meter östlich.

In einiger Entfernung um den Landsitz herum stellte die Luftwaffe neun Flakgeschütze und mehrere Suchscheinwerfer auf. Näher am Haus standen je drei 16 bis 18 Meter hohe Flak- und Scheinwerfertürme aus Stahl. Weiterhin hingen Tarnnetze um die Häuser, die 1942 zum besseren Brandschutz mit Dachziegeln anstelle der Schilfdächer gedeckt wurden und 1943 einen Tarnanstrich bekamen. Im „Pilzbunker" lagerten Kunstgegenstände aus dem Haupthaus. Angreifende Flugzeuge sollte ein Nachbau des Waldhofs sieben Kilometer weiter nördlich auf sich ziehen, um den herum ebenfalls Flakeinheiten standen. Nur einmal, 1943, wurde Luftalarm gegeben, Bomben fielen keine.

Während des Krieges empfing Göring in Carinhall Manager und Militärs, außerdem nach wie vor ausländische Diplomaten und Staatsmänner. Der amerikanische Unterstaatssekretär Sumner Welles traf am 3. März 1940 ein. Während seine Gesprächspartner Hitler und Ribbentrop reserviert geblieben waren, unterbreitete Göring eine Reihe von Vorschlägen zur Beilegung des Krieges mit den Westmächten,

Göring empfängt einen hohen SS-Kommandeur in Carinhall. Tarnanstrich und Ziegeldach sind deutlich zu erkennen.

die aber in London – „der übliche Göring-Kram“[28] – niemanden mehr beeindruckten. Das Schloss im Wald gefiel Sumner gar nicht: „Göring bestand darauf, mir die riesigen und unzähligen Räume seiner Residenz zu zeigen. Es dürfte schwierig sein, ein noch häßlicheres Bauwerk zu finden, oder eines, das noch vulgärer wäre in seinem protzigen Imponiergehabe. An den Wänden hingen Hunderte von Gemälden. Zahlreiche Beispiele der größten italienischen und deutschen Meister hingen Seite an Seite mit den Schmierereien zeitgenössischer deutscher Maler.“[29]

VERSAGEN, ABLENKUNG, VERBRECHEN

Nach dem erfolgreichen Westfeldzug, zu dem die Luftwaffe viel beigetragen hatte, ernannte Hitler seinen Paladin am 19. Juli 1940 zum Reichsmarschall. Der nur dieses eine Mal verliehene Titel machte ihn zum ranghöchsten deutschen Soldaten. In diesen Wochen bereitete die Wehrmacht die Invasion Großbritanniens vor und Göring versicherte, seine Flugzeuge würden die dazu unabdingbare Luftherrschaft erkämpfen. Als sein Versprechen sich aufgrund fehlerhafter Ausstattung und ungenügender taktischer Leitung seiner Teilstreitkraft als leer herausstellte, setzte sich sein Machtverlust fort, und auch seine Popularität begann zu bröckeln. Wie viel öffentliches Ansehen er zu verlieren hatte, zeigt ein Stimmungsbericht: „Verhältnismäßig stark verbreitet ist die Meldung, daß Hermann Göring in einer selbstgesteuerten Maschine über London war, um sich über die Auswirkung der von ihm veranlaßten Maßnahmen selbst ein Bild zu machen. ... Derartige Erzählungen haben überall Begeisterung hervorgerufen, in die sich jedoch die Besorgnis mischte, daß Hermann Göring dabei etwas hätte zustoßen können.“[30] Was die Bewunderer nicht wussten: Noch während der Luftschlacht begab sich Göring nach Ostpreußen auf Hirschjagd und lud auch noch zwei seiner besten Geschwaderkommandeure dorthin ein.

28 Knopf S. 137
29 Ebd. S. 137
30 Meldungen aus dem Reich (Nr. 127) 26. September 1940

Seit 1933 hatte sich Göring zum begeisterten Jäger entwickelt. Er schoss gut und gerne, nicht aber wahllos wie etwa sein mögliches Vorbild Wilhelm II., der, rein rechnerisch, an jedem Tag seines aktiven Jägerlebens vier bis fünf Stück Wild erlegt hatte. Göring hingegen wollte Klasse statt Masse, und das hieß vor allem Hirsche mit mächtigem Gehörn. In der Rominter Heide trieb Göring den Kult um das „Rekordgeweih" auf die Spitze. Einmal schoss er – entgegen der Bestimmungen „seines" Jagdgesetzes – einen kapitalen Hirsch in der Schonzeit, und als Heereschef Walther von Brauchitsch dort ein Prachtexemplar zur Strecke brachte, stellte er klar, dass nur er allein in den Staatsjagdrevieren „starke Trophäenträger" schießen oder Gästen überlassen dürfe.

Göring beschäftigte das Wohl seines Rotwildes auch während des Krieges. Ernährungsämter beschwerten sich, dass das Reichsforstamt knappen Hafer für die Wildfütterung in den Staatsjagdrevieren bezog, um ein kräftiges Wachstum des Rotwildes und seiner Geweihstangen zu gewährleisten. Erst 1943 befahl der Reichsjägermeister, die Wildbestände in der Schorfheide kriegsbedingt zu reduzieren, um Futter einzusparen.

Göring mit einem erlegten Elch

Vor den militärischen Krisen und seiner Verantwortung wich Göring in die Jagd aus. Herbst und Winter 1940 verbrachte er an der Rominte auf der Pirsch, mit Beratungen zu Jagdangelegenheiten, Schlittenfahrten und seiner kleinen Tochter. Dem täglichen Aktenstudium widmete er nur zwei Stunden. Vor dem Angriff auf die Sowjetunion hatte Göring ein weiteres Mal Bedenken, folgte dann aber dem Willen seines Herrn und tat das Seine. Der oberste Lenker der Kriegswirtschaft kündigte an, demnächst die Nahrungs- und Rohstoffvorräte Osteuropas auszubeuten, wobei „zweifellos ... zig Millionen Menschen verhungern [werden], wenn das für uns Notwendige aus dem Lande herausgeholt wird".[31]

Am 29. Juni 1941 bestätigte Hitler, dass Göring, wie vom „Führer" schon zu Kriegsbeginn verkündet, dessen Nachfolge antreten solle. Am 31. Juli 1941 beauftragte der designierte Nachfolger Reinhard Heydrich, mit den materiellen und organisatorischen Vorbereitungen zur „Endlösung der Judenfrage im deutschen Einflußgebiet". Auf der Wannseekonferenz am 20. Januar 1942 berief sich Heydrich auf Görings Schreiben, bevor er seine Zuständigkeit für das im vorherigen Sommer begonnene Morden darlegte und es mit einem Dutzend Staatssekretären und Spitzenfunktionären koordinierte.

Seit Sommer 1941 war das ostpreußische Staatsjagdrevier Rominten Görings bevorzugter Aufenthalt, von dort waren es nur 60 Kilometer ins Führerhauptquartier Wolfsschanze, wo außerdem das „Reichsmarschallhaus" für ihn bereitstand. Für die Leitung der Luftwaffe nutzte er seinen Sonderzug „Asien", der bei Goldap dauerhaft abgestellt war und die Verbindung zum Oberkommando der Luftwaffe im Potsdamer Ortsteil Wildpark-Werder hielt. Kaum war im Juni 1941 die Wehrmacht in den seit 1939 sowjetisch besetzten Ostteil Polens einmarschiert, bemächtigte sich Göring seines Sehnsuchtsortes Białowieża. Es war das zweite Mal, dass Jagdehrgeiz die Grenzziehung durch die deutschen Eroberer beeinflusste. Schon 1939, bei der Abgrenzung der deutschen und sowjetischen Machtbereiche in Polen, hatte sich Außenminister Ribbentrop die Wälder von Augustów ausbedungen, so dass die Region Suwałki zu Ostpreu-

31 Knopf S. 142

ßen kam. Die Hirsche, von denen Ribbentrop träumte, gab es dort aber nicht, und noch dazu bekam er es mit dem Reichsjägermeister zu tun, der schließlich auch dieses Revier an sich zog.

Den Urwald von Białowieża mit den letzten Wisenten Mitteleuropas erklärte Göring nun 1941 zum „Reichsjagdgebiet" und plante sogleich, den Schutzbereich von 160 000 auf 260 000 Hektar zu erweitern. Im früheren Zarenschloss installierte er ein Oberforstamt unter dem Rominter Oberforstmeister Walter Frevert, der ein Polizeibataillon und hundert Mann des Forstschutzkorps befehligte. Göring beauftragte ihn mit der „Befriedung und Evakuierung des Urwaldes Bialowies". Das hieß im damaligen Sprachgebrauch Mord, Vertreibung und Brandschatzung. Bis zum August 1941 hatten die deutschen Formationen 100 Dörfer niedergebrannt, ihre Bevölkerung verjagt und Tausende erschossen. Viele flohen in die Wälder und leisteten Widerstand, der mit Terror beantwortet wurde. Im Juni 1944 schrieb Frevert: „Mir geht es hier gut. Ich führe nach wie vor ein Jägerbataillon und schieße Banditen am laufenden Bande tot."[32] Göring jagte kein einziges Mal im „Reichsjagdgebiet".

Unterdessen ließ sich Hitler, der Vegetarier war und fleischverzehrende Tischgenossen als „Leichenesser" ansprach, über Görings Jagdfimmel aus. Die Jagd sei ein „trauriger Sport".[33] Ginge er zur Jagd, würde ihm das in den Augen seiner Anhänger mehr schaden als eine verlorene Schlacht. Die Begutachtung der Strecke nannte er „furchtbare Fleischbeschau" und mochte sie nicht einmal im Film ansehen.[34] Für Jagddiplomatie à la Göring hatte er kein Verständnis: „Muß man zu dem Zweck Hasen und Fasanen umbringen? Die Mordlust bringt die Männer zusammen!"[35]

Göring, einst inoffizieller Außenminister, wurde von Hitler kaum noch zu Rate gezogen oder auch nur informiert. Selbst wegweisende Entscheidungen wie die Kriegserklärung an die USA vom 11. Dezember 1941 konnte er lediglich zur Kenntnis nehmen. Auch in der Wirtschaftspolitik verlor er an Einfluss, während Albert Speer seit Anfang 1942 zur zentralen Figur aufstieg. Das im NS-Staat wichtigste politische Kapital, das Vertrauen Hitlers, hatte Göring aufgebraucht. Auf den Lagebesprechungen im Führerhauptquartier ließ er sich immer häufiger vertreten, es sei denn, seine Anwesenheit war ausdrücklich gewünscht. Ein Teilnehmer erinnerte sich: „Um das wiederholte Scheitern der Luftwaffe, die die deutschen Städte vor den alliierten Bombardierungen schützen sollte, nicht erklären zu müssen, richtete es der Reichsmarschall des Öfteren so ein, dass er die Besprechung verlassen konnte, wenn über die Luftkriegslage berichtet wurde. Er überließ dann Major Büchs, Jodls Luftwaffenadjutanten, die undankbare Aufgabe, die dauernden Anschuldigungen Hitlers über das Versagen der Luftwaffe zu entkräften."[36]

Görings militärische Autorität verfiel weiter, als er die Zusage, die in Stalingrad eingeschlossenen Truppen zu versorgen, nicht einzuhalten vermochte. In der Bevölkerung war er aber noch immer beliebt und hielt im Angesicht der Niederlage am 30. Januar 1943 eine Durchhalterede, in der er, als Stimme einer versagenden Führung, Opferbereitschaft forderte. Auch die letzten Volksgenossen müssten nun „ihre Bequemlichkeit fahren lassen"[37] und sich einreihen, und die Wehrmacht mit größter Härte kämpfen. Die Weltanschauung, die die Wehrmacht zu verinnerlichen habe, sei keine „eines bequemen Lebens".[38]

Göring wiederholte in seiner Rede, dass die Juden die Schuld an der Niederlage von 1918 trügen und in diesem Krieg hinter den Gegnern Bolschewismus und Plutokratie stünden. Er ging davon aus, dass seine Zuhörer ihn verstanden, als er sagte: „Diesmal geht es darum, ob das deutsche Volk bestehen bleibt oder endgültig auf satanische Weise vernichtet wird. Wenn der Jude an uns Rache nehmen könnte, was glaubt ihr, was mit euren Frauen, euren Bräuten, euren Töchtern geschehen würde; was glaubt ihr, wie dieser teuflische jüdische Haß sich bestialisch im deutschen Volk austoben würde? Nein, wer nicht kämpfen will, der

32 Neumärker S. 132

33 Hitler, Adolf: Monologe im Führerhauptquartier. Die Aufzeichnungen Heinrich Heims, hg. von Werner Jochmann, Hamburg 1980, S. 111

34 Neumärker, Uwe; Conrad, Robert; Woywodt, Cord: Wolfsschanze. Hitlers Machtzentrale im II. Weltkrieg, Berlin ³2007, S. 67

35 Hitler, Adolf: Monologe im Führerhauptquartier. Die Aufzeichnungen Heinrich Heims, hg. von Werner Jochmann, Hamburg 1980, S. 112

36 Loringhoven, Bernd Freytag von: Mit Hitler im Bunker. Die letzten Monate im Führerhauptquartier Juli 1944 – April 1945, Berlin 2006, S. 72

37 Audio 3/3 auf der Webseite des Imperial War Museums, Minute 07:48 https://www.iwm.org.uk/collections/item/object/80003108

38 Audio 1/3 auf der Webseite des Imperial War Museums, Minute 05:35 https://www.iwm.org.uk/collections/item/object/80003108

fällt ebenso."[39] Den Völkermord an den Juden behandelte die NS-Führung nicht als Geheimnis, sondern machte ihn in Anspielungen öffentlich oder setzte ihn schlicht als bekannt voraus. Er wurde als notwendige Handlung in einem Krieg präsentiert, den Führung und Bevölkerung nun erst recht gewinnen müssten. Und Göring stand dafür genauso ein wie Hitler und Goebbels.

DER „SAMMLER"

All die Fehlschläge bewegten Hitler nicht zur Absetzung seines designierten Stellvertreters – Kompetenz und Leistung zählten weniger als langjährige Verbundenheit und „Treue". Zudem übte Göring einen faktischen Machtverzicht, indem er sich immer mehr zurückzog und es hinnahm, dass andere seine Funktionen ausfüllten. In der Luftwaffe jedoch geschah noch immer nichts ohne ihn, während sich immer häufiger die alliierten Bomberströme über die deutschen Städte und Industrieanlagen schoben. Göring setzte deswegen Konferenzen in Carinhall an, schlief aber einmal nach wenigen Minuten ein – seine Drogensucht hatte die Oberhand gewonnen. Luftwaffen-Stabschef Hans Jeschonnek, den Göring wie auch andere Mitarbeiter mit Vorwürfen zu überziehen pflegte, nahm sich im August 1943 das Leben, nachdem Hitler darauf bestanden hatte, dass Jeschonnek weiter mit Göring zusammenarbeitete.

Außer ins Opium, große Diners und die Jagd flüchtete sich Göring in das Zusammenraffen von Kunstwerken. Seit er 1933 Ministerpräsident Preußens geworden war, verwendete er missbräuchlich Steuergelder für den Erwerb von Gemälden. Für seine Sammlung ließ sich Göring beschenken. Deutsche Unternehmen wie die Allianz oder Osram zahlten in den Hermann-Göring-Kunstfonds, allein 15 Millionen RM kamen vom Zigarettenfabrikanten Philipp Reemtsma, bei dessen Steuerschulden Göring 1933 beide Augen zugedrückt hatte.

Als Bauherr war Göring dem „Führer" vorausgewesen, hatte in der Wilhelmstraße früher und auf dem Land größer gebaut als dieser. Im Horten von Kunst lief Göring hinterher, seit Hitler im Juni 1939 angekündigt hatte, in Linz die größte Gemäldegalerie der Welt zu schaffen. Das „Führermuseum" in der Hauptstadt Oberösterreichs sollte die Kunst des 19. Jahrhunderts zeigen, während Göring die übrigen Epochen, vor allem die deutsche und niederländische Malerei des 15. bis 17. Jahrhunderts, abdecken wollte. Wie Fürsten im 19. Jahrhundert legte er eine Privatsammlung an, um diese später einmal für Besucher zugänglich zu machen.

Für seine Sammlung raubte Göring Kunst. Im besetzten Polen beschlagnahmte ein „Sonderbeauftragter für die Sicherung der Kunstschätze in den besetzten Ostgebieten" kirchliche, staatliche und private Sammlungen, mehrere der „sichergestellten" Werke gelangten nach Carinhall. Ähnlich agierte die „Feindvermögensstelle" in den Niederlanden. In

39 Völkischer Beobachter 2.2.43, dazu die TV-Doku ZDF-history: „Davon haben wir nichts gewusst" Die Deutschen und der Holocaust, 2011, Min. 29:25–29:46

Je weniger Einfluss er hatte, desto mehr jagte er: Göring am Reichsjägerhof Rominten mit erlegten Hirschen im September 1942.

Frankreich deklarierten die deutschen Kunsträuber jüdisches Eigentum als „herrenlos“ und sammelten es zentral in Paris. Zwanzigmal reiste Göring mit seinem Sonderzug „Asien“ dort an und suchte sich aus, was ihm gefiel. Die zur Wahrung der Form ausgestellten Rechnungen beglich sein Stabsamt aus dem Hermann-Göring-Kunstfonds. Werke „entarteter Kunst“ kauften Görings Experten ebenfalls und tauschten sie in der Schweiz gegen alte Meister. In dem neutralen Land kaufte Göring außerdem diverse Gemälde, darunter mehrere seines Lieblingsmalers Lucas Cranach. Nach der verlustreichen Eroberung Kretas durch „seine“ Fallschirmtruppen überlegte Göring, wie er die Überführung der Palastruinen von Knossos nach Carinhall bewerkstelligen könne.

Am 12. Januar 1945 feierte der gescheiterte Politiker und Militär Hermann Göring auf Schloss Carinhall seinen 52. Geburtstag. Den Gästen, unter ihnen Albert Speer, präsentierte er kostbarste Tafelaufsätze und servierte ihnen unter anderem 100 Flaschen Champagner und 500 beste Zigarren. Dann enthüllte er ihnen seine Pläne für eine nochmalige Erweiterung der Residenz, die schon vor Kriegsbeginn erarbeitet worden waren. Entlang des Wuckersees war ein 300 Meter langer und 60 Meter breiter Gebäudekomplex vorgesehen, der der zweihöfigen Anlage einen dritten Hof sowie zwei monumentale Hallen für Kunstwerke und Bücher hinzugefügt hätte. Zu seinem 60. Geburtstag wollte er das Hermann-Göring-Museum feierlich einweihen und die schönsten Stücke von seinen 1375 Gemälden und 250 Skulpturen, 108 Wandteppichen und 200 kostbaren Möbelstücken der Öffentlichkeit präsentieren.

Bereits begonnen war die neue Zufahrt, die von Osten vom neu zu errichtenden Bahnhof Friedrichswalde her zu Museum und Schloss führen sollte. Dazu wurde eine zehn Meter breite Kastanienallee angelegt. 1942/43 entstanden an der Einfahrt zur Allee Postenhäuschen aus Travertin, 4,90 Meter hoch, mit gekreuzten Marschallstäben verziert und auch ohne das nicht mehr gelieferte Tor 100 000 RM teuer. Den Zugangsbereich der Allee vervollständigten zwei Häuser für die Wachmannschaften. Die Bauten an der nie genutzten Zufahrt sind heute alles, was vom Göring-Schloss geblieben ist.

Das kleine Esszimmer

Kunst in Carinhall

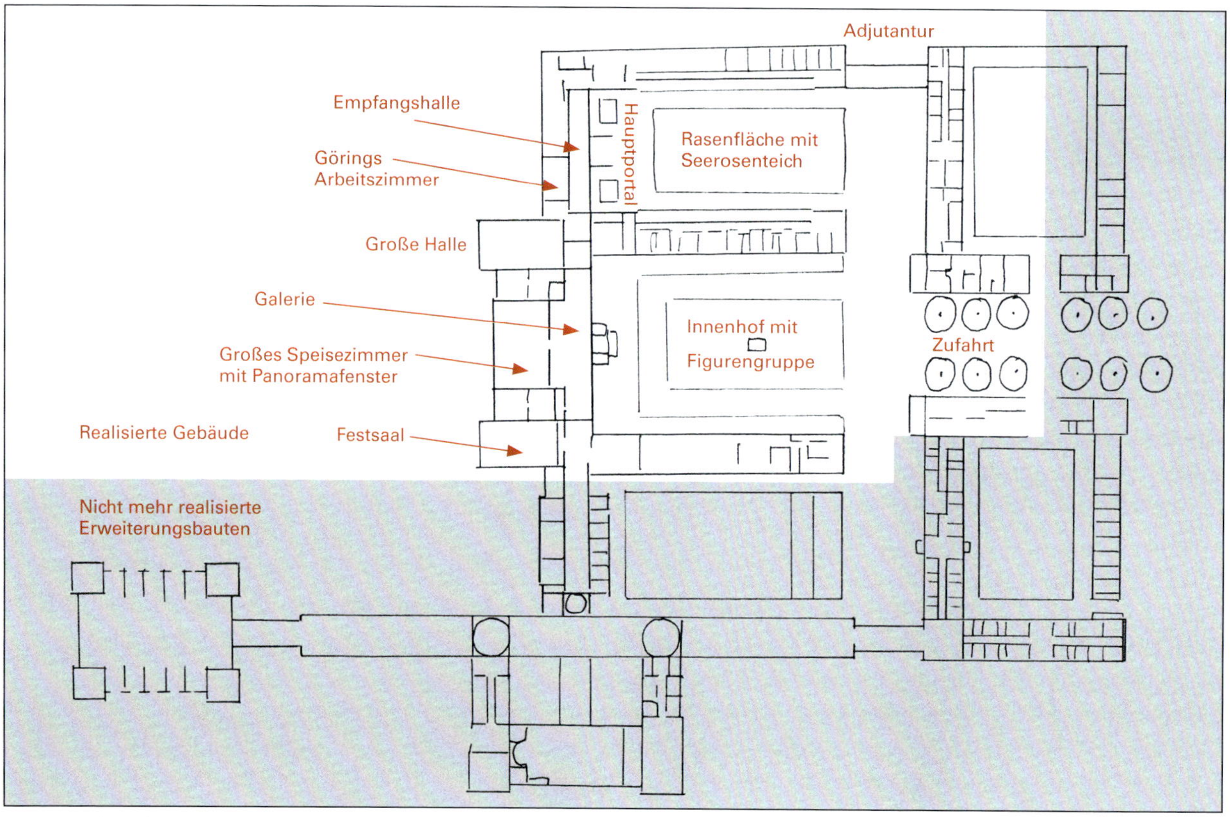

Letzte Ausbaupläne

Die Postenhäuschen, 2012

Im Hermann-Göring-Museum wären nicht nur die zusammengeraubten Kunstwerke zu sehen gewesen. Ohne Zweifel hätte der Schlossherr auch die – ihm offiziell vom Land Preußen zu lebenslanger Nutzung überlassenen – Wohngebäude testamentarisch für das Publikum geöffnet. Im Hermann-Göring-Museum hätte sich der Stifter selbst musealisiert und die längst gebaute eigene Gruft zu einer Hauptattraktion gemacht. Doch so kam es nicht. Als einer der Hauptverantwortlichen für Krieg und Massenverbrechen wurde er zur Rechenschaft gezogen und blieb, wie Millionen Opfer der NS-Verbrechen, ohne Grab.

DAS ENDE VON HERR UND HAUS

Görings Kunsthort trug wesentlich zum Mythos Carinhall bei, denn vieles davon bleibt verschollen. Drei Güterzüge transportierten im Februar und März 1945 Kunstschätze Görings nach Süddeutschland. Alliierte Soldaten fanden die Züge in und um Berchtesgaden unbeschädigt vor, es kam zu Plünderungen. Den Amerikanern, die ihn im Mai 1945 verhörten, erklärte Göring, dass schwer zu transportierende Kunstwerke in der Nähe des Waldschlosses versteckt worden seien – eine Äußerung, die Jahrzehnte später Schatzsucher in die Wälder am Großen Döllnsee zog.

Ende Januar brachen Emmy und Edda Göring mit der übrigen Verwandtschaft, die sich in den letzten Kriegsjahren dort eingerichtet hatte, von Carinhall nach Berchtesgaden auf und bezogen das Haus am Obersalzberg. Am 20. April 1945 verließ auch Hermann Göring endgültig den Waldhof und fuhr in die Wilhelmstraße, um Hitler Geburtstagswünsche auszusprechen. Wegen Fliegeralarm musste er in einem öffentlichen Luftschutzraum Zuflucht suchen. Die Bunkerinsassen begrüßten ihn freundlich und er scherzte über sein Versprechen, es würden keine Bomben auf Deutschland fallen. Aus den Nachbarkellern wurde der Wunsch laut, den Reichsmarschall zu sehen, und er ließ sich gerne blicken.

Anderswo wäre man Göring weit weniger freundlich begegnet. „In den Luftschutzkellern der Städte ist der Reichsmarschall Gegenstand heftiger Schmähungen und Verwünschungen. Von ihm, der einst, mit allen persönlichen Eigenheiten, die Anerkennung des ganzen Volkes genoß, wird gesagt: ‚Der hat in Karinhall gesessen und seinen Wanst gemästet, statt die Luftwaffe auf der Höhe zu halten.' (Rüstungsarbeiter), oder ‚Der ist schuld, daß alles, was wir besitzen, in Schutt und Asche liegt. Wenn ich den Kerl erwische, bringe ich ihn um.' (Arbeiterfrau).“[40] Goebbels erhielt im Frühjahr 1945 zahlreiche Briefe aus der Bevölkerung, in denen Göring als „Karnickel“ bezeichnet wurde, „das die deutschen Rückschläge an allen Fronten verschuldet habe. Daß er immer noch im Amt bleibt, ist für viele Briefschreiber ein Zeichen dafür, daß wir uns in einer latenten Staatskrise befinden.“[41]

Dem irrationalen Treueverhältnis zwischen Hitler und seinen Paladinen konnte auch das offensichtlichste Versagen nichts anhaben. Erst „Verrat“ zerstörte es. Am 23. April fragte Göring – er war nach dem kurzen Geburtstagsempfang nach Berchtesgaden weitergereist –, ob er, unter der Voraussetzung von Hitlers Einverständnis oder Handlungsunfähigkeit, dessen Amt übernehmen solle. Daraufhin setzte Hitler seinen vorbestimmten Nachfolger ab und ließ ihn festnehmen. Martin Bormann hatte bei der Weitergabe nachgeholfen, damit der „Führer“ die Anfrage als Treuebruch auffasste. Als Staatsoberhaupt setzte Hitler deshalb Admiral Karl Dönitz ein. Während der geschasste Göring in den Alpen in SS-Gewahrsam saß, erwartete in Carinhall ein Sprengkommando aus zwölf Freiwilligen des Wachbataillons die Ankunft der Roten Armee. Sie hatten 80 Fliegerbomben in den Kellern des Waldhofs platziert und die Sprengleitungen zum Vorplatz östlich des Hauptgebäudes gelegt. Als am 28. April berittene Sowjetsoldaten in Sichtweite kamen, lösten sie die Explosion aus.

Am 5. Mai befreiten Luftwaffensoldaten den von Hitler inzwischen testamentarisch aus der NSDAP ausgestoßenen Göring, der sich daraufhin in die Hände der Amerikaner begab. Klaus Mann, Emigrant und Reporter in US-Uniform, war dabei: „Wahrscheinlich ist Reichsmarschall Göring der schillerndste Vogel, der den alliierten Truppen im besetzten Deutschland bisher ins Netz gegangen ist. ... Die erste Überraschung: Er ist viel kleiner, als es die Fotos vermuten ließen – und was seinen Körperumfang betrifft, wirkt

40 Bericht aus Akten der Geschäftsführenden Reichsregierung Dönitz von Ende März 1945

41 Goebbels, Joseph: Tagebucheintrag vom 10. März 1945

Göring auf der Anklagebank in Nürnberg

dieser weniger mächtig, als es wohl die meisten erwartet hatten. … Dieser alte Kämpfer und führende Repräsentant der Nazi-Bewegung ist durchaus nicht ein halb wahnsinniger Clown, als den ihn manche Korrespondenten beschrieben haben. Er ist schlau, hartgesotten und berechnend. … Er gibt sich als zivilisierter Mensch: versöhnlich und moderat, wobei er vermeidet, würdelos und allzu unterwürfig zu erscheinen."[42]

Das Gericht von Nürnberg hielt sich nicht mit den letzten Verfügungen Hitlers auf und behandelte Göring statt Dönitz als „Nazi No. One". In der Haft durchlief er einen Drogenentzug und verlor viel Körpergewicht. Ihn reizte, sich mit den alliierten Anklägern zu messen, und brachte sie wiederholt in Verlegenheit. Die Schuld an den Gräueln schob er anderen zu. Er bereue nichts, denn alles, was er getan habe, habe er für das Deutsche Reiche getan. Über Hitler verlor er kein schlechtes Wort und beeinflusste auch andere Angeklagte, dem „Führer" die Treue zu halten. Nach dem Todesurteil prophezeite er, dass in fünfzig Jahren in jedem deutschen Haus Standbilder von ihm stünden. Der Hinrichtung entzog er sich mittels einer Giftkapsel. Seine Asche wurde nahe München in einen Bach gestreut.

RESTE IM WALD UND ANDERSWO

Die Sowjets sperrten sogleich das Areal des Waldhofs, bis im Juli 1946 die Wachsoldaten abzogen. Anschließend protokollierte das Hochbauamt Templin den Zustand des Komplexes Carinhall. Unversehrt geblieben waren die Wachhäuser und Postenhäuschen am Ostende der Kastanienallee, das Edda-Schlösschen, das Gästehaus und das Badehaus. Zurückgebliebene Ausstattungsstücke und Kunstwerke hatten unter Plünderung und Vandalismus durch Sowjetsoldaten gelitten, manches Brauchbare aus den Nebengebäuden hatten sich Bewohner der umliegenden Dörfer gesichert, in Einzelfällen auch Kunstgegenstände.

Mitarbeiter der Zentralstelle zur Erfassung und Pflege von Kunstwerken des Magistrats von Groß-Berlin fanden vom eigentlichen Schloss die Fassa-

42 Klaus Mann, Auf verlorenem Posten. Aufsätze, Reden, Kritiken 1942–1949, Reinbek bei Hamburg 1994, S. 221f.

de des südlichen Eingangs und einen Raum mitsamt kostbarem Mobiliar intakt vor. In die ebenfalls stehengebliebene Nordwand der Großen Halle war ein spätgotisches Portal verbaut. Um den gesprengten Waldhof herum registrierten sie zahlreiche Gruben, aus denen offensichtlich Gegenstände ausgegraben worden waren. Gartenstatuen aus dem 18. Jahrhundert standen herum, manche waren als Ziele für Schießübungen verwendet worden. Der zurückgelassene Sarkophag Carin Görings war aufgebrochen worden. Herumliegende Teile des mumifizierten Leichnams wurden zuerst provisorisch vor Ort bestattet, dann exhumiert, in Berlin eingeäschert und die Urne nach Schweden gebracht, wo sie 1951 bestattet wurde.

Seit Herbst 1947 räumten 30 „Bewährungsarbeiter" und neun Fachkräfte die Trümmerstätte auf, seit Januar 1948 sortierten sie Kabel, Heizungsanlagen, Rohre, Feldsteine und andere Bauteile. Sie wurden zum Teil für die Sanierung des Schlosses Hubertusstock eingesetzt, andere für Wohnhäuser der „Pionierrepublik" am Werbellinsee. Nach dem Abtransport alles Verwertbaren ebneten DDR-Soldaten das Gelände systematisch ein. Sie pflanzten Lärchen auf der Trümmerstätte, die für die Öffentlichkeit gesperrt und später zum Naturschutzgebiet erklärt wurde. Außer den baulichen gingen auch die lebendigen

Das Edda-Schlösschen, 1947

Hinterlassenschaften des Reichsjägermeisters dahin. Die Wisente – 1939 hatten sie in der Schorfheide 70 Tiere gezählt – überstanden die unkontrollierte Jagd von Besatzern und Anwohnern in den Nachkriegsjahren nicht.

Das südliche Portal von Osten, 1947

Das südliche Portal von Westen, 1945

Die proletarisch gesinnte und geprägte DDR-Führung knüpfte an die Tradition der Schorfheide an und gab sich dort mit demselben Vergnügen der Jägerei hin wie vor ihnen der Hochadel und die NS-Prominenz. Wie schon Bismarck und Göring empfingen sie im „Staatsjagdgebiet" Gäste aus dem Ausland. Für die Unterbringung stand seit Mitte der fünfziger Jahre das ehemalige Gästehaus des Reichsmarschalls, das erst ein FDJ-Heim gewesen und anschließend vom DDR-Staatsrat übernommen worden war, zur Verfügung. Dort eröffnete Walter Ulbricht am 12. August 1961 im Rahmen einer Gartenparty den Mitgliedern von Politbüro und Ministerrat, dass der Mauerbau unmittelbar bevorstand. 1973 verstarb Ulbricht in dem Haus, und am 12. Dezember 1981 trafen sich dort SED- und Staatschef Erich Honecker Bundeskanzler Helmut Schmidt. Heute gehört es zu einem Hotelkomplex.

Mit dem Machtverlust der SED wurde das Areal des Göring-Schlosses wieder zugänglich gemacht. Im Juli 1990 bargen Taucher der Polizei fünf Bronzestatuen aus dem Großen Döllnsee, die einst den Park Carinhalls geziert hatten. Das ermunterte Schatzsucher, den Boden um Görings verschwundenen Waldhof umzugraben. 1991 wurde ein Zinksarg mit menschlichen Skelettfragmenten geortet, die 2012 per DNA-Analyse Carin Göring zugeordnet wurden.[43] Vier aus dem See geborgene Statuen, darunter drei von Arno Breker, präsentiert 2020 das Schorfheide-Museum in Groß Schönebeck. Weitere dort ausgestellte Fundstücke sind eine ungeöffnete Weinflasche, eine Säule aus rotem Marmor und verrostete Fragmente einer Modelleisenbahn. 2009 fanden Kampfmittelräumer außerdem im Revier Reiersdorf in einer Tonne vergraben eine vollständige Försteruniform aus der NS-Zeit, auch sie wird in Groß Schönebeck gezeigt.

Wo einst Carinhall stand, ist 75 Jahre später ein sanft hügeliges Trümmerfeld. Es bedecken dichte Hecken, Nadelbäume und Waldwiesen. Neugierige Wanderer laufen über zahlreiche Trampelpfade, stoßen auf Ziegel, Baustahl und sorgfältig bearbeitete Steine. Hier und da tun sich von Schatzgräbern hinterlassene Löcher auf, in denen Trümmer und Kellerreste sichtbar sind. Am Ufer des Großen Döllnsees ist noch der Eingang zu Görings Bunker vorhanden.

Die Wachhäuser an der östlichen Zufahrt sind im Frühjahr 2020 bewohnt. Die Postenhäuschen und die von ihnen ausgehenden Mauerstücke begrenzen ihre Grundstücke. Auf den Häuschen wachsen Bäumchen, deren Wurzeln die Steine auseinanderdrücken. Von den Mauern ist die Verblendung aus gespaltenen Findlingen bereits zum großen Teil abgefallen. Die meisten der Anfang der vierziger Jahre gepflanzten Kastanien stehen noch immer in Reih und Glied und stechen in dem von Kiefern und Buchen geprägten Wald ins Auge.

Am Kleinen Döllnsee existieren noch die Häuser von Görings Mitarbeitern Paul Körner und Erich

43 journals.plos.org/plosone/article?id=10.1371/journal.pone.0044366 abgerufen am 9.4.2020

Erich Honecker und Helmut Schmidt vor dem Gästehaus am Großen Döllnsee, Dezember 1981

Die bröckelnde Mauerverkleidung neben einem der Postenhäuschen

Gritzbach. In Groß Schönebeck steht das – mit Teilen der Originalausstattung erhaltene –Verwaltungsgebäude der Stiftung Schorfheide und wird als Schule genutzt. In Eichhorst wurde 2001 das Denkmal für Görings Wisentzucht wiederaufgerichtet. Von den Skulpturen aus Carinhall steht die Reitende Amazone Franz von Stucks heute in Eberswalde im Park am Weidendamm, ein überlebensgroßer Bronzehirsch im Berliner Tierpark und ein romanisches Taufbecken im Schlosspark Babelsberg. Bronzegegenstände wurden eingeschmolzen, der Rohstoff unter anderem für Leuchter im Jagdschloss Hubertusstock verwendet, in welchem die DDR-Regierung Gäste unterbrachte.

Manches vom Wirken des Reichsjägermeisters überdauerte länger als sein in Trümmer gesunkener „Waldhof". Die personelle Kontinuität im Jagdwesen verkörperte Ulrich Scherping, unter Göring „Oberstjägermeister" und dann Geschäftsführer des Deutschen Jagdschutzverbandes. Eine kulturelle Kontinuität sind Zeremonien wie „Strecke melden" oder das „Verblasen" erlegten Wildes, die zu einem großen Teil in den dreißiger Jahren erfunden wurden. Eine rechtliche Kontinuität schließlich besteht im Bundesjagdgesetz, das in vielen Passagen auf das Reichsjagdgesetz von 1934 zurückgeht. Und eine Reminiszenz an den obersten Jägermeister ist der 1935 auf den Markt gebrachte Kräuterschnaps aus Wolfenbüttel.

Schloss Carinhall bestand nur acht Jahre lang. Wie die ähnlich kurzlebige, dabei noch prunkvollere Reichskanzlei symbolisiert es die Unfähigkeit des politisch und architektonisch megalomanen Nationalsozialismus, etwas Dauerhaftes zu erschaffen. Die zerstörerische Energie, die das NS-Regime gegen Menschen und Länder entfesselte, wendete sich folgerichtig gegen dessen Repräsentationsbauten.

BOGENSEE

IDYLL
FÜR ZWEI DIKTATUREN

Am Bogensee richtete sich Propagandachef Josef Goebbels 1936 einen Rückzugsort ein, den er später zum Familiensitz und zur Außenstelle seines Ministeriums erweiterte. Das Haus in der Natur bildete die Kulisse für die Filmauftritte der NS-Vorzeigefamilie, im Kinosaal feilte Goebbels an antisemitischer Hetze. 1946 richtete die Freie Deutsche Jugend in der Villa eine Schulungseinrichtung für ihre Führungskräfte ein. Für die Kaderschmiede entstand in den 1950er-Jahren entstand ein palastartiger Neubau. Jungsozialisten aus der ganzen Welt lernten in der Abgeschiedenheit Agitation und marxistische Dogmatik. Drei Jahrzehnte nach dem Ende der Jugendhochschule steht der Komplex leer.

DAS GEBURTSTAGSGESCHENK

Im September 1936 schlug Staatskommissar Julius Lippert dem Berliner Oberbürgermeister Oskar Maretzky vor, dem Gauleiter der Hauptstadt, Joseph Goebbels, ein 232 Hektar umfassendes Gebiet zu überlassen und ihm dort ein Wohnhaus zu errichten. Die Forstflächen lagen am Ostufer des Bogensees und gehörten seit 1919 der Stadt Berlin, die damals die 5000 Hektar des Gutes Lanke für erholungssuchende Städter hatte bewahren wollen. Am 29. Oktober 1936 stand Goebbels' 39. Geburtstag an und am 9. November der zehnte Jahrestag seiner Ernennung zum Gauleiter von Groß-Berlin. Der „Eroberer von Berlin" hatte die NSDAP in der roten Hauptstadt etabliert, seit 1930 war er zudem Reichspropagandaleiter der Partei und seit 1933 Reichsminister für Volksaufklärung und Propaganda. Kein Wunder, dass der umtriebige und ehrgeizige Goebbels meinte, sich etwas gönnen zu dürfen, denn er hatte das Geschenk offenbar selbst angeregt.[1] Schon vor Lipperts Vorschlag hatte er das Gelände besichtigt und für gut befunden. Der Bauplatz lag nahe der im Frühjahr 1936 freigegebenen Ausfahrt Lanke an der Autobahn nach Stettin, die Fahrtzeit vom Propagandaministerium an der Wilhelmstraße betrug eine knappe Stunde.

Die Ruine des inzwischen abgerissenen Blockhauses

Nach Überlassung der Waldfläche Ende September blieben nur noch vier Wochen bis zum gewünschten Übergabe-Termin. Im Autobahnbau beschäftigte Angehörige des Reichsarbeitsdienstes fällten Bäume, ein Blockhaus der Firma Christoph & Unmack wurde bestellt. Das 150 Quadratmeter Fläche bietende „Haus Gartenhof", 1934 von Fritz August Breuhaus de Groot entworfen, hatte laut Werbebroschüre „die Eigenart", „daß auf einem winkelartigen Grundriß sämtliche

1 „Nachm. neue Reichsautobahn dicht hinter Bernau. Da liegt das Plätzchen, wo für mich gebaut werden soll ... Da ist wirklich gut sein. Ich schlage mit Freuden ein. (Goebbels, Joseph: Tagebucheintrag vom 18. September 1936

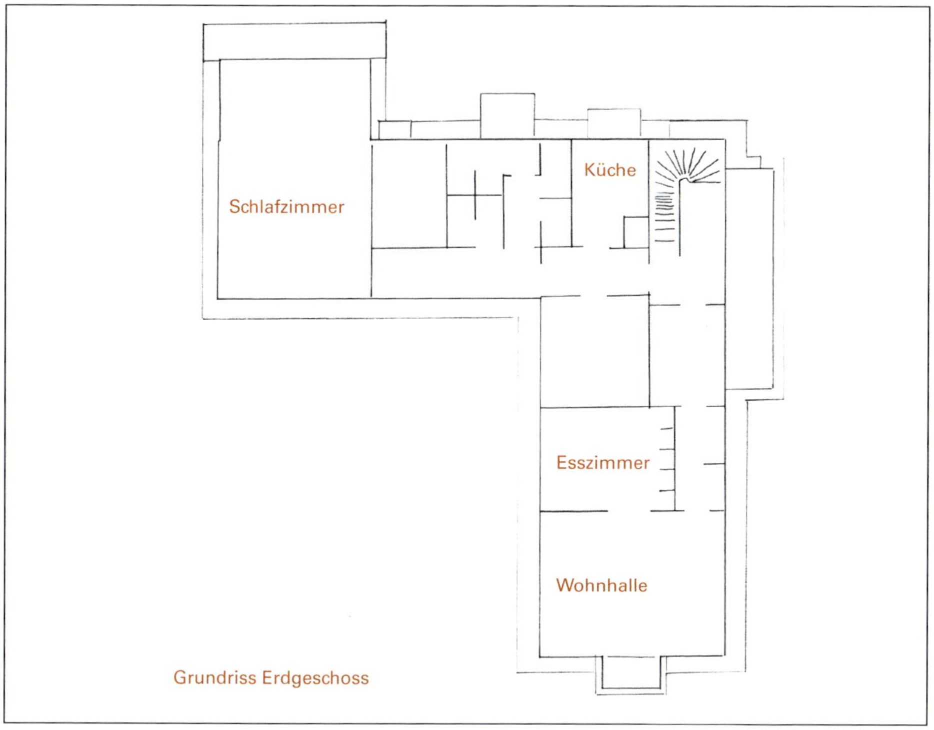

Grundriss des Blockhauses am Bogensee

Wohnräume in einem Wohngeschoß vereinigt sind. Dieser Hauswinkel gestattet eine sehr reizvolle Ausgestaltung als Steingarten. Der Kamin des Wohnraumes hat außen am Hause einen behäbigen Schornstein."[2]

Von Lanke her waren Wege und Stromleitungen anzulegen, mitten im Wald Wasser bereitzustellen und Abwasser zu entsorgen. Ein zweieinhalb Kilometer langer Zaun sollte das Areal sichern; Gästeunterkunft, Hausmeisterwohnung und Bootshaus vervollständigten das Anwesen. Obwohl die in Lanke untergebrachten Arbeitsdienstler „unbürokratisch" halfen, stiegen die Gesamtkosten von 128 000 auf 315 000 Reichsmark. Die kurzfristigen Sonderausgaben brachte der Magistrat von Berlin auf, der auch die laufenden Kosten übernahm. „Die Reichshauptstadt schenkte ihrem Gauleiter ein Blockhaus", verkündete der vom NSDAP-Gau Berlin herausgegebene *Angriff* am 30. Oktober.

Der Hausherr notierte zur Übergabe in sein Tagebuch: „Ein Schmuckkästchen. Hier läßt sich ausruhen und arbeiten. Welch ein Idyll! So romantisch und still. Ich bin ganz glücklich."[3] Das pünktlich zu seinem Ehrentag in Besitz genommene Holzhaus nutzte Goebbels fortan für angenehme Arbeiten wie das Schreiben von Reden oder die Lektüre von Filmstoffen. Und zur Erholung nach langen Werktagen in der Wilhelmstraße:

2 Rohowski S. 7

3 Goebbels, Joseph: Tagebucheintrag vom 30. Oktober 1936

Auf dieser Aufnahme ist der L-förmige Grundriss gut zu erkennen

Der „Führer" in Begleitung des Reichspropagandaministers Goebbels bei der Besichtigung des Neubabelsberger Ateliers der Ufa, 1935.

„Dann zum Bogensee. So ein feiner Nachmittag. Gelesen, geschrieben und einen schönen Spaziergang durch den herbstlichen Wald gemacht. Hier möchte ich bleiben. Der Stadtlärm fällt von dir ab wie Zunder. Du bist ganz aufgegangen in der ewigen Natur. Da kommst du zur Ruhe und zum Nachdenken."[4]

EINE VORZEIGBARE FAMILIE

Vor 1940 nahm Goebbels seine Ehefrau und die Kinder nur ausnahmsweise mit in das Waldhaus. Der Familie stand seit 1933 eine Dienstwohnung in der Hermann-Göring-Straße 20 (heute Ebertstraße) hinter dem Ernährungsministerium in der Wilhelmstraße 72 zur Verfügung. Seit 1936 wohnte sie bevorzugt auf dem Schwanenwerder in der Havel, eine der exklusivsten Wohnlagen Berlins. Dort hatten die Goebbels ein „Sommerhaus" erstanden und prachtvoll ausgestattet. Und schon am 19. April 1936 kam der ihnen liebste Gast dorthin: „Unser Haus durchgeschaut. Es ist herrlich. Magda hat nun auch das Gästehaus für den Führer eingerichtet. Direkt einladend! Mit Blumen und Gemütlichkeit. Nachm. kommt der Führer. Wir besichtigen das ganze Haus. Er ist restlos begeistert davon. Verspricht uns, recht oft zu Besuch zu kommen. ... Hoffentlich können wir auch ihm ein kleines Heim bieten."[5]

Magda und Joseph Goebbels wollten Hitler also zum Mitbewohner oder wenigstens regelmäßig willkommen heißen. Tatsächlich war ihre Beziehung zum „Führer" beziehungsweise „Chef", wie Goebbels ihn in seinen Tagebüchern nannte, eine ganz spezielle. In den zwanziger Jahren hatte der junge, unzufriedene, nach einer Bestimmung suchende Goebbels Hitler kennengelernt und sich ihm ganz ergeben: „Und seine großen blauen Augen. Wie Sterne. Er freut sich, mich zu sehen. Ich bin ganz beglückt."[6] Oder: „Hitle-

4 Goebbels, Joseph: Tagebucheintrag vom 8. November 1936
Die Begehung fand am 17.9. statt, der offizielle Vorschlag Lipperts datiert vom 19.9.

5 Goebbels, Joseph: Tagebucheintrag vom 20. April 1936

6 Goebbels, Joseph: Tagebucheintrag vom 6. November 1925

rumarmt mich, als er mich sieht. Er sagt mir viel Lob. Ich glaube, er hat mich wie Keinen in sein Herz geschlossen. ... Adolf Hitler, ich liebe Dich, weil Du groß und einfach zugleich bist."[7]

Der promovierte Germanist redete und schrieb fortan mit großem Einsatz für die NSDAP. Für den geliebten „Führer" gab er so manche politische Überzeugung auf, seine Neigung zum Sozialismus etwa oder sein positives Russlandbild. Am 10. April 1924, als er gerade in seiner Heimatstadt Rheydt (heute ein Ortsteil Mönchengladbachs) mit Gesinnungsgenossen eine NSDAP-Ortsgruppe gegründet hatte, bekannte er in seinem Tagebuch: „Ich stehe auf der völkischen Seite: ich hasse den Juden aus Instinkt und Verstand. Er ist mir in tiefster Seele verhaßt und zuwider."

Im Herbst 1930 lernte Goebbels Magda Quandt kennen. Die Frau aus gutbürgerlichen Verhältnissen trug noch den Namen ihres ersten Mannes, des Industriellen Günther Quandt. Auch Hitler fühlte sich von der blonden Magda angezogen, er sah in ihr einen „weiblichen Gegenpol gegen meine einseitig männlichen Instinkte".[8] Dann aber unterstützte er die Heirat seines treuen Gefolgsmannes mit Magda Quandt. Er wusste, dass er ihr auch nach der Hochzeit nahe sein konnte, ohne dass irgendein moralisches Fragezeichen auftauchen würde. Goebbels wiederum hoffte, den für seine Frau schwärmenden Hitler enger an sich zu binden. Magda konnte ihrerseits davon ausgehen, keinen der beiden Männer, zwischen denen sie stand, ganz zu verlieren, und noch dazu würde sie gesellschaftlich im Mittelpunkt stehen.

Magda Goebbels trat als „First Lady" des NS-Regimes auf wie auch als die „First Mother". Von 1932 bis 1940 gebar sie sechs Kinder, hinzu kam Sohn Harald aus erster Ehe. Fotos und Filme verbreiteten das Bild der fruchtbaren „arischen" Familie. Dem geliebten „Führer" boten sich die präsentablen Goebbels als Ersatzfamilie an. Schon in die Wohnung am Reichskanzlerplatz (heute Theodor-Heuss-Platz) war er gerne gekommen und hatte mit den Kindern gespielt, nun fand er sich gelegentlich zum Tee auf Schwanenwerder ein, und die Familie besuchte ihn in der Wilhelmstraße. 1939 plante Hans Heinrich Lammers, der Chef der Reichskanzlei, für Hitler ein Anwesen auf Schwanenwerder zu kaufen, doch daraus wurde nichts. Für Magda und Joseph Goebbels war das doppelt bitter, da sie nicht, wie etwa Albert Speer oder Hermann Göring, ein Haus in Berchtesgaden besaßen und dort nur als Gäste gelitten waren. Zum „Hofstaat", mit dem sich Hitler umgab, gehörten sie trotz enger emotionaler Bindungen nicht.

Die Goebbels' blieben also an Berlin gebunden. 1938 gab der Minister einen Neubau in der Hermann-Göring-Straße in Auftrag, der 1940 bezugsfertig war. Das Anwesen an der Havel diente der Familie als Sommersitz. Goebbels kam dann am liebsten, wenn wichtiger Besuch ins Haus stand, mit dem er gerne im Motorboot über die Havelseen fuhr. 1938 erwarb er das Nachbargrundstück Inselstraße 12/14 zu dem lächerlichen Preis von 117 500 RM. Sein alter Bekannter aus der Berliner Gauleitung, Polizeipräsident Wolf-Heinrich von Helldorff, hatte den jüdischen Eigentümer Samuel Goldschmidt zuvor unter massiven Druck gesetzt. Am 9. März 1938 notierte Goebbels:

19. Dezember 1931: Hochzeit auf Gut Severin bei Parchim in Mecklenburg, mit Hut: Trauzeuge Adolf Hitler

7 Goebbels, Joseph: Tagebucheintrag vom 9. September 1926
8 Longerich S. 169

„Helldorff hat den Juden von Schwanenwerder, der uns beim Hauskauf behumsen wollte, zusammengestaucht. Jetzt wird das wohl besser gehen!"

Oft beschwerte sich Goebbels über Geldsorgen, sein Ministergehalt genügte ihm bei seinem Lebensstil in keiner Weise. Immerhin bekam er, sehr wahrscheinlich mit Hitlers Zustimmung, vom parteieigenen Eher-Verlag nach einer Einmalzahlung von 250 000 Reichsmark ab 1936 jedes Jahr 100 000 RM Vorschuss auf seine Tagebücher, die zwanzig Jahre nach seinem Tod veröffentlicht werden sollten. Für den Verlag, der in jenem Jahr knapp 4 Millionen RM Gewinn machte, war das viel Geld. Die Gewinne stiegen aber bis 1942 auf über 106 Millionen, auch dank einer von Hitler angeordneten Steuerbefreiung.[9] Goebbels' Biograph Peter Longerich: „Der äußerst aufwendige Lebensstil seiner Familie war für den Propagandaminister vor allem eines: Bestätigung seines Erfolgs und seiner einmaligen Großartigkeit. Für ihn spiegelte sich darin aber vor allem die Anerkennung durch sein politisches Idol Hitler wider, dessen Großzügigkeit er all das verdankte."[10]

9 Wulf C. Schwarzwäller, Hitlers Geld. Vom armen Kunstmaler zum millionenschweren Führer, Wien 1998, S. 183

DIE AFFÄRE

Die Vorzeigefamilie des Reiches war keine glückliche. Die Eheleute stritten oft und heftig, sie waren einander untreu, der Gatte noch viel mehr als seine Frau. Im Sommer 1936 lief ihm auf Schwanenwerder eine neue Nachbarin über den Weg: Lída Baarová. Die 22-jährige Schauspielerin wohnte dort mit ihrem populären Kollegen und Lebensgefährten Gustav Fröhlich. Schon im Vorjahr hatte der Minister Baarovás Karriere gefördert, als er sich über Bedenken wegen ihres tschechischen Akzents hinwegsetzte. Nun bahnte sich zwischen den beiden etwas an. Im September initiierte Goebbels das Bauprojekt bei Lanke – vielleicht dachte er daran, sich in dem Refugium mit Baarová zu treffen.

Seit dem Herbst 1936 chauffierte Goebbels' Fahrer die Schauspielerin regelmäßig nach Lanke.

10 Longerich S. 361

Das Ehepaar Goebbels mit den Kindern (in der Reihenfolge ihrer Geburt): Helga, Hildegard, Helmut, Holdine, Hedwig und Heidrun. Oben Sohn Harald Quandt aus erster Ehe in Luftwaffenuniform. Das Bild wurde als Postkarte verwendet.

Die Schauspielerin war von dem mächtigen Mann und „von seiner Liebe“[11] zu ihr fasziniert, äußerte im Rückblick aber auch, aus Furcht um ihre Karriere die Annäherung des obersten Herrn des deutschen Films zugelassen, ihn „auf meine Weise geliebt“[12] zu haben. Der kleine Landsitz gefiel ihr, in ihren Memoiren schreibt sie: „Es war ganz zauberhaft, eine richtige Idylle. Hier in seinem Blockhaus am Bogensee war es dem Minister gelungen, ein wirklich schönes Interieur zusammenzustellen. Am brennenden Kamin und bei angenehmer Musik herrschte eine gemütliche Atmosphäre, in der man sich gut entspannen und unterhalten konnte.“[13]

Lída Baarová war weder irgendeine noch die erste Schauspielerin, der Goebbels nahekam. Zarah Leander erinnerte sich an die Gerüchte um Goebbels' „angenehmes Hobby: Film und junge Filmschauspielerinnen. Es gab auch Skandale, die nach Möglichkeit vertuscht wurden. Für manche Filme gab es hie und da befremdliche Direktiven bei der Rollenbesetzung. Der allerhöchste Chef des deutschen Films bewies Karrieredamen seine Wertschätzung dadurch, daß er ihnen Rollen gab, die sie äußerst selten verdienten ...“[14] An Zarah Leander scheiterte der zu jedem sexuellen Machtmissbrauch bereite Goebbels, reagierte aber jovial: „Eigentlich sollte ich Ihnen ja böse sein, Frau Leander, aber ich kann es nicht. Sie sind so herrlich frech!“[15] Wer nicht so berühmt war wie der Star aus Schweden, hatte weniger Glück. Immer wieder zerstörte der Minister Karrieren, wenn die jungen Frauen seine Forderungen nicht erfüllten.

Baarová und Goebbels jedoch meinten es ernst miteinander. Die Schauspielerin trennte sich im Frühjahr 1937 von ihrem Lebensgefährten. Fröhlich stellte Goebbels zur Rede und es ging das unzutreffende Gerücht um, er habe seinen mächtigen Nebenbuhler geohrfeigt. Die späte Folge: Fröhlich bekam als einer von wenigen unter den prominenten Schauspielern einen Einberufungsbefehl. Im Sommer 1938 sagte der verliebte Minister zu seiner Favoritin, er wolle lieber „Krawatten verkaufen“, als getrennt von ihr zu leben, und dachte daran, als Konsul nach Japan zu gehen.[16] Von Magda wiederum verlangte er, einer Dreierbeziehung zuzustimmen, vielleicht, um sie zur Trennung zu bewegen. Magda Goebbels aber ging zu Hitler und erzählte ihm alles. Sie hatte viel zu verlieren, genau wie der Dritte in dieser Dreiecksbeziehung. Hitler hatte keinerlei persönliches Interesse, eine Veränderung zuzulassen, und auch propagandistisch lag ihm viel an der Musterfamilie.

Privataufnahme der damals 22-jährigen Lída Baarová, 1936

Die Laufbahn Baarovás war mit Hitlers Machtwort am Ende. Zwei fertiggestellte Filme mit ihr wurden zurückgezogen, zugesagte Rollen an andere vergeben. Bald darauf musste sie in ihr Heimatland Tschechoslowakei zurückkehren, das in jenem Sommer von Berlin genötigt und schließlich besetzt wurde. Filme drehte sie während des Krieges in Italien. Nach dem Ende der deutschen Besatzung büßte sie für die Beziehung zu Goebbels mit 18 Monaten

11 Geheimnisvolle Orte: Bogensee - Goebbels Villa & Hochschule der FDJ, Film von Dora Heinze und dem RBB, Erstsendung vom 16. Januar 2018, Minute 12
12 ebenda
13 zit. bei Berkholz S. 18
14 Zarah Leander, Es war so wunderbar! Mein Leben, Hamburg 1973, S. 166
15 Ebd. S. 168
16 Film „Geheimnisvolle Orte: Bogensee“, 2018

Haft. Sie verließ die Tschechoslowakei und ging nach Österreich, wo sie im Jahr 2000 verstarb.

Die Trennung stieß Goebbels in eine Depression, er schrieb zwei Wochen lang kein Wort in sein Tagebuch. Hitler vermittelte zwischen ihm und seiner Frau, dass sie ein Jahr auf Probe in weitgehender Trennung leben sollten. Sie würde mit den Kindern auf Schwanenwerder wohnen und er nur mit ihrem Einverständnis zu Besuch kommen. Nach einem Jahr sollte sie die Scheidung verlangen und für diesen Fall das Anwesen an der Havel behalten dürfen. Kaum war ein entsprechender Vertrag von den Eheleuten und Hitler unterschrieben, befasste Goebbels sich mit Neubauplänen am Bogensee. Nach einer Begehung des vorgesehenen Waldgeländes am Ostufer gegenüber dem Blockhaus notierte er im Januar 1939: „Ich glaube, es wird sehr schön werden. Da habe ich dann wenigstens ein Zuhause. Im Amt noch lange gearbeitet. Und dann wieder diese ewige Grübelei. Ich komme nicht mehr los davon.“[17]

17 Goebbels, Joseph: Tagebucheintrag vom 29. Januar 1939

Josef Goebbels, Gustav Fröhlich und Lída Baarová bei einer Party anlässlich des Endes der olympischen Spiele, Berlin 1936

BAUEN GEGEN DEN LIEBESKUMMER

In der privaten Krise nach der befohlenen Trennung von Lída Baarová versprach das Bauprojekt im Wald Goebbels einen Neuanfang und ein seinem Rang gemäßes Anwesen. Neben einem luxuriösen und repräsentativen Wohnhaus, das auch für den Empfang hochrangiger Persönlichkeiten geeignet sein sollte, hatte Goebbels eine vollwertige Arbeitsstätte im Sinn, die in einem Dienstgebäude mit 40 Räumen Gestalt annahm und später als „Ausweichstelle für dienstliche Zwecke“ bezeichnet wurde.[18] Als drittes Gebäude war eine Garage mit sechs Autostellplätzen, vier Pferdeboxen und zwei Wohnungen für Bedienstete vorgesehen.

Der Architekt Hugo Constantin Bartels und sein Kompagnon Jürgen Schweitzer realisierten das Projekt. Schweitzers Vater Heinrich, der im Berliner Südwesten prominent gewirkt hatte, lieferte wahrscheinlich die Entwürfe, Bartels übernahm die Bauleitung. In Berlin-Dahlem hatten Schweitzer junior und Bartels eine Villa im Landhausstil für einen Schauspieler und eine weitere für einen Regisseur auf Schwanenwerder gebaut; wahrscheinlich waren sie auf diesem Weg in Kontakt zu Goebbels gekommen. Die Landschaftsarchitektur übernahm Heinrich Friedrich Wiepking. Wie immer sollte es schnell gehen. Goebbels notierte am 7. Februar 1939: „Mit den Baumeistern den Bauplatz festgelegt. Jetzt geht es mit Hochdruck an die Arbeit. Sie wollen alles bis zu meinem Geburtstag fertig haben. Ich werde schon dahintersitzen und antreiben. Und wie ich mich darauf freue, eine Zufluchtsstätte zu finden.“[19]

Für den Naturschutz zuständige Beamte des Regierungspräsidiums Potsdam erfuhren zufällig von dem rasch voranschreitenden Bauprojekt und brachten Einwände vor, denn das Gebiet stand unter Baum- und Landschaftsschutz. Das wertvolle Waldgebiet solle erhalten und für den Wanderverkehr aus Berlin offenbleiben, forderte Gottfried von Bismarck, ein Enkel des „Eisernen Kanzlers“. Der Regierungspräsident beharrte darauf, dass nur eine Ermächtigung des Reichsforstmeisters und obersten Naturschüt-

18 Berkholz S. 59

19 Goebbels, Joseph: Tagebucheintrag vom 7. Februar 1939

Der Garagenbau mit Laube und verkleideten Säulen im Vordergrund, 2018

zers Hermann Göring eine ordnungsgemäße Baugenehmigung herbeiführen könne. Auch der Landrat des Kreises Niederbarnim war inzwischen über den Schwarzbau informiert, schickte Beamte auf das Grundstück und ordnete einen Baustopp an.

Goebbels scherte sich nicht weiter um die behördliche Anordnung und ließ weiterbauen. Der Regierungspräsident konstatierte daraufhin, ihm sei „die Aufrechterhaltung der Ordnung auf baupolizeilichem Gebiet ... in Zukunft im Bezirk nicht möglich",[20] wenn Göring nicht bald eine Stellungnahme abgäbe. Göring nutzte die Gelegenheit, dem Kollegen und Konkurrenten einen Gefallen zu tun. Ein Schreiben vom 31. Mai 1939 an den allzu pflichtbewussten Regierungspräsidenten in Potsdam beschied: „Der Herr Generalfeldmarschall [Göring] hat angeordnet, daß das Bauvorhaben des Herrn Reichsministers Dr. Goebbels am Bogensee ... nicht behindert, sondern gefördert werden soll. ... Demnach sind Bedenken vom Standpunkte des Naturschutzes bei Erteilung der Bauerlaubnis nicht mehr geltend zu machen."[21]

Der oberste Naturschützer Göring erfüllte allerdings nicht jeden Wunsch. Er verkleinerte und verschob das Gebiet, das Goebbels einzuzäunen wünschte, damit eine „allzu starke Behinderung des Ausflugsverkehrs bei dem Bauvorhaben vermieden wird". Insbesondere der Verbindungsweg zwischen Ützdorf und Prenden dürfe nicht durch das Goebbels'sche Gatter abgeschnitten werden. Das wollte Goebbels nicht hinnehmen. Er ließ den Zaun nach seinen Vorstellungen bauen und beharrte im Gespräch mit dem örtlichen Forstbeamten darauf, dass der Waldweg sein Privatweg sei und der Zaun dort bleiben solle, wo er war. Erst im Januar 1940 gab er in einem Gespräch mit Albert Speer, der als Generalbauinspektor für die Reichshauptstadt auch im Wald der Stadt Berlin irgendwie zuständig war, endlich nach: „Terrain etwas verkleinert. Das war zweckmäßig und notwendig."[22] So beschönigte er vor sich selbst, dass ihm von

20 Berkholz S. 37

21 Rohowski S. 9

22 Goebbels, Joseph: Tagebucheintrag vom 17. Januar 1940

1 Der Waldhof
2 ehem. „Ausweichstelle" des Propagandaministeriums
3 Garagenbau

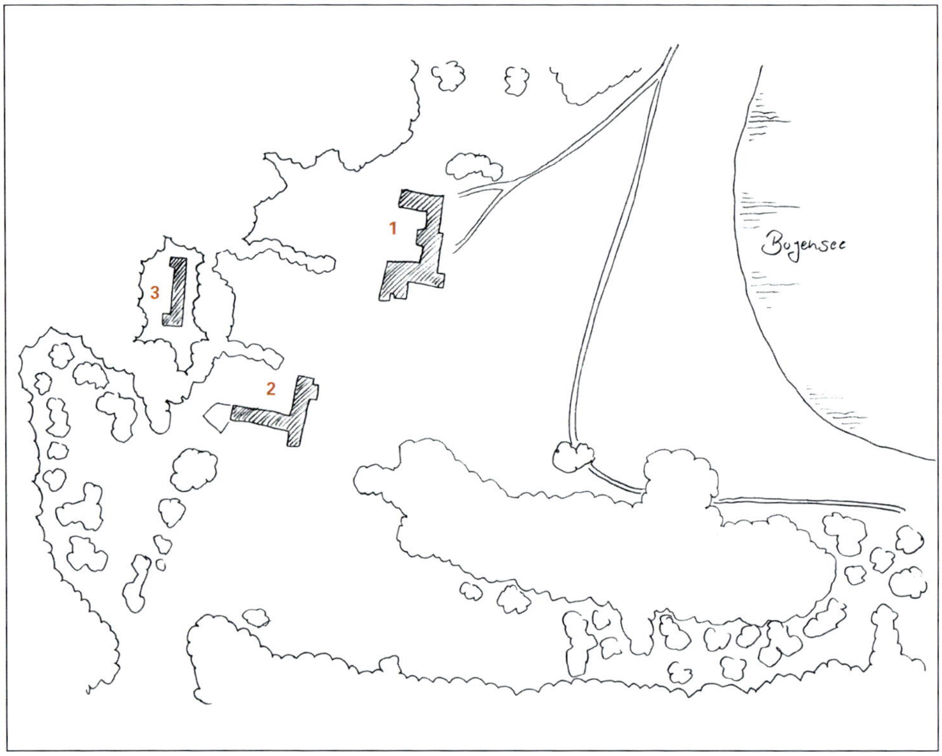

Der Waldhof-Komplex, rechts die Villa

850 beanspruchten Hektar bloß 210 geblieben waren. Am 8. Mai 1940 erteilten die Behörden im Kreis Niederbarnim ihre Genehmigung – über ein Jahr nach Baubeginn und ein halbes nach der Fertigstellung des Schwarzbaus.

Äußerst windig entwickelten sich die Finanzen um das Projekt. Goebbels hatte einen Privatkredit über 1,35 Mio. RM aufgenommen und sorgte sich deswegen, denn die Summe schien für das Vorhaben zu klein und die Refinanzierung unsicher. Architekt Hugo Bartels präsentierte dem Propagandaministerium im November 1940 eine Kostenaufstellung von 2,3 Millionen Reichsmark, der zuständige Mitarbeiter bekam aber nur Rechnungen über 420 000 Reichsmark vorgelegt. Um die rätselhafte Lücke wie auch um die ungeklärte Finanzierung kümmerte sich Max Winkler, der seit den frühen Weimarer Jahren als graue Eminenz der deutschen Presselandschaft und ihrer pekuniären Angelegenheiten wirkte. Er verkaufte das Haus an die Cautio-Treuhandgesellschaft, die als Tarnorganisation des Propagandaministeriums Medienunternehmen verwaltete. Goebbels veräußerte also über einen Mittelsmann ein Haus, das ihm gar nicht gehörte, an ein Unternehmen, das er selbst kontrollierte. Natürlich mit Gewinn. Doch der Bewohner dreier prachtvoller Anwesen, die er seinem skrupellos genutzten politischen Einfluss verdankte, hielt sich für arm: „Wenn ich jetzt stürbe, dann stünde mein Fall plus minus 0. Auch ein Lohn für 20 Jahre Dienst am Vaterlande. Meine Familie würde sich wundern."[23]

Winkler brachte noch etwas fertig: Die stattliche Privatvilla wurde als „Kulturgemeinschaftshaus" im Besitz des Reichs geführt, das über das Propagandaministerium auch die laufenden Kosten von 70 000 Reichsmark jährlich beglich. 1943 ging das Anwesen von der Cautio auf die – unter dem Dach der Cautio-Holding geführte – Ufa-Filmgesellschaft über. Fortan kam die Filmwirtschaft für das Haus ihres Gebieters auf. Als Grundeigentümer war übrigens nach wie vor die Stadt Berlin eingetragen. Und der Architekt Bartels mit den verdächtigen Rechnungen blieb wohlgelitten; Goebbels beauftragte ihn mit einem Gartenhaus für sein „Juwel" Max Winkler.

23 Goebbels, Joseph: Tagebucheintrag vom 5. Dezember 1940

EINE LUXURIÖSE „ZUFLUCHT"

Pünktlich zu seinem 42. Geburtstag nahm Goebbels den „Waldhof am Bogensee" in Besitz. Das massive Wohnhaus ist verputzt, auf ihm sitzen steile Walmdächer, die über die Wände hinausragen. Sockel und Säulen sind mit Naturstein verkleidet. Weitere Details im Sinne des „Heimatstils" sind die sichtbaren Enden der Dachbalken, die hölzernen Fensterläden sowie Lauben unter manchen Giebeln, wie sie sich an alten Bauernhäusern der nördlichen Mark Brandenburg finden.

Goebbels' Waldhof am Bogensee mutet in vielem wie eine bescheidene Ausgabe von Görings 1937 fertiggestelltem Schloss Carinhall an und wiederholt somit eine feudale Bauidee in einem Maßstab, der dem im Vergleich zu Göring geringeren Status des Bauherrn entspricht. Der Bau beschreibt ein leicht asymmetrisches U, im vom Ehrenhof aus linken Flügel lagen die fünf Schlafzimmer mit je eigenem Bad. Zentral hinter dem Eingangsbereich lag die Halle mit raumhohen Fenstern, die sich im Boden versenken ließen. Solche Fenster hatten auch der große Saal in Hitlers Berghof und eben Carinhall. An die Halle schlossen sich der Salon, das Speisezimmer und das Arbeitszimmer an. Sie lagen an der Terrasse und gewährten Ausblicke auf den Bogensee. Auf der Hofseite führte ein Gang an den Räumen entlang und passierte im rechten Seitenflügel die Küche, darüber befanden sich die nach außen weisenden Gauben der Kinderzimmer im ansonsten nicht ausgebauten Dachgeschoss. Der Flügel endete am Kinosaal, wo Goebbels Filme begutachtete oder Besuchern vorführte.

Die Halle mit den versenkbaren Fenstern, 2020

Der Waldhof in einer Ansicht aus dem Jahr 2020

Goebbels' Pressereferent Wilfred von Oven beschrieb das Haus in seinem Tagebuch: „Es stellt eine ideale Synthese zwischen den Wundern der Natur und den Vorzügen der Großstadt-Zivilisation dar. ... Auch auf viele kleine, technische Raffinements, die der Minister so liebt, ist selbst hier draußen nicht verzichtet worden. Die Hausbar in der Halle ist in der Wand versenkt und elektrisch ein- und ausfahrbar. ... Überall dicke Teppiche, an den Wänden wertvolle Gemälde. Die Möbel sind modern. Nur in der Halle hat man der ländlichen Umgebung Konzessionen gemacht. Um den riesigen Kamin ... stehen alte, hochlehnige Sessel, die der Halle den Stil eines alten Landsitzes verleihen."[24]

Blick durch das Eingangsportal

Blick aus der Halle, 2020. Fußboden und Türen sind aus den 1990ern.

In den ersten Kriegsmonaten verbrachte Goebbels viel Zeit auf dem Landsitz; die beiden kleineren Kinder waren bei ihm, die älteren, die schon zur Schule gingen, bei der Mutter in Schwanenwerder. Wegen Umbauarbeiten im Ministerium an der Wilhelmstraße erledigte Goebbels auch seine Amtsgeschäfte am Bogensee. Das dafür vorgesehene Dienstgebäude neben dem Waldhof konnten er und seine Mitarbeiter im März 1940 beziehen, doch reichte die Telefonanlage mit ihren 60 Apparaten nicht aus. Für 45 000 RM stellte die Reichspost Ende des Jahres weitere 37 Nebenanschlüsse zur Verfügung. In der „Ausweichstelle" war also ein umfänglicher Dienstbetrieb möglich. Statt selbst nach Berlin zu fahren, zitierte Goebbels regelmäßig seine Mitarbeiter an den Bogensee.

Arbeit und Privatleben ließen sich auf dem neuen Anwesen reibungslos vereinbaren. Goebbels feilte an den Leitartikeln für die edel aufgemachte Wochenzeitung *Das Reich*. Leitende Beamte, hochrangige Journalisten und Filmemacher fuhren zu Besprechungen hinaus, der Minister nahm die Wochenschauen ab und begutachtete Material aus laufenden Filmproduktionen. Gesellschaften mit Filmschaffenden und Künstlern fanden des Öfteren statt, Stars wie Zarah Leander und Heinz Rühmann kamen. Die Führungsschicht des Regimes hingegen machte sich rar.

Im August 1940 hielt Goebbels zu seinem Gemütszustand und seiner Arbeit fest: „Ich fahre mittags wieder nach Lanke zurück, um meine Arbeiten draußen im Walde zu machen. Da kann man freier und souveräner denken und schaffen. ... Es ist jetzt nicht besonders schön im Leben. Aber man muß nur arbeiten und dahintersein. Die Gegenwart überwinden um einer besseren und schöneren Zukunft willen. Harlan-Film ‚Jud Süß'. Ein ganz großer, genialer Wurf. Ein antisemitischer Film, wie wir ihn uns nur wünschen können. Ich freue mich darüber."[25]

„Jud Süß" war der bei weitem erfolgreichste von drei Filmen jenes Jahres, die gegen die Juden hetzten. In Deutschland sahen ihn 20 Millionen, von denen sich viele beeindrucken ließen. Heinrich Himmler

24 Oven S. 141
25 Goebbels, Joseph: Tagebucheintrag vom 18. August 1940

ordnete am 30. September 1940 an: „Ich ersuche Vorsorge zu treffen, dass die gesamte SS und Polizei den Film ‚Jud Süß' zu sehen bekommt."[26] Aufseher in den Konzentrationslagern misshandelten jüdische Häftlinge, nachdem sie den Film gesehen hatten. So bauten sie mit an der „besseren und schöneren Zukunft", von der Goebbels träumte und zu der er als Propagandist beitrug. Seine Aufgabe hatte er anlässlich seiner Ernennung zum Minister am 25. März 1933 so beschrieben: „Das Ministerium hat die Aufgabe, in Deutschland eine geistige Mobilmachung zu vollziehen. Es ist also auf dem Gebiet des Geistes dasselbe, was das Wehrministerium auf dem Gebiet der Wache ist." Dazu gehörte die Mobilmachung gegen den imaginären Hauptfeind, die Juden.

EINE IDYLLE FÜR DIE „WOCHENSCHAU"

Im Oktober 1940, wiederum zu seinem Geburtstag, übernahm Goebbels sein innerstädtisches, repräsentatives Wohnpalais an der Hermann-Göring-Straße 20, wo für 300 Gäste eingedeckt werden konnte. Es grenzte an die amerikanische Botschaft, das Propagandaministerium am Wilhelmplatz lag gleich um die Ecke. Weil es ihm das Arbeiten erleichterte, hielt er sich dort bevorzugt auf, doch pendelte er im Frühjahr 1941, während Frau und Kinder sich fern von Berlin in Süddeutschland und Österreich aufhielten, täglich zwischen der Wilhelmstraße und dem Bogensee.

Als die Familie wieder vereint war, bewohnte sie das Haus in Schwanenwerder. Den Landsitz am Bogensee steuerte sie am Wochenende und in den Ferien regelmäßig an. Die Vorzeigeeltern erzogen nicht selbst und überließen die täglichen Mühen den Kinderfrauen. Im Blockhaus wohnte der Sohn Helmut mit einer Betreuerin, sein Freund Georg Schertz, den er von Schwanenwerder kannte, besuchte ihn oft und blieb auch länger. In Berlin besuchten die Kinder die Volksschule Nikolassee. Goebbels war der Auffassung, dass sein Nachwuchs keine Vorzugsbehandlung genießen sollte, und lehnte die Unterrichtung durch einen Hauslehrer ab. Allerlei Haustiere einschließlich mehrerer Ponys, drei Villen und mehrere Erzieherinnen schienen ihm hingegen keine „Extrawürste" darzustellen.

Im Juni 1941 griff Deutschland das von Goebbels noch immer mit Sympathie betrachtete Russland an.[27] Der Vernichtungskrieg gegen die Sowjetunion und der Völkermord an den europäischen Juden begannen. Der Minister übernahm persönlich die „Volksaufklärung" in *Das Reich* vom 16. November 1941. Nun vollziehe sich die Prophezeiung, die Hitler 1939 über die „Vernichtung der jüdischen Rasse in Europa" gemacht habe. Das Weltjudentum „erleidet nun einen allmählichen Vernichtungsprozeß, den es uns zugedacht hatte ... Alle Juden gehören aufgrund ihrer Geburt und Rasse einer Verschwörung gegen das nationalsozialistische Deutschland an." Goebbels sagte damit den „Volksgenossen" unmissverständlich, dass ihre Regierung und Landsleute in Uniform noch nie gesehene Verbrechen verübten, rechtfertigte die Ermordung von Kindern und beruhigte seine „arischen" Leser, dass nicht die Täter an all dem schuld seien, sondern die Opfer. In der Verfolgungspraxis initiierte Goebbels die Einführung der „Sternpflicht" im Reichsgebiet zum 1. September 1941. Er drängte auf die Deportation der Juden aus dem Gau Berlin, so auch auf die Verschleppung der jüdischen Fabrikarbeiter im Februar 1943. Es sei sein Ehrgeiz, „nicht zu ruhen und zu rasten, bis der letzte Jude Berlin verlassen hat".[28]

Während deutsche Täter jüdische Kinder töteten, nahm der Goebbels-Nachwuchs mehr denn je eine Vorzeigerolle ein. Allein 1942 sahen die Kinogänger sie dreißig Mal in der „Wochenschau": Haus und Natur am Bogensee geben eine idyllische Kulisse ab, sechs Kinder in Tracht streifen durch die Wiesen am See, fahren Kutsche, essen Eintopf und spielen am Brunnen auf dem Ehrenhof. Die Zuschauer durften sich über diese hübschen, fröhlichen, gesunden Kinder

26 Erwin Leiser, Nazi Cinema, New York 1974, S. 84

27 Mitte März 1940 schrieb Goebbels in Verkennung von Hitlers Plänen: „Im Übrigen ist es sehr gut, daß die Russen keine germanische Führung mehr besitzen; so können sie uns nie gefährlich werden. Und wenn Stalin seine Generale erschießt, dann brauchen wir das nicht einmal zu tuen. Ob wohl Stalin allmählich auch die Juden liquidiert? Vielleicht nennt er sie nur, um die Welt zu täuschen, Trotzkisten. Wer weiß? Jedenfalls sind wir nun mit Rußland verbunden. Wir haben bisher nur Vorteile davon gehabt. Der Führer hat Stalin in einem Film gesehen, und da war er ihm gleich sympathisch. Da hat eigentlich die deutsch-russische Koalition begonnen." Goebbels, Joseph: Tagebucheintrag vom 15. März 1940,

28 Goebbels, Joseph: Tagebucheintrag vom 20. August 1941

freuen. Eine Botschaft lautete, dass auch die Kinder des Propagandaministers ganz „natürlich“ und nicht etwa abgehoben oder „dekadent“ aufwüchsen. Die Botschaft von Vitalität und Natürlichkeit, zudem das suggerierte Gefühl, dass diese Kinder auch ein wenig die Kinder der „Wochenschau“-Besucher seien, rückte ihre augenscheinlichen Privilegien in den Hintergrund. Nebenbei verdrängten die schönen Bilder die Frauengeschichten des Vaters und führten das Haus, das offiziell der „Wochenschau“-Produzentin Ufa gehörte, einem filmischen Zweck zu.

Anfang August 1943 löste die Familie Goebbels den Haushalt in Schwanenwerder auf, die Bombengefahr hatte in den vorangegangenen Monaten zugenommen. „Wer weiß, ob wir [das Haus] noch einmal in heilem Zustand wiedersehen!“,[29] notierte Goebbels und ließ viel wertvolles Inventar in den Waldhof schaffen, wo die Familie fortan fest wohnte. Weitere Verwandte kamen in die sichere Abgeschiedenheit; Mutter, Schwester und Schwiegermutter wohnten in dem Blockhaus, das einst den Diener beherbergt hatte. Die Goebbels-Kinder im Schulalter brachte ein Angestellter mit einer Kutsche in die Volksschule von Wandlitz. Ihr Vater fuhr vor allem zu Familienfesten und Feiertagen an den Bogensee. Zur Begrüßung

29 Berkholz S. 78

Die Kinder Helmut, Hilde, Holde und Helga mit drei Kindermädchen im Garten des Waldhofes, ca. 1941/1942

pflegte sich die Kinderschar schick zu machen und in der Laube vor dem Eingang Aufstellung zu nehmen, was der Vater in seinem Tagebuch mit bewegten Worten festhielt. Peter Longerich: „Das Familienglück, das er in seinem Tagebuch immer wieder beschwor, war für ihn vor allem eines: ein wichtiger vorzeigbarer Bestandteil seiner persönlichen Erfolgsgeschichte.“[30]

Der Minister arbeitete weiterhin viel in Berlin und bewohnte die Villa im Regierungsviertel. Seit sich Hitler überwiegend in der Wolfsschanze aufhielt, war er für Goebbels noch unzugänglicher geworden. Himmler, Göring, Lammers und Ribbentrop verfügten über Befehlszentren nahe dem Führerhauptquartier, während Goebbels für Audienzen den langen Weg nach Ostpreußen anzutreten hatte. Noch dazu zählte dort Reichspressechef Otto Dietrich zum innersten Kreis und machte ihm Konkurrenz in der Propaganda. Goebbels blieb buchstäblich ein Außenseiter, der in seiner Domäne mächtig, aber nicht unangefochten war und in Richtungsentscheidungen nicht einbezogen wurde. Hitler nannte ihn in Abwesenheit

30 Longerich S. 360

Propagandaidylle: Goebbels‘ spielende Kinder, hier allerdings am Attersee, ca. 1940

spöttisch den „Doktor" – nur zu gut wusste er, wie geltungsbedürftig Goebbels war und wie sehr er nach der Anerkennung seines „Führers" dürstete.

SPÄTER MACHTGEWINN

Mit der Kriegswende in Stalingrad schien Goebbels' Macht endlich zu wachsen. Martin Bormann, Chef der Parteikanzlei, besuchte ihn am 28. Dezember 1942 im Waldhof und übermittelte ihm Hitlers Einverständnis, die umfassende Mobilisierung der deutschen Gesellschaft in die Wege zu leiten und den „totalen Krieg" zu führen. In einem Leitartikel in *Das Reich* vom 17. Januar 1943 schrieb Goebbels: „Der Feind will uns total vernichten. So laßt uns also total Krieg führen, um total zu siegen." Goebbels wurde zum Verkünder und der Symbolfigur des totalen Krieges, weil Hitler kaum noch öffentlich in Erscheinung trat. Der Propagandaminister trat an die Stelle des charismatischen Herrschers, dessen Macht auch darauf beruhte, sich dem Volk zu zeigen und dessen Verehrung entgegenzunehmen. Am 18. Februar 1943 stimmte er im Sportpalast das rasende Publikum auf den „totalen Krieg" ein und stabilisierte stellvertretend dessen Beziehung zu Hitler: „Seid Ihr entschlossen, dem Führer in der Erkämpfung des Sieges durch dick und dünn und unter Aufnahme auch der schwersten persönlichen Belastungen zu folgen?"[31] Allerdings blieb es vorerst bei Reden, Parolen und symbolischen Maßnahmen. Die exekutiven Vollmachten für den „totalen Krieg" bekam Goebbels – noch – nicht.

Goebbels, der Trommler der umfassenden Mobilisierung und noch dazu in eigenen Augen praktisch mittellos, trat für eine scharfe Austerität ein. Als Gauleiter und Verteidigungskommissar für Berlin schloss er das Nobelrestaurant Horcher und ein exklusives Blumengeschäft, woraufhin sich deren Stammkunde Göring bei ihm meldete. Goebbels erregte sich gegenüber seinem Pressereferenten Oven über den Luftwaffenchef: „Ich telefonierte fast eine Stunde lang mit ihm. Er führte tausende Gründe gegen die Schließung der beiden Unternehmen an, nur nicht den wahren, daß nämlich von ihnen seine luxuriöse Hofhaltung beliefert wird, und daß er persönlich nicht gewillt war, seine Lebenshaltung irgendwie einzuschränken. Horcher wurde also nicht geschlossen und beliefert Göring und den ganzen an ihm hängenden Klüngel von Adjutanten und Freunden weiterhin mit ungeheuren Mengen bewirtschafteter Güter."[32]

Goebbels nach seiner Ernennung zum Reichsbevollmächtigen für den totalen Kriegseinsatz bei Volkssturmsoldaten in Lauban, 1945

Es ärgerte Goebbels, dass die völlig zurecht als verschwenderisch und korrupt verschrienen Gauleiter auf Göring blickten statt auf den nach seiner Auffassung einfach lebenden Hitler (und natürlich auf ihn, was er aber nicht schrieb). Tatsächlich bezog der Haushalt am Bogensee Lebensmittel (auch) auf Marken, wie sich zumindest die Erzieherin Käthe Hübner erinnerte. Einmal bat Magda Goebbels sie um etwas Butter zum Tee. Hübner erinnerte sich: „Doch da habe ich gesagt, dass es von meinen Kindern [den drei älteren der Goebbels] kein Gramm Butter für die Mutter gibt. Das gibt es nicht."[33] Auch Georg Schertz erinnerte sich an karge Kost.[34]

31 Longerich S. 553

32 Oven S. 162

33 Petra Fohrmann, Die Kinder des Reichsministers. Erinnerungen einer Erzieherin an die Familie Goebbels – 1943 bis 1945, Swisttal 2005, S. 24

34 Film „Geheimnisvolle Orte: Bogensee", 2002, Minute 8

Die Aufrufe an der Heimatfront und die verschärfte Ausbeutung von Zwangsarbeitern und KZ-Häftlingen vermochten die düsteren Kriegsaussichten nicht aufzuhellen. Oven beschreibt den Ostersonntag 1944 in Lanke und die Stimmung des Hausherrn: „Die Frühlingssonne scheint strahlend wie an all diesen Tagen. Die Kinder haben süße, duftige Kleidchen an und bunte Schleifen im Haar. Sie suchen im Freien die Nester und Eier, die Magda ihnen versteckt hat. Er versucht zu arbeiten. Nimmt sich den Artikel vor, der eigentlich erst morgen fällig ist. Aber was soll er schreiben? Morgen hat sich die gesamte Lage der Weltpolitik vielleicht schon grundlegend verändert. Unwillig steht er vom Schreibtisch auf, läuft im Zimmer auf und ab. Bei Tisch ist er mürrisch und schweigsam. Dabei gibt es was besonders Gutes zu essen. Der Tisch ist mit Kätzchen und kleinen Osterhasen entzückend dekoriert. Er sieht es kaum. Die düstere Stimmung überträgt sich auch auf die anderen Tischgäste. Selbst Magdas unbefangenes Plaudern kommt dagegen nicht an. Nachmittags läßt er sich ins Blockhaus fahren. Er will allein sein."[35]

Goebbels' Hauptdomizil war nach wie vor das Berliner Stadtpalais, das über den Vorteil eines hauseigenen Luftschutzbunkers verfügte. Die Gefahr von Luftangriffen auch am Bogensee beschäftigte Goebbels, hielt er sich selbst und das Anwesen doch für ein mögliches Ziel der Alliierten. Anfang 1943 beriet Goebbels die Tarnung desselben mit dem Luftgaukommando Dahlem; demnach sollten die Wege und Wände grau gefärbt und Tarnnetze gespannt werden. Auf einem alliierten Luftbild von 1944 ist davon nichts zu sehen. Dafür gab es seit Juni 1944 einen Luftschutzbunker auf dem Gelände. Gebraucht wurde er nie – während eine Bombe das Haus in Berlin-Mitte im September jenes Jahres erheblich beschädigte. Goebbels wich also an den Bogensee aus, bis er nach notdürftigen Reparaturen wiederum überwiegend in Berlin wohnte und arbeitete.

Oven beschreibt eine typische Amtshandlung im Mai 1944: „Im Thronsaal des Ministeriums sind an die hundert hohe Offiziere versammelt. Mit entblößter Brust sozusagen, in Erwartung der moralischen Zementspritze, die ihnen der Doktor verpassen soll. Immer wieder werden ihm irgendwelche Generale oder hohe Offiziere ins Haus geschickt, deren trüb gewordener Siegesglauben von ihm wieder auf Hochglanz poliert werden soll. Der Doktor unterzieht sich dieser Aufgabe mit wachsendem Unbehagen. Denn als guter Massenpsychologe merkt er sehr wohl, daß er bei dieser Zuhörerschaft mit seinen Argumenten wie gegen eine Wand von Eis anrennt."[36]

MIT HITLER BIS ZUM ENDE

Trotz aller Klarheit über die deutschen Siegesaussichten und der Bereitschaft zu einem Sonderfrieden mit den Westmächten wünschte Goebbels, die unumschränkte Kriegsanstrengung nicht nur zu propagieren, sondern sie auch exekutiv zu leiten. Die Pläne dazu hatte er bereits im Herbst 1942 skizziert. Doch erst nach dem gescheiterten Attentat vom 20. Juli 1944 ernannte ihn Hitler zum Reichsbevollmächtigten für den totalen Kriegseinsatz. An jenem Tag kam ihm zugute, dass er als einziger Politiker von Rang noch in der Wilhelmstraße saß und so die Niederschlagung des Putschversuchs anführen konnte. Zum Dank – und weil sich kein anderer ernsthaft bewarb – verlieh ihm Hitler diktatorische Vollmachten über das öffentliche Leben sowie über zivile und militärische Behörden, die er durch die Gauleiter nach Personal auskämmen ließ. Er schloss die meisten Kultureinrichtungen sowie ganze Industriezweige und führte die 60-Stunden-Wochen ein; Frauen bis 50 Jahre mussten sich für Dienstverpflichtungen bereithalten. Bis Ende 1944 brachte er eine Million Soldaten zusammen, die aber zum Großteil kaum kriegsdiensttauglich waren und nicht mehr genügend bewaffnet werden konnten. Sie reichten aber allemal aus, um die Niederlage und den Machtverlust der NS-Elite hinauszuzögern. Wie Hitler hoffte Goebbels, dass doch noch irgendein Wunder geschehen oder die Feindkoalition zerbrechen würde.

Mehr denn je wurde der Propagandaminister zum Gesicht und zur Stimme des Regimes. Er bereiste stark bombenbeschädigte Städte und sprach im Radio. Obwohl sich Goebbels über die aussichtslose Lage im Klaren war, verbreitete er unermüdlich

35 Oven S. 274f.

36 Oven S. 313

Durchhalteparolen. Die Propaganda stellte die sowjetischen Übergriffe auf die Bewohner des ostpreußischen Nemmersdorf heraus. Viele wollten unter dem Eindruck der – übertriebenen – Meldungen um jeden Preis weiterkämpfen, andere bezweifelten deren Wahrheitsgehalt oder dachten an die eigene Beteiligung an den Verbrechen. Ein Stimmungsbericht meldete die Äußerung, jeder denkende Mensch müsse bei diesen Blutopfern sofort an die Gräueltaten denken, „die wir im Feindesland, ja sogar in Deutschland begangen haben. Haben wir nicht die Juden zu Tausenden hingeschlachtet?" Wozu die Aufregung, nur „weil [die Russen] in Ostpreussen ein paar Menschen umgebracht haben. Was bedeutet bei uns in Deutschland ein Menschenleben?"[37]

Anfang Dezember 1944 erfreute sich Goebbels an einem privaten Lichtblick: Hitler kam zum Tee an den Bogensee und traf zum ersten Mal seit fast vier Jahren die Goebbels-Kinder. Der stolze Vater jubelte in seinem Tagebuch: „Das wirkt geradezu wie eine Sensation, da der Führer seit Jahren keine Hausbesuche mehr durchgeführt hat. ... Man kann sich vorstellen, wie beglückt die ganze Familie ist. ... Es ist rührend zu beobachten, mit welcher Anteilnahme der Führer sich in Gesprächen mit den Kindern ergeht, die ihm gegenüber auch völlig unbefangen sind. ... Helmut wird vom Führer in ein Examen über den Krieg und seine Ursachen genommen, das er großartig besteht ... Dieser Nachmittag wird für unsere Familie unvergeßlich bleiben."[38]

Am 31. Januar 1945 holte Joseph Goebbels seine Familie samt Dienstboten und Haustieren in die Stadtvilla an der Hermann-Göring-Straße. Die Rote Armee stand an der Oder und der Familienvater fürchtete einen plötzlichen Vorstoß auf sein Refugium, so dass Berlin nun trotz der Bomben mehr Sicherheit versprach. Der Gauleiter erklärte die Hauptstadt am 1. Februar zur Festung, griff direkt in die Organisation ihrer Verteidigung ein und sorgte für „Ordnung". Nach der Plünderung eines Bäckerladens in Berlin-Rahnsdorf am 8. April sprach ein Standgericht drei Todesurteile. Das Begnadigungsrecht lag beim Verteidigungskommissar Goebbels, der es auf eine abgeurteilte Frau anwandte. In seinem letzten Tagebucheintrag hielt er fest: „Die beiden anderen zum Tode Verurteilten lasse ich noch in der Nacht enthaupten. Von der Tatsache der Verurteilung und Liquidierung der beiden Rädelsführer lasse ich die Rahnsdorfer Bevölkerung durch Plakate unterrichten ... So muß man vorgehen, wenn man in einer Millionenstadt Ordnung halten will. Und die Ordnung ist die Voraussetzung der Fortsetzung unseres Widerstandes."[39]

Ende Februar 1945 hatte Goebbels im Rundfunk erklärt, er halte sein eigenes Leben und das seiner Kinder im Falle einer Niederlage für wertlos. Einige Tage später gelobte er Hitler, mit seiner Familie bis zum letzten bei ihm auszuharren. Am 21. April zog die Goebbels-Familie vom Stadtpalais in den Vorbunker des Führerbunkers um – einen Tag, nachdem sich unter anderem Göring und Himmler aus Berlin abgesetzt hatten; beide sollten bald darauf von Hitler wegen Verrats verstoßen werden. Endlich konnte Goebbels ganz in der Nähe seines geliebten Führers weilen.

Am 29. April 1945 war Goebbels mit Bormann Trauzeuge bei der Eheschließung von Hitler und Eva Braun. Er unterzeichnete auch die Testamente Hitlers und legte eine eigene Erklärung bei: „In dem Delirium von Verrat, das in diesen kritischsten Tagen des Krieges den Führer umgibt, muß es wenigstens einige geben, die bedingungslos und bis zum Tode zu ihm halten ..." Hitlers Anordnung, Berlin im Falle des Zusammenbruchs der Verteidigung zu verlassen, wolle er aber nicht nachkommen. Lieber würden er und seine Frau an der Seite des Führers ihr Leben beenden, das ohne diesen keinen Wert mehr besitze. Dabei spreche er auch im Namen seiner Kinder, „die zu jung sind, um sich zu äußern, die sich aber wenn sie das nötige Alter dazu besäßen vorbehaltlos dieser Entscheidung anschließen würden".[40]

Hitler ernannte Goebbels testamentarisch zum Reichskanzler. Sein Machtbereich erstreckte sich vom Reichstag bis zur Leipziger Straße. Seine einzige Amtshandlung bestand darin, den Sowjets Waffenstillstandsverhandlungen vorzuschlagen. Diese lehnten ab, und das Ehepaar Goebbels nahm sich und

37 Ian Kershaw, Das Ende. Kampf bis in den Untergang. NS-Deutschland 1944/45, München 2011, S. 175

38 Goebbels, Joseph: Tagebucheintrag vom 4. Dezember 1944

39 Goebbels, Joseph: Tagebucheintrag vom 8. April 1945

40 Longerich S. 673

den eigenen Kindern das Leben. Der Historiker Ian Kershaw: „Joseph Goebbels, Hitlers ergebenster und klarsichtigster Gefolgsmann, war als einer der ganz wenigen bereit, bis zum Ende auszuharren und sich selbst auf den großen Scheiterhaufen des Dritten Reichs zu werfen."[41]

EIN NEUBEGINN

Das Anwesen am Bogensee fiel derweil den Siegern in die Hände. Der Befehlshaber des 80. Korps, Generalmajor Viktor Antonowitsch Werschbitzki, erinnerte sich an Kämpfe mit Panzern und Artillerie gegen SS-Verbände, die das Goebbels-Anwesen bewachten. 150 Gefangene seien gemacht worden.[42] Zeitzeugen erinnerten sich an Hinrichtungen von gefangenen SS-Wachen.[43] Die Rote Armee nutzte den Komplex zehn Monate lang, unter anderem als Lazarett. Die Soldaten sprengten einen Riss in den Luftschutzbunker und verursachten dabei leichte Schäden an Dach und Wänden der Gebäude. Deutsche Beamte protokollierten am 6. März 1946 den Zustand der Baulichkeiten und hielten erhebliche Schäden im Innern fest: „Die meisten Möbelstücke, sämtliche Bilder, Teppiche, Raumschmuck, Geschirr usw. sind entfernt, die kostbaren Stofftapeten und auch der Fußbodenbelag herausgeschnitten." Die noch vorhandene Ausstattung sollte nach Berlin in Sicherheit gebracht werden, „da immer wieder mit Russenbesuchen zu rechnen ist".[44] Außer den Sowjetsoldaten plünderten auch Bewohner der umliegenden Ortschaften. Zu den bis heute verschollenen Gegenständen zählen auch zwei Rembrandt-Gemälde und Antiquitäten aus Paris, die Goebbels für 2,3 Millionen Francs hatte ankaufen lassen. Es gibt keine Hinweise darauf, dass die Familie Goebbels Ende Januar 1945 Wertgegenstände mit nach Berlin nahm oder anderweitig fortbringen und verwahren ließ.

Auf Befehl der Sowjetischen Militäradministration wurde das Anwesen am 11. März 1946 an den Brandenburger Provinzialjugendausschuss übergeben, und am 28. März beantragte Erich Honecker, Vorsitzender des Zentralen Jugendausschusses und bald darauf der Freien Deutschen Jugend (FDJ), bei den Sowjetbehörden die Einrichtung einer Ausbildungsstätte in der Goebbels-Villa, auf die er offenbar über den Brandenburger Jugendausschuss aufmerksam geworden war. Er und der Berliner FDJ-Chef Heinz Keßler befanden sich gerade auf der Suche nach einem Standort für die zentrale Schulung der FDJ, die Anfang März von den Besatzungsbehörden offiziell lizenziert worden war. Sie war der einzige zugelassene Jugendverband und überparteilich, also offiziell nicht an die SED gebunden.

Jugendliche, die nach der Niederlage und dem Schock über die Gräuel des NS-Regimes nach einem Neuanfang suchten, fühlten sich angezogen. Viele hofften, dass die neue Organisation die alten gesellschaftlichen Gräben überwinden hülfe. Die primären politischen Ziele lauteten: die Erhaltung der Einheit Deutschlands, die Gewinnung der deutschen Jugend für Freiheit, Humanismus, kämpferische Demokratie und Völkerfreundschaft. Erich Honecker: „Wir haben den Beweis erbracht, daß eine überparteiliche demokratische Ordnung möglich ist ... Ich glaube, daß unsere Organisation breit genug ist, um den einzelnen Interessen der Jugendlichen weitestgehenden Spielraum lassen zu können."[45]

Am 22. Mai 1946 begann der erste Lehrgang im ehemaligen Goebbels-Landhaus. Der westdeutsche Teilnehmer Hermann Weber erinnerte sich: „Die Eindrücke 1946 in der FDJ-Schule am Bogensee vor 50 Jahren schienen zunächst positiv. Wir wurden ... mit Lastwagen aus Berlin hierher transportiert. Da alles leergeräumt war, galt es Stroh zum Schlafen zu beschaffen, dann wurden Stühle und Tische besorgt, damit der Lehrbetrieb beginnen konnte."[46] Die Berliner Zeitung berichtete am 21. Mai 1946, die Einrichtung stelle „eine merkwürdige Mischung aus braunem Bonzenluxus und zeitgemäß improvisierter Primitivität dar ... Die mächtigen Mahagonitische mit eingelegten kostbaren Mosaiken im großen Saal, der jetzt als Lektionsraum dient, sind von kläglichen, abgeleg-

41 Ian Kershaw, Das Ende. Kampf bis in den Untergang. NS-Deutschland 1944/45, München 2011, S. 540
42 Berkholz S. 98
43 Film „Geheimnisvolle Orte: Bogensee" 2018, Minute 21
44 Berkholz S. 98
45 Mählert S. 40
46 Hermann Weber, Das I. Parlament in Brandenburg 1946 und die Entwicklung der FDJ, in: Helga Gotschlich, Katharina Lange, Edeltraud Schulze (Hg.): Aber nicht im Gleichschritt. Zur Entstehung der Freien Deutschen Jugend, Berlin 1997, S. 54

ten Hockern aus irgendeiner Fremdarbeiterbaracke umstanden."[47] In dem Unterrichtsraum stand noch Goebbels' großer Globus.

Auf dem Lehrgang am Bogensee dozierte Wolfgang Leonhard, der in der SED für die Parteischulung zuständig war, bis er im Frühjahr 1949 nach Jugoslawien floh und im Westen mit seinen Berichten über Stalins Sowjetunion und die SED bekannt wurde. Leonhard erinnerte sich ans gemeinsame Baden im See, an Waldspaziergänge und an eine Atmosphäre der Offenheit und Diskussionsfreude. Die bürgerlichen Parteien wie auch die Kirchen kamen zu Wort; die Schülerinnen und Schüler hatten unterschiedliche politische Hintergründe und übten den parlamentarischen Betrieb mit Fraktionen und Opposition. Für die demokratischen Inhalte und Formen bürgten die Jugendoffiziere der vier Siegermächte, denen die Schule der Freien Deutschen Jugend unterstand und die den Lehrplan und die Aktivitäten im Auge behielten. Jeden Morgen wurden die Fahnen der USA, des Vereinigten Königreichs, Frankreichs und der Sowjetunion aufgezogen.

Die schweren Mahagonitische werden als Unterrichtstische genutzt – zusammen mit einem Sammelsurium verschiedenster Stühle.

Im Zentrum des Lehrgangs stand die Geschichte Deutschlands von den Bauernkriegen bis in die Gegenwart. Die 20 Mädchen und 41 Jungen lernten in sechs Wochen, wie man eine Wandzeitung oder einen Heimabend gestaltet und eine Rede hält. In den Vorträgen wurde marxistische Theorie vermittelt und es kam auch zur berüchtigten „Selbstkritik" der Jugendlichen. Morgens stand zuerst „etwas Ähnliches wie

47 Berkholz S. 101f.

4. April 1949. Die Halle der Goebbels-Villa dient inzwischen als Lektionsraum.

Auch die neuen Hausherren nutzen die Anlage für ihre Propaganda.

‚Antreten' und Fahnenappell"[48] auf dem Programm, „Diskussionen und Kritik wurden abgewürgt",[49] so Hermann Weber. Die Verpflegung war ungenügend. „Abends wurde am Lagerfeuer gesungen, und das ‚frohe Jugendleben' verdrängte die Probleme."[50] Weber empfand die Bedingungen als derart repressiv, dass er vorzeitig abreiste.

Weitere zweimonatige Lehrgänge folgten; der gröbsten Raumnot halfen heute noch vorhandene Baracken ab. Die Zeit relativer Freiheit in der FDJ-Schule am Bogensee endete im Sommer 1948; schon im Januar 1948 hatten die Vertreter der Kirchen und bürgerlichen Parteien die FDJ wegen der offensichtlichen Bevorzugung der SED-Funktionäre die FDJ verlassen. Ein Artikel im Neuen Deutschland vom 15. August kritisierte die Jugendhochschule für die misslungene Auswahl von Schülern und Lehrkräften, die demokratische Selbstverwaltung habe in eine unangemessene Richtung geführt. Ein neuer Leiter wurde installiert. Auf den sozialdemokratisch geprägten Autodidakten Werner Goetze folgte Hans Gossens, ein in der Sowjetunion kommunistisch umerzogenes früheres NSDAP-Mitglied. Die Schule nahm denselben Weg wie die FDJ insgesamt: „Die Legende vom guten Anfang, der durch den Kalten Krieg ruiniert wurde, ist im Licht der heutigen Aktenkenntnis unhaltbar. Der Weg zur Partei- und Staatsjugend war vorprogrammiert."[51]

DIE KADERSCHMIEDE

Am 14. September erhielt die Jugendhochschule in einer großen Feier den Namen des Präsidenten der DDR, die Inschrift „Waldhof am Bogensee" ersetzte nun „Jugendhochschule Wilhelm Pieck / Zentralschule der FDJ". Der nahbare Spitzenfunktionär genoss großes Ansehen für seine Erfahrungen aus der Weimarer Zeit und der Sowjetunion. Pieck formulierte den Anspruch der Schule so: „Der wissenschaftliche Sozialismus ist die Lehre von den Bedingungen der Befreiung der arbeitenden Menschen von der kapitalistischen Lohnsklaverei. Die Ausbeutung des Menschen durch den Menschen wollen wir beseitigen. Wir können sie aber nur beseitigen, wenn wir nach den Lehren des wissenschaftlichen Sozialismus handeln."[52] Es ging also um politischen Aktivismus und Kampf, dessen „wissenschaftliche" Begründung und Zielsetzung feststand beziehungsweise von der Partei gegebenenfalls festgelegt wurde, wie es Walter Ulbricht der FDJ im Rahmen ihrer I. Funktionärskonferenz 1950 auftrug: „Die Freie Deutsche Jugend kann ihre Aufgabe nur erfüllen, wenn sie die führende Rolle der Sozialistischen Einheitspartei erkennt, der einzigen Partei, die sich von der wissenschaftlichen Lehre von Marx, Engels, Lenin und Stalin leiten läßt ..."[53] Der Publizist Stefan Berkholz über die Jugendhochschule: „Spätestens nachdem die Jugendhochschule nach Wilhelm Pieck benannt worden war, wurde sie Prestigeobjekt, Vorzeigeort und Propagandastätte der SED."[54]

Nur handverlesene Teilnehmerinnen und Teilnehmer sollten die nunmehr einjährigen Lehrgänge belegen, die reine Lehre verinnerlichen und weiterverbreiten: „Propaganda ist das Lernen und Lehren des Marxismus-Leninismus." Um sich das Abzeichen „Für gutes Wissen" zu verdienen, hatte eine „Jugendfreundin" oder ein „Jugendfreund" 1951 unter anderem diese Fragen zu beantworten: „Warum sehen wir im Lenin-Stalinschen-Komsomol [die sowjetische Jugendorganisation] die Avantgarde der fortschrittlichen Jugend der Welt? ... Was zeichnet Wilhelm Pieck als besten Freund und Lehrer der Jugend aus? ... Worin kommt Stalins Rolle als treuer Schüler Lenins zum Ausdruck? ... Warum ist die Sowjetunion ein Bollwerk des Friedens?"[55]

DAS GROSSPROJEKT

Im Oktober 1950 überließ der Berliner Magistrat, der sich als Eigentümer nicht nur von Grund und Boden, sondern auch sämtlicher Goebbels-Bauten betrachtete, das Gelände und die Gebäude offiziell der FDJ. Für zunächst 25 Jahre durfte sie diese „für Zwecke der Jugend" nutzen und sollte über etwaige Baumaß-

48 Weber a.a.O. S. 54
49 Ebd.
50 Ebd.
51 Mählert S. 8
52 Berkholz S. 116
53 Mählert S. 78
54 Berkholz S. 116
55 Mählert S. 87

nahmen den Magistrat als Eigentümer informieren. Im September 1951 begann dort eines der größten Bauprojekte der DDR. In der Urkunde zur Grundsteinlegung heißt es: „Der Neubau der Jugendhochschule ‚Wilhelm Pieck' ... erweitert beträchtlich den bisherigen Umfang der Zentralschule der Freien Deutschen Jugend, die erstmalig in der Geschichte der deutschen Jugendbewegung eine solche Kaderschmiede besitzt."[56] Die Baracken, die gegen die ärgste Raumnot Abhilfe geschaffen hatten, sollten durch etwas Großes, Dauerhaftes ersetzt werden.

Den Bauherrn FDJ vertrat deren Leiter Honecker, der die Pläne der Architekten Hermann Henselmann und Kurt Liebknecht guthieß. Henselmann, angehender Star-Architekt der DDR, entwarf zeitgleich Häuser am Strausberger Platz und an der Stalinallee in Ost-Berlin. Sie prägten den DDR-Stil der fünfziger Jahre, der sich an der Moderne, am sowjetischen „Zuckerbäcker"-Historismus und älteren deutschen Bautraditionen orientierte. Für den Bogensee plante er etwas ganz anderes als Hochhäuser und Arbeiterpaläste, nämlich eine an die Landschaft und die vorhandene Bebauung angepasste weitläufige Waldschule aus eher kleinen, zum großen Teil aus Holz bestehenden Bungalows. SED-Chef Walter Ulbricht gefiel die Idee gar nicht, er wollte keine „Feriensiedlung", sondern ein „Denkmal des Sozialismus"[57] nach sowjetischem Vorbild und zeichnete eigenhändig Monumentalbauten mit Säulen auf das Millimeterpapier. Henselmann änderte daraufhin die Entwürfe grundlegend.

Verbaut wurden Trümmersteine aus Berlin, im Lektionsgebäude vielleicht sogar der sattsam bekannte Marmor aus der Reichskanzlei.[58] Versorgungs- und Organisationsmängel sowie schlechtes Wetter verlangsamten den Baufortschritt, während die Kosten weit über die für die ursprünglichen Entwürfe bewilligten Mittel hinausschossen. Ulbricht, dessen Anordnungen und Vorstellungen die Entwicklung verursacht hatten, lud die Verantwortung im Politbüro seinem Untergebenen Honecker auf, der nicht zu widersprechen wagte.

Nach Stalins Tod im März 1953 wurde ein allgemeiner Sparkurs eingeläutet, der auch die Jugendhochschule traf. Die bewilligten Mittel von 8 Millionen Mark

56 Berkholz S. 119

57 Gotschlich S. 212

58 Gotschlich S. 213

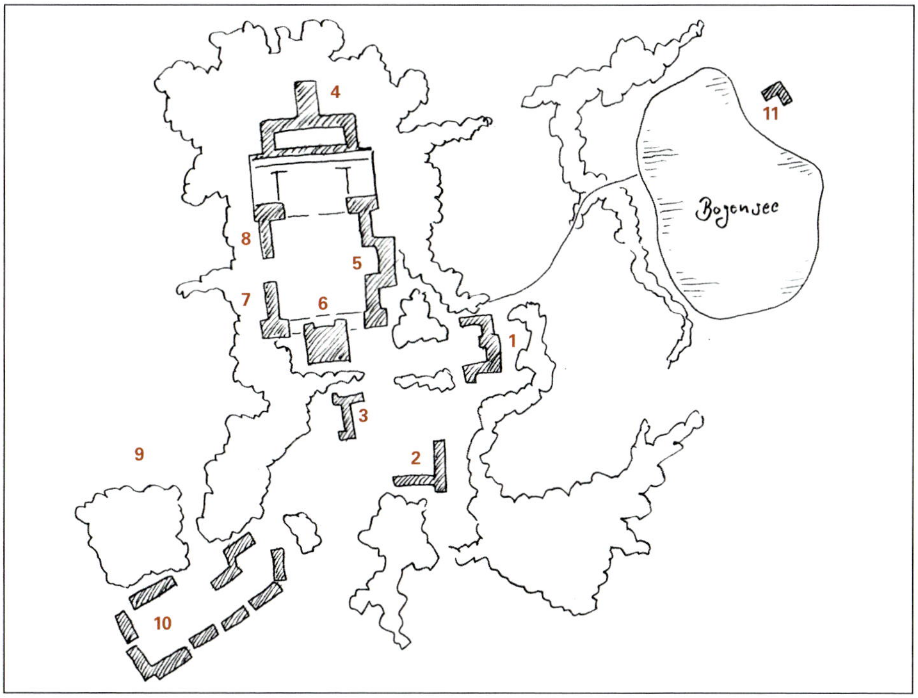

Baubestand und Planungen am Bogensee, um 1955

1 *Der Waldhof*
2 *ehem. „Ausweichstelle" des Propagandaministeriums*
3 *Garagenbau*
4 *Lektionsgebäude*
5 *Studentenwohnheim Ost (erst in den 1980ern vervollständigt)*
6 *Gemeinschafts- bzw. Kulturhaus*
7 *Studentenwohnheim West*
8 *Schulleitungsgebäude*
9 *Barackensiedlung*
10 *Wohnsiedlung (nicht verwirklicht)*
11 *Blockhaus*

Die als Wohnungen für die Lehrkräfte errichteten Baracken (Bild von 1950) stehen auch noch 2021.

wurden um die Hälfte zusammengestrichen. Die im Oktober 1956 bezugsfertigen Gebäude waren einfacher ausgeführt als ursprünglich geplant, und eines der vier vorgesehenen Wohnheime wurde ebenso wenig verwirklicht wie die Wohnbauten für das Lehrpersonal.

Das Ergebnis war Überwältigungsarchitektur, ein schlossartiges Ensemble, das sich nach barockem Vorbild um einen zentralen Hof gruppierte. Auf dem höchsten Punkt des Geländes steht das Lektionsgebäude. „Die Putzfassaden sind überwiegend schmucklos gestaltet. Umso wirkungsvoller tritt der mit Elb-Sandstein verkleidete zentrale Eingangsrisalit hervor, dessen Ansicht durch Kolossalpilaster, Architrav, Fries und Kranzgesims bestimmt wird."[59] Foyer und Hörsaal schmücken edle, aufwendig verarbeitete Materialien.

Auf der gegenüberliegenden Seite des 200 Meter langen terrassierten Platzes liegt das Gemeinschafts- beziehungsweise Kulturhaus. An den Längsseiten des Platzes erheben sich die langgestreckten Wohnhäuser für Lehrer und Schüler – drei Studenten teilten sich 24 Quadratmeter, die Waschgelegenheiten waren zentral – und das Haus der Schulleitung. Wie die Wohnhäuser in der Stalinallee verfügt der Unterrichtsbau über breite Flure und repräsentative Treppenhäuser. Die Goebbels-Villa, nun „Landhaus" genannt, diente als Direktorenwohnung; später kamen dort ein Friseur, ein Hort, eine Kindertagesstätte und im Kinosaal ein kleines Geschäft unter.

Der Architekt Gottfried Wagner kommentierte in einem Aufsatz nach der Fertigstellung: „Grundsätzlich falsch erscheint uns der Standort. Gönnen wir

59 Rohowski S. 18

Luftbild aus dem Jahr 2020, vorne das Kulturhaus, hinten das Lektionsgebäude

den Schülern die landschaftlich schöne Umgebung während der Zeit ihres anstrengenden Studiums! Aber ist es richtig, daß junge Menschen, die Gesellschaftswissenschaften studieren, den Brennpunkt des politischen Geschehens, Berlin, nur unter schwierigsten Verkehrsbedingungen erreichen? Abgeschlossen von den Massen der Werktätigen leben sie auf einer Insel im Walde."[60] Nach den von Mangel und Improvisationen geprägten Nachkriegsjahren, als die Schulungsstätte in vorhandenen, intakt gebliebenen Gebäuden untergebracht wurde, hatten die Entscheider, als sie den Neubau einleiteten, die Vor- und Nachteile des Standorts nicht grundsätzlich erwogen

AKTIVISTEN IM DAUEREINSATZ

Die FDJ-Schülerinnen und -Schüler – sie zahlten weder für den Unterricht noch für Unterbringung und Verpflegung – bildeten eine „Kampfreserve der Partei". Sie agitierten an den Haustüren der umliegenden Dörfer und nahmen regelmäßig an Kundgebungen in der Hauptstadt teil, so dass der erste einjährige Lehrgang sich über zwei Jahre hinzog. Auch gegen den Volksaufstand am 16. und 17. Juni 1953 wurden die FDJler vom Bogensee eingesetzt. Die „Jugendfreunde" diskutierten mit Protestierenden und bildeten Ketten am Potsdamer Platz. Unterdessen griff der Aufstand auch auf die Hochschule am Bogensee über. Bauarbeiter, die wegen der vielfältigen Probleme die verlangten Planziele nicht erfüllen konnten, rissen Fahnen herunter und solidarisierten sich mit den Protestierenden aus der Stalinallee, bis am Nachmittag des 17. Juni sowjetische Soldaten erschienen und die Demonstranten das Feld räumten.

Die dringendsten Probleme der jungen DDR betrafen auch weiterhin die Schule am Bogensee. Im Herbst 1955 brachte die Polizei Jugendliche, die sie an der Grenze zu West-Berlin festgenommen hatte, in die Jugendhochschule. Die Lehrer und Lernenden sollten sie in Aussprachen über „die großen Perspektiven der Arbeiter- und Bauernmacht auf ihrem Weg zum Sozialismus und die Unvermeidlichkeit des Untergangs des imperialistischen Systems" aufklären. Laut einer Direktive des Zentralrats der FDJ sollten die angehenden Jugendfunktionäre erklären, „daß die Maßnahmen der Staatsorgane der Deutschen Demokratischen Republik eine Folge gewissenloser westdeutscher Politiker ist, die versuchen, Teile der Jugend der DDR durch das Verlassen ihrer Heimat ins Unglück zu stürzen. Diese Jugendlichen dürfen wegen ihres beabsichtigten Schrittes nicht verurteilt werden, sondern ihnen ist zu helfen ..."[61]

Die FDJ war nicht allein auf die Kraft der Überzeugung verpflichtet. Seit 1952 oblag es ihr, Freiwillige für Militär und Polizei zu gewinnen, die im Vorfeld von der Gesellschaft für Sport und Technik paramilitärisch geschult werden sollten. Als Reaktion auf den Aufstand erhielten auch die Lehrgangsteilnehmenden am Bogensee eine solche Ausbildung. Aus der agitatorischen „Kampfreserve" wurde im Wortsinn die „Kampfgruppe der Jugendhochschule". Erich Honecker in seiner letzten Rede als FDJ-Vorsitzender 1955: „Die Militaristen fragen nicht danach, ob der junge Kumpel morgen mit Motorrad und Braut ins Grüne fahren will. Sie sind nur an ihrem Profit und ihrer Raubgier interessiert. Wir müssen der Jugend verständlich machen, daß ein Arbeiter-und-Bauern-Staat zu keiner Stunde wehrlos sein darf."[62] Lehrer und Schüler der Hochschule sicherten den Mauerbau im August 1961.

DAS „ROTE KLOSTER"

Die Lehrganstteilnehmerinnen und -teilnehmer stellten den Nachwuchs der FDJ- und auch der SED-Leitungen auf Bezirks- und Kreisebene. Die Creme der FDJ hingegen wurde in Moskau geschult, ebenso die Spitzen der SED, die außerdem die Parteihochschule in Kleinmachnow unterhielt. Bald nach dem Mauerbau senkte die SED den Status der Jugendhochschule (JHS). Ihr Besuch galt nicht mehr als „politischer Schulbesuch", so dass Funktionäre, die von der FDJ in die Partei wechselten, zusätzlich eine Parteischule zu belegen hatten.

Die Schüler der JHS – keine Westkontakte zu haben war Voraussetzung für die Aufnahme – wurden durch Lehrkräfte und andere „Jugendfreunde" be-

60 Deutsche Architektur 1955, Berkholz S. 125

61 Mählert S. 109

62 Ebd. S. 105

spitzelt und kontrolliert. Weder durften sie privaten Besuch empfangen noch das umzäunte und bewachte Gelände ohne Genehmigung verlassen, die Ferien beschränkten sich auf eine Woche im Jahr. Eine Sondereinheit der Volkspolizei bewachte das Gebiet seit Beginn der 1950er Jahre. Interne Kritiker sprachen vom „Verbandsknast" und vom „Roten Kloster". In der Abgeschiedenheit wurde eine Elite geformt, die autoritär, abgehoben und selbstbezogen blieb und den eigenen Parolen allzu oft auf den Leim ging. Diese „Linientreue" bewahrte sich die Jugendhochschule bis zum Ende der DDR, während die strengen Regeln schrittweise aufgehoben wurden.

Seit 1958 gesellten sich 150 bis 180 ausländische Studierende zu den 250 bis 300 deutschen. Sie stammten aus 67 Ländern, viele waren in linken Untergrundorganisationen des globalen Südens aktiv, zum Beispiel im südafrikanischen ANC oder bei den Sandinisten in Nicaragua. Das Bedürfnis, ihre Identitäten geheim zu halten, lieferte als weiteres Argument für die strengen Sicherheitsmaßnahmen. Dann entstand 1978 bis 1983 auch noch der Regierungsbunker direkt nördlich des Hochschulareals und gab einen weiteren Grund für verschärfte Wachsamkeit.

Die fünf Fakultäten: Marxistisch-Leninistische Philosophie, Politische Ökonomie, Wissenschaftlicher Kommunismus, Geschichte der Arbeiterbewegung. Hinzu kam der Fachbereich Theorie und Praxis der Jugendarbeit. Die doktrinäre Vermittlung des Marxismus-Leninismus stand im Mittelpunkt. Daneben legte die Leitung der Jugendhochschule großen Wert auf kulturelle und sportliche Aktivitäten. Regelmäßig besuchten die Schüler die Theater der Hauptstadt, sie musizierten gemeinsam und gingen zu Filmvorführungen, Kabarettabenden, Lesungen und Konzerten im Kulturhaus und dem großen Hörsaal des Lektionsgebäudes. Die Kulturprominenz des Landes sowie eine Handvoll linker Sänger und Kabarettisten aus der Bundesrepublik traten auf.

Tanzveranstaltungen und studentische Kneipen sorgten ebenfalls für die Unterhaltung der Lernenden, auch als sie längst keine Genehmigung zum Verlassen des Geländes einzuholen brauchten. Und die JHS war einer der wenigen Orte in der DDR, wo ein Zusammenleben von Menschen aus verschiedenen Ländern erwünscht war – und wo sich die internationale Avantgarde des Sozialismus auch persönlich näherkam. Der Meinungsaustausch war freier als anderswo, und die FDJ zahlte sogar Taschengeld und die Zigaretten. So mancher Studierende fand hier eine Insel der Seligen. Dabei gab es durchaus Kontakte nach außen, doch waren die Fabrikbesuche, Ernteeinsätze, Schulhospitationen oder Sportwettkämpfe ebenfalls von der Leitung organisiert.

Adrian Geiges, einer der wenigen westdeutschen Studenten, erinnerte sich an seine Ankunft 1979: „„Der 31. DDR-Lehrgang und der 22. Internationale Lehrgang der Jugendhochschule Wilhelm Pieck sind er-

Das Foyer des Kulturhauses, 2015

Der große Hörsaal, 2015

öffnet', deklamierte ein Redner. Alle erhoben sich und klatschten ohne Ende. ... Das Klatschen lockerte Hirn, Arm- und Beinmuskulatur, denn die Reden selbst langweilten mich. Sie folgten alle dem gleichen Schema: Internationale Lage, der Frieden ist bedroht, Sowjetunion und DDR trotzen den Kriegstreibern. ... SED und FDJ, gestählt vom Banner des Marxismus-Leninismus, meistern die neuen Aufgaben. Die 150 internationalen Studenten hörten mit per Kopfhörer, eingesteckt in Buchsen an den Stühlen. ... Nach einigen Stunden Reden tanzten unsere Mitstudenten aus Äthiopien auf der Bühne ein kriegerisches Gleichnis über den revolutionären Befreiungskampf in Afrika. Studentinnen aus Vietnam bewegten sich graziös zu einem Lied über Ho Chi Minh. Im Saal saßen auch Mitstudenten von der PLO aus Palästina und vom ANC aus Südafrika, Verfolgte des Militärregimes aus Chile und bärtige Männer aus Afghanistan, Genossen aus anderen kapitalistischen Ländern wie Norwegen und sogar Japan ... Ich war stolz dazuzugehören. Das Bild im Saal prägten die 300 Studenten aus der DDR selbst, in blauen FDJ-Hemden. Die älteren Lehrer trugen auch FDJ-Hemden, darüber oft einen hellen Anzug mit SED-Parteiabzeichen am Revers."[63]

1979 war Geiges einer von fünf Studierenden aus der BRD, ihre echten Namen mussten sie geheim halten. Sie genossen das kuriose Privileg, in der nahen Waldsiedlung des SED-Politbüros mit ihren D-Mark einzukaufen. In der JHS trafen sie auf überzeugte Jungsozialisten, die den Arbeiter- und Bauernstaat reformieren wollten, und bekamen es mit der Nomenklatur zu tun, die sie wegen Nichtigkeiten disziplinierte. Die Westler bildeten eine eigene Lerngruppe. Die junge Geschichtsdozentin Dagmar Enkelmann hörte von ihren westdeutschen Schülern zum ersten Mal von der Aufteilung Osteuropas zwischen Hitler und Stalin 1939, sie versorgten sie mit westlicher Literatur. Später schrieb sie: „Im Nachhinein glaube ich, dass ich mehr von meinen Studenten gelernt habe als sie von mir."[64] Auch zur Geschlechterpolitik in der DDR, auf deren Fortschrittlichkeit Enkelmann stolz war, stellten ihr die West-Genossen herausfordernde Fragen: „Was, du kriegst einen Haushaltstag? Warum nicht dein Mann? Warum bleibt nicht er für die Erziehung und Betreuung der Kinder zu Hause?"[65]

„30 junge Freunde aus afrikanischen und lateinamerikanischen Ländern besuchen gegenwärtig einen sechsmonatigen Lehrgang an der FDJ-Hochschule ‚Wilhelm Pieck' am Bogensee bei Berlin. Sie wollen sich mit den Problemen und Aufgaben der DDR und ihres Jugendverbandes vertraut machen." (1962, Bundesarchiv)

Wie die Westdeutschen wurden auch die anderen ausländischen Gäste in getrennten Klassen unterrichtet, wobei die jeweilige Landessprache zur Anwendung kam. Die Lernenden wohnten nach Geschlechtern getrennt in Sechserzimmern, was enge zwischenmenschliche Kontakte unter den jungen Leuten nicht zu unterbinden vermochte. Am Ende des Lehrgangs waren „von 150 FDJlerinnen ... 75 schwanger. Das war nicht nur dem Geist der internationalen Solidarität zuzuschreiben, sondern auch der staatlichen Geburtenhilfe von 1000 Mark der DDR. Einige FDJlerinnen sprachen vom Baby als einem ‚Souvenir', da sie ihre ausländischen Freunde nicht mehr sehen durften."[66]

63 Geiges S. 29f.
64 Nicole Glocke, Spontaneität war das Gebot der Stunde. Drei Abgeordnete der ersten und einzigen frei gewählten Volkskammer berichten, Halle (Salle) 2012, S. 184
65 Ebd., S. 185
66 Geiges S. 65

EINE PRESSEKONFERENZ UND IHRE FOLGEN

Infolge der Herabstufung der JHS wurden nur wenige Mittel für Baumaßnahmen zugewiesen, die Substanz verfiel zunehmend. Das änderte sich schlagartig, als die Kaderschmiede plötzlich in den Fokus deutsch-deutscher Politik rückte: Für den August 1980 erwartete die DDR-Führung den Besuch von Bundeskanzler Helmut Schmidt, als Tagungsorte waren das Jagdschloss Hubertusstock nahe des Werbellinsees und das - einst von Hermann Göring errichtete - Gästehaus am Großen Döllnsee vorgesehen. Die Auswahl entsprach dem Wunsch der Bundesregierung, nicht nach Ost-Berlin zu kommen, um die „Hauptstadt der DDR" nicht protokollarisch aufzuwerten. Allerdings fehlten auf den ländlichen Treffpunkten die Räumlichkeiten für eine große Pressekonferenz. Der Blick der Organisatoren fiel auf die JHS, der nun ausgerechnet ihre sonst nachteilige Lage half: Die Schauplätze der Gespräche waren nicht weit; der entlegene Standort würde unerwünschte Kontakte zwischen DDR-Bürgern und westdeutschen Journalisten und Politikern minimieren; die wenigen Zufahrten ließen sich leicht überwachen.

Die Pressekonferenz im großen Hörsaal am 13. Dezember 1981

Das Foyer des Kulturhauses, hergerichtet als Internationales Pressezentrum, Dezember 1981

Sofort trafen Baukolonnen am Bogensee ein, in drei Wochen wurden 3 Millionen Mark investiert. Die Fassaden bekamen einen neuen Anstrich, die Unterrichtsräume Tapeten, der große Hörsaal gepolsterte Stühle; die Küche wurde modernisiert. Im Keller des Lektionsgebäudes wurde eine Abhöranlage eingerichtet. Der hohe Gast, die bundesdeutsche Presse und die Weltöffentlichkeit sollten ein vorzeigbares Ensemble zu Gesicht bekommen, doch niemand kam. Die Streikbewegung in Polen und ein mögliches gewaltsames Vorgehen dagegen veranlasste Bonn, den Besuch kurzfristig abzusagen.

Die überholte Bühne für die zunächst abgesagte Pressekonferenz sah dann immerhin am 14. September 1980 den Staats- und Parteichef Erich Honecker, der der Jugendhochschule zum 30. Jahrestag der Namensgebung den Karl-Marx-Orden verlieh, die angesehenste Auszeichnung der DDR. Zu diesem Anlass bewilligten die DDR-Behörden 40 Millionen Mark für den Ausbau der Hochschule. Bis 1986 bekam sie endlich das ursprünglich geplante vierte Wohnheim, ein Heizwerk und eine Turnhalle. In einer neuen Plattenbausiedlung wohnten Angestellte und Lehrer. Im Lektionssaal mit seinen 525 Plätzen wurde für die internationalen Studenten die alte Anlage für Simultanübersetzungen erneuert, und die Jugendhochschule kam in den Genuss einer vollständigen Computer-Ausrüstung. Materiell und personell mangelte es an nichts. „Auch die seinerzeit nicht mehr bewilligte Ausschmückung des Geländes durch Bildwerke und Reliefs realisierte man erst 1983–86 im Rahmen eines Jugendprojekts, an dem sich junge Künstler aus sieben Fach- und Hochschulen der DDR beteiligten."[67] Nun konnten sogar Staatsgäste

67 Rohowski S. 18

wie der nicaraguanische Präsident Daniel Ortega empfangen werden.

Am 13. Dezember 1981 holte Bundeskanzler Helmut Schmidt seine Pressekonferenz im Lektionssaal nach. Jene Schülerinnen und Schüler, die nicht bei Technik und Gästebetreuung halfen, waren beurlaubt, insbesondere die ausländischen Studierenden, die zum Teil verbotenen kommunistischen Organisationen angehörten. Ihre Schlafplätze nahmen neben den internationalen Journalisten 186 Mann von der Staatssicherheit ein. Die technische Ausstattung und die Arbeitsbedingungen für die Schar westdeutscher und internationaler Journalisten befanden sich auf „Weltniveau". Dennoch markierte der Tag einen Tiefpunkt in den innerdeutschen Beziehungen. Es war genau das Szenario eingetreten, das die Bundesregierung im Vorjahr veranlasst hatte, von einem Besuch der DDR abzusehen: die Verhängung des Kriegsrechts in Polen. Der Bundeskanzler schluckte im Interesse der deutsch-deutschen Beziehungen die bittere Pille und erinnerte an den Grundsatz der Nichteinmischung und die „beiderseitige Friedenspflicht"[68] als Lehre aus dem Zweiten Weltkrieg, um sich gegen eine mögliche ostdeutsche Intervention zu stellen. Im Vordergrund standen aber seine optimistischen Ausführungen „von intensiven und tatsächlich sehr freimütigen Gesprächen", die „ein Stück Vertrauen geschaffen" hätten.[69]

Rein privat war Helmut Schmidts anschließender Besuch am Grab seines einzigen Sohnes auf dem Friedhof von Schönow bei Bernau. Helmut Walter war am 26. Juni 1944 geboren und am 19. Januar 1945 an einer fiebrigen Erkrankung gestorben. Nachdem die Abteilung des Reichsluftfahrtministeriums, in welcher der Oberleutnant Schmidt tätig war, nach Bernau verlegt worden war, lebte das junge Ehepaar auf Gut Schmetzdorf. An der Beisetzung des Kindes hatte der Vater aber nicht teilnehmen können, da er sich in der Eifel im Fronteinsatz befand. Erst am 20. Februar erfuhr er von dem Todesfall, ließ sich Sonderurlaub geben und besuchte mit seiner Frau Loki das Grab. Lokis nächster Besuch war erst im Jahr 1979, Helmuts an jenem Dezembertag 1981.

EIN SCHWIERIGES OBJEKT

Im Umbruchsjahr 1989 sollt sich die „Kampfreserve der SED" vom Bogensee noch einmal an die Front des weltanschaulichen Kampfes begeben und ihren Einfluss in Veranstaltungen der Opposition bemerkbar machen – ohne Erfolg. Der letzte Lehrgang begann im September 1989 und wurde im Januar 1990 abgebrochen. Hausmeister Roberto Müller erinnerte sich: „Einige, die echt auf die Partei bezogen waren, hatten Herzschmerz. Die dachten: ‚Mann, das ist das Ende.' ... Viele Studenten zum Beispiel aus Westdeutschland waren illegal unter Decknamen hier. Die mussten noch rausgeschleust werden. Das lief einige Monate, bis März, glaube ich."[70]

Bis 1990 hatten 19 300 Studierende die Jugendhochschule „Wilhelm Pieck" durchlaufen, davon 4300 mit ausländischen Pässen. Nach dem Ende des Lehrbetriebs zerstörte das Personal wichtige Dokumente und Kunstwerke: „Bildhauerarbeiten, die Diplomarbeiten von den Kunsthochschulen der DDR, mit denen fast alle Räume ausgestaltet waren, und leider auch das Traditionskabinett, das einen authentischen Einblick in die Sicht der FDJ-Führung auf die Entwicklung am Bogensee gewährt hatte."[71] Die monumentale Statuengruppe über dem Eingang des Lektionsgebäudes wurde entfernt.

Bald nach der Wende beanspruchte eine Nichte von Joseph Goebbels die Rückübertragung der Liegenschaft. Da aber das Land Berlin nach wie vor Eigentümer war, blieb der Antrag folgenlos. Die ehemaligen Repräsentationsräume der Villa erhielten neue Fußböden, aus der Bauzeit sind noch die Holzdecke in der „Diele", diverse Holzverkleidungen und Türen sowie einige wenige Sanitäranlagen erhalten. Spiegel online berichtete: „Das holzgetäfelte Wohnzimmer von Goebbels wurde zur Kneipe. Zeitweise wurde ein Teil seiner Privaträume samt dem bis heute erhaltenen Badezimmer an zahlungskräftige Gäste für einen Wochenendausflug vermietet, für 200 Mark."[72] Neonazis pilgerten zur Goebbels-Villa und feierten im Garten.

68 Ebd. S. 26
69 Bundesministerium für innerdeutsche Beziehungen: Das deutsch-deutsche Treffen am Werbellinsee. Dokumentation, Bonn 1982, S. 27
70 Dimmey S. 61
71 Gotschlich S. 216
72 www.spiegel.de/karriere/villa-von-joseph-goebbels-kampf-gegen-schimmel-und-unkraut-a-1070491.html abgerufen am 9.4.2020

1991 bis 1999 betrieb der Internationale Bund für Sozialarbeit ein Schulungszentrum für benachteiligte Jugendliche auf dem Areal. Neben der Berufsausbildung, einem Hotel und mehreren Restaurants gehörten Tagungen und Fortbildungen zu den Aktivitäten im „Internationalen Bildungs-Centrum Bogensee". Familien aus der Umgebung feierten dort in großem Rahmen Jugendweihe. Die Einnahmen erreichten aber nicht die notwendige Höhe, Ende 1999 wurde das Bildungscentrum geschlossen. Bis 2005 trafen vor dem 1. Mai Polizeikräfte aus dem gesamten Bundesgebiet ein und füllten die Wohnheime. „In der Mensa wurde die Strategie gegen Berlin-Kreuzbergs Steinewerfer beraten."[73] Dann erwies sich die Unterbringung in Berliner Hotels als deutlich preiswerter. 2006 wurde aus Kostengründen das Beheizen der Gebäude eingestellt, die Ausrüstung des Heizkraftwerks verschrottet.

Das Land Berlin besitzt im Frühjahr 2020 eine gewaltige Liegenschaft am Bogensee: Auf 17 Hektar stehen 30 Gebäude mit 42 000 Quadratmetern Fläche, davon knapp drei Viertel in den sieben Kernbauten der JHS. Seit 1996 stehen die Goebbels-Bauten und die ehemalige JHS „als zusammengehörige Position"[74] unter Denkmalschutz. Ab 2005 suchte die Berliner Immobilienmanagement GmbH über zehn Jahre lang einen Käufer, doch die Größe und periphere Lage der Immobilien erwiesen sich als unüberwindliche Hindernisse. Zwar fanden sich Interessenten für die Goebbels-Villa, doch sollte diese nicht einzeln verkauft und am Ende über Strohmänner in den Besitz von Rechtsextremen fallen. Die Geschäftsführerin der landeseigenen Berliner Immobilienmanagement GmbH (BIM) sagte Anfang 2016: „Ich würde die Goebbels-Villa am liebsten abreißen. Man muss nicht jedes Denkmal erhalten."[75]

Da eine Veräußerung und Nutzung des Objekts als Ganzem sich als aussichtslos herausstellte, rückte der Eigentümer davon ab. Laut Webseite der BIM soll das Objekt im Landesbesitz verbleiben und wiederbelebt werden. Interessenten wie die Akademie Bogensee GmbH gebe es bereits. Die GmbH ging aus einem regional verwurzelten Verein hervor und suchte unter dem Dach des Campus Bogensee Partner, um Bildungsangebote in den JHS-Bauten verwirklichen. „Im Zentrum dieser beruflichen und privaten Entwicklungsprogramme stehen die Beschäftigung mit Natur und Naturwissenschaft, die soziale und gesellschaftliche Verantwortung des Einzelnen."[76] Drei Projektpartner wollten Mikroskopiekurse, Maßnahmen für benachteiligte Jugendliche und Berufsausbildung im Pflegebereich für Quereinsteiger und Flüchtlinge anbieten. Die Akademie Bogensee organisierte 2016

73 Dimmey S. 11
74 Rohowski S. 18
75 www.spiegel.de/karriere/villa-von-joseph-goebbels-kampf-gegen-schimmel-und-unkraut-a-1070491.html abgerufen am 9.4.2020
76 akademiebogensee.com/idee/ abgerufen am 9.4.2020

Die Goebbels-Villa mit dem Emblem des Internationalen Bildungs-Centrums, 1995

und 2017 mehrere Kulturveranstaltungen auf dem Gelände. Jahr für Jahr kommen Absolventen der JHS an ihrer Ausbildungsstätte zusammen und schwelgen in der Rückschau auf verflossene Tage.

Goebbels' Blockhaus war noch bis ins Jahr 2000 bewohnt, später schlugen Brandstifter zu und es wurde schließlich abgerissen. Wo es stand, ist im Frühjahr 2020 das Terrain eingeebnet, junge Bäumchen wachsen dort. Die Villa am Westufer ist in gutem Zustand und steht leer. Im benachbarten Bürobau hat die Berliner Forstbehörde die Waldschule Bogensee eingerichtet. Schulklassen und Kindergruppen können dort übernachten und den Forst erkunden. Ebenso dient die nahegelegene historische Jugendherberge Ützdorf dem von den Berliner Stadtvätern angestrebten Zweck, den Hauptstädtern Erholung in dem reizvollen Waldgebiet anzubieten.

In gewisser Weise dienen heute auch die historischen Bauten am Bogensee der Erholung. Ausflügler umrunden den malerischen See und bestaunen die verwunschenen Riesenbauten der Jugendhochschule. Zwischen den Hecken verstecken sich Skulpturen, dem Liebespaar vor dem Waldhof fehlen die Köpfe. Aus Regenrinnen sprießen Bäumchen, Bauzäune stehen vor manchen Fassaden. Hausmeister Roberto Müller, der hier seit den achtziger Jahren tätig ist, kämpft gegen die Vegetation auf dem zentralen Platz und repariert eingeworfene Fenster. Vor allem die mit Teerpappe gedeckten Bauten der 1950er Jahre leiden unter Wasserschäden.

Die Zukunft bleibt ungewiss. Die Berliner Immobilienmanagement GmbH weist auf statische Probleme und Schäden durch Nässe hin, „sodass die Verkehrssicherheit für Veranstaltungen auf dem Gelände nicht ohne weiteres gewährleistet werden kann".[77] Für 2019 plante das Landesunternehmen 1,4 Millionen Euro für Sicherungsmaßnahmen ein, um das Eindringen von Wasser über Dach und Fassade zu verhindern. Darüber hinaus müsse zunächst einmal geklärt werden, welche Kosten eine „bauliche Herrichtung" verursachen und wie eine Zwischennutzung und schrittweise Erschließung ablaufen könnten. „Eine Grundlagenermittlung soll bis Jahresende eine Entscheidungsvorlage für den weiteren Umgang mit dem Immobilienbestand liefern. Ohne weitere Maßnahmen ist keines der Gebäude auf dem Gelände nachhaltig nutzbar. In der derzeitigen baulichen Untersuchung wird aber auch geprüft, ob eventuelle Planungs- und vorbereitende Leistungen für den Abriss von Gebäuden empfohlen werden können. Dabei spielen selbstverständlich wirtschaftliche Aspekte, als auch der Denkmalschutz eine wichtige Rolle."[78] Das war auch im Frühjahr 2021 noch Stand der Dinge.

Das Kulturhaus, 2015. Die Zukunft der Anlage bleibt ungewiss.

Der Blick vom Kulturhaus zum Lektionsgebäude vermittelt einen Eindruck von der Weitläufigkeit der Anlage.

77 www.bim-berlin.de/immobilien/unsere-projekte/bogensee/ abgerufen am 11.4.2021

78 www.bim-berlin.de/immobilien/unsere-projekte/bogensee/ abgerufen am 11.4.2021

HOHENLYCHEN

HEILSTÄTTE, PROMINENTENKLINIK, LABOR DER SS-MEDIZIN

In der Seenlandschaft der oberen Havel liegt auf einer Halbinsel das Städtchen Lychen. 1902 siedelte sich in direkter Nachbarschaft die Heilstätte Hohenlychen an. Sie brachte in ihrer gut vierzigjährigen Geschichte Zehntausenden Linderung und Erholung, zog Prominente an und wurde zu einem Schauplatz nationalsozialistischer Politik. Nicht zuletzt gehören grausame Menschenversuche zur Geschichte dieses Ortes. Am Anfang stand die Bekämpfung der gefährlichsten Krankheit des späten 19. Jahrhunderts.

DIE VOLKSSEUCHE

Die Tuberkulose ist eine bakterielle Erkrankung, die überwiegend die Lunge befällt, aber auch jedes andere Organ zerstören kann. In den meisten Fällen bemerken Infizierte nichts von dem Erreger, den sie in sich tragen. Bevorzugt geschwächte Menschen erkranken jedoch und sterben über kurz oder lang. Die Krankheit ist seit dem Altertum bekannt. Im frühen 19. Jahrhundert hatte sie noch ein „romantisches" Image und wurde mit sich aufopfernden Frauen und jugendlichen Dichtern in Verbindung gebracht. Dann wandelte sie sich zur „Proletarierkrankheit". Seit der Jahrhundertmitte forderte sie in den stürmisch wachsenden Elendsquartieren der Städte immer mehr Opfer.

Links die Heilstätten Hohenlychen am Zenssee, rechts oberhalb die Stadt Lychen, vor 1935

Viele Kranke zählten zur arbeitenden Bevölkerung zwischen 15 und 60 Jahren – jeder vierte Todesfall in dieser Altersgruppe ging auf die Schwindsucht zurück, unter Zigarrenmachern, Drechslern oder Schriftsetzern sogar mehr als die Hälfte. Es starben also mehrheitlich Arbeiterinnen und Arbeiter, die für lange Stunden in staubigen, verrauchten Fabriken und Werkstätten standen, sich in beengten Wohnungen leicht ansteckten und nur mühsam satt wurden, obwohl sie die Hälfte ihres Lohns für Lebensmittel ausgaben. Eine Handreichung von 1905: „Die Familien ihrer Ernährer und sorgenden Hausfrauen zu berauben, der Volkskraft die besten und tüchtigsten Triebe zu brechen, ist also die besondere Eigenart dieses tückischen Leidens, und wie um das Werk der Zerstörung zu krönen, rafft es seine Opfer nicht mit rascher Hand dahin, sondern verurteilt sie oft zu langjährigem Siechtum mit allen seinen wirtschaftlichen Schäden."[1]

Der Arzt Hermann Brehmer entwickelte im schlesischen Görbersdorf seit den 1850er Jahren einen „hygienisch-diätetischen" Ansatz in der Behandlung der Schwindsucht. Während manche Mediziner diese für ein erbliches Leiden und für unbehandelbar

1 Fränkel S. 5f.

Lychen aus der Luft, 2018

hielten, glaubte er, dass ungünstige Ernährung, hoher Luftdruck in tiefen Lagen und stickige Wohnungen eine Verkleinerung des Herzens herbeiführten, die Lunge deshalb nicht ausreichend mit Blut versorgt würde, sich krankhaft vergrößere und der Patient folglich dahinsieche. Gute Luft in Höhenlagen und Sonnenlicht sollten den Zustand seiner Patienten verbessern, genauso Bewegung und reichhaltige Ernährung.

Trotz seiner merkwürdigen Theorie zum Ursprung der Krankheit fand Brehmer einen Weg zu deren Linderung, der aber nach 1882, als Robert Koch das Mycobacterium tuberculosis als Übeltäter erkannte, vorübergehend in Frage stand. Koch stellte 1890 das Medikament Tuberkulin vor und weckte Hoffnungen auf neue Therapien, bis sich das Präparat zwar als Diagnosemittel brauchbar, als Heilmittel jedoch als wirkungslos herausstellte. Immerhin öffnete die Entdeckung des zähen Bazillus dessen hygienischer Bekämpfung den Weg: „Sogar in völlig getrocknetem Zustande bewahrt er diese eigentümliche Zähigkeit des Lebens, und nur ein Mittel, dessen sich die Natur auch sonst mit Vorliebe bedient, um sich der Bakterien in der Aussenwelt zu entledigen, wird auch ihm gefährlich: das Sonnenlicht ...“[2] Wer wusste, wie, konnte dem Todeskeim, der auf den Dielen im Staub lauerte, mit dem Wischlappen den Garaus machen.

DIE DEMOKRATISIERUNG DES LUNGENSANATORIUMS

Die im Gefolge Brehmers entstandenen Sanatorien verlangten hohe Preise von den Patienten. Dann ermöglichte die Sozialversicherung Otto von Bismarcks eine Demokratisierung der Tuberkulosebehandlung. 1891 trat im Deutschen Reich das Gesetz zur Invaliditäts- und Altersversicherung in Kraft. Auf dieser Grundlage brachten die Landesversicherungsanstalten ihre oft mittellosen Versicherten zunächst

2 Fränkel S. 5

in exklusiven Privatsanatorien unter, bis sie dazu übergingen, eigene Heilstätten einzurichten. Das Ziel war, eine Invalidität und daraufhin fällige Rentenzahlungen an Tuberkulosekranke zu vermeiden oder zu verzögern.

Die Heilstätten dienten nicht nur den Patienten selbst, sondern ebenso den Gesunden außerhalb ihrer Mauern: Die Isolierung der Kranken von den Gesunden verhinderte weitere Ansteckungen. Anlage und Betrieb wiederum zielten auf die allgemeine Förderung des körperlichen Zustands der Patienten und der Unterweisung in einer hygienischen und wohltuenden Lebensführung. Die populäre Handreichung von 1905 gibt ein Beispiel für die erzieherischen Ansprüche der Ärzte wie auch für ihre schon sprachliche Abgehobenheit: „War noch bis vor zwei Jahrzehnten bei uns im Lande der Branntwein unter allen den berauschenden Mitteln an erster Stelle zu nennen, so kommt ihm jetzt das Bier schon nahe, das, in handlichster Form überall ausgeboten und feilgehalten, auch dem Arbeiter zugänglich geworden ist und sich in diesem Kreise eine beherrschende Stelle zu erobern anschickt. Dabei kann gerade der Volksfreund die schrankenlose Verbreitung dieser Getränke nur mit schwerer Sorge ansehen. Wohl vermag eine kleine Gabe im Augenblick des Verzehrs ein Gefühl der Ermüdung und Abspannung zu beseitigen; aber fast immer geht die getrunkene Menge weit über diese Grenze hinaus, und zu der nicht unerheblichen Ausgabe an Geld für die irrtümliche ‚Stärkung des Körpers' gesellen sich jetzt noch alle die mehr oder minder auffälligen Zeichen des übertriebenen Genusses, die nicht selten auch die vom nüchternen Verstande vorgeschriebenen Vorsichtsmaßregeln gegen die Infektion außer acht lassen, so der Ansteckung vorarbeiten und ihr die Wege ebnen."[3]

Gotthold Pannwitz, 1902.

Professor Pannwitz-Berlin.

Im Kampf gegen die Tuberkulose ging es also auch darum, dass eine bürgerliche, autoritär auftretende Ärzteschaft die vermeintlich zügellose Arbeiterschaft disziplinierte. So sollte die Ansteckung eingedämmt und zugleich die Distanz der Industriearbeiter zu den kaisertreuen Eliten verringert werden. Wie die Sozialversicherung insgesamt waren die Heilstätten auch ein Versuch, durch eine Kombination aus Fürsorge und Erziehung die Arbeiter der linken Arbeiterbewegung abspenstig zu machen.

DIE WOHLTÄTIGKEIT HÖHERER KREISE

Anfangs hielten die Ärzte ausschließlich Gebirge und Meeresküsten für geeignete Orte, bis sie auch eine mögliche Heilsamkeit des norddeutschen Flachlandes erwogen. Hier trat Gotthold Pannwitz, Sohn des Lychener Volksschullehrers Gustav Pannwitz, auf den Plan. Er hatte als Militärarzt Karriere gemacht und im straff regierten „Reichsland" Elsass-Lothringen den Statthalter Chlodwig zu Hohenlohe-Schillingsfürst kennengelernt. Als dieser 1894 zum Reichskanzler ernannt wurde, nahm er Pannwitz mit und platzierte ihn im Reichsgesundheitsamt. Bald darauf war Pannwitz auf der Suche nach einem geeigneten Standort für eine Lungenheilstätte in der Mark Brandenburg und entschied sich für Grabowsee bei Oranienburg. Das Sanatorium für Männer nahm 1896 den Betrieb

3 Fränkel S. 20f.

Kaiserin Auguste Viktoria mit Tochter Viktoria Luise um 1910. Mit solchen Fotografien wie auch mit karitativen Aktivitäten pflegte die kaiserliche Familie ihr Image.

auf. Träger war der Volksheilstättenverein vom Roten Kreuz, gegründet 1895 im Berliner Reichskanzlerpalais. Der Verein war eng verzahnt mit der im gleichen Jahr geschaffenen Dachorganisation Deutsches Zentralkomitee zur Bekämpfung der Tuberkulose – beiden diente Gotthold Pannwitz als Generalsekretär. Im Vorstand des Heilstättenvereins saßen 1912 unter anderem Generalarzt Otto Werner, der preußische Handelsminister Theodor von Möller und Bodo von dem Knesebeck, Vorsitzender des Deutschen Zentralkomitees vom Roten Kreuz und „Kammerherr und Vize-Oberzeremonienmeister Ihrer Majestät der Kaiserin" Auguste Viktoria, die die Schirmherrschaft übernahm.[4]

Die Herrschaften sprachen die Oberschicht des Reichs an und warben erfolgreich um Spenden. Ein Chronist aus dem Reichsgesundheitsamt schrieb: „Die Spitzen der Gesellschaft setzten sich dafür ein, mitgerissen von emotionalen Regungen und dem Wunsch, humanitär und wohltätig zu handeln. Es galt als Ehre für jeden, der Rang und Namen hatte …"[5] Die Spenden flossen so reichlich, dass der Verein keiner öffentlichen Zuschüsse bedurfte.

Nachdem die Einrichtung am Grabowsee die Wirksamkeit der Kur auf geringer Meereshöhe erwiesen hatte, nahm sich der Heilstättenverein die Gründung eines zweiten Sanatoriums vor, in welchem Kinder behandelt werden sollten. So würde eine Lücke in der Betreuung Tuberkulosekranker geschlossen, da sich die Versicherungsanstalten nur um versicherte Erwerbstätige, später auch um deren zurückbleibende Familien kümmerten. Es war, wie es hieß, die Kaiserin selbst, die dazu die Anregung gab: „Ihre Majestät die Kaiserin, als Protektorin des Deutschen Zentral-Komitees zur Bekämpfung der Tuberkulose, liess im Jahr 1902 in der Generalversammlung dieses Komitees durch Exzellenz von dem Knesebeck ihrem Wunsche Ausdruck geben, dass der Heilstättenfürsorge für Frauen und Kinder noch mehr als bisher Aufmerksamkeit gewidmet werden möchte."[6] Vielen anderen Mängeln in der Tuberkulosebekämpfung nahm sich der Verein hingegen nicht an: Hoffnungslose, offen tuberkulöse Fälle wurden in die Heilstätten gar nicht erst aufgenommen, da sie als nicht wiederherstellbar galten. Auch gab es viele Erwachsene, die nicht versichert waren. Obwohl 1908 im Deutschen Reich nach einem Jahrzehnt rascher Expansion 99 Lungensanatorien existierten, war die Zahl der Betten im Verhältnis zu den Krankheitsfällen gering: 1914 sah nur einer von zehn Erkrankten ein Sanatorium von innen. Trotz dieser Unzulänglichkeiten und dem nicht nur wohltätigen Zweck der Heilstätten sind sie ein beeindruckendes Beispiel korporativer Fürsorge und karitativen Engagements.

4 Waltrich Aufstieg S. 17
5 Carl Hamel, Deutsche Heilstätten für Lungenkranke, 2/1904, S. 53, bei Jüttemann S. 25
6 Knesebeck S. 25

Gebäude der Heilstätten am Zenssee, 2018.

DAS MÄRKISCHE INTERLAKEN

Wiederum suchte Gotthold Pannwitz den Standort für die neue Einrichtung und fand ihn in seiner Heimatstadt, wo er um 1900 mit seiner Familie regelmäßig seinen Vater besuchte und ein Ferienhäuschen besaß. Lychen wartete mit besten Bedingungen auf: eine Hügellandschaft, wenig Regen und einen Mischwald mit Kiefern und Buchen, der als besonders günstig galt. Der Zenssee spiegelte das wohltuende Sonnenlicht. Und es hielten seit 1899 Züge auf der Fahrt zwischen Fürstenberg und Eberswalde, die gut 90 Kilometer nach Berlin waren seitdem in wenigen Stunden zu bewältigen. Im Dezember 1902 bewilligten die Lychener Stadtverordneten für die Kinderheilstätte die „Hergabe des dazu nötigen Platzes von 4–5 Morgen [gut ein Hektar] städtischen Terrains in der Nähe des Schützenhauses".[7] Weitere 20 Morgen Stadtwald wurden im Laufe des Jahres zur Verfügung gestellt. Das Areal lag links der Landstraße nach Templin nahe dem Westufer des Zenssees. Vorübergehend erregte die ansteckende Schwindsucht die Bedenken von Stadtverordneten, denn die Anlage einer Lungenheilstätte wurde explizit ausgeschlossen, doch standen sie der Großinvestition am Ende nicht im Wege. Der Glanz der adeligen und gar kaiserlichen Wohltäterinnen und Wohltäter und die verbesserte Infrastruktur machten Lychen zur bevorzugten Sommerfrische wohlhabender Berliner, die sich dort in den folgenden Jahren Wochenendhäuser zulegten. Ein Bauboom brach aus, die Zahl der Wohnhäuser wuchs von 254 im Jahr 1900 auf 343 zehn Jahre später.[8]

Im Sommer 1902 standen drei Döcker'sche Baracken – transportabel und für den Kriegsgebrauch gedacht – auf dem Gelände, wo die ersten dreißig Kinder heilsame Wochen in Lychen verbrachten. Die bald in festen Gebäuden untergebrachte „Viktoria-Luise-Kinderheilstätte" war nach der einzigen Tochter Kaiser Wilhelms II. benannt und empfing Kinder von sechs bis sechzehn Jahren. Es gab je ein Schlaf-

7 Waltrich Aufstieg S. 8

8 Carstedt S. 183

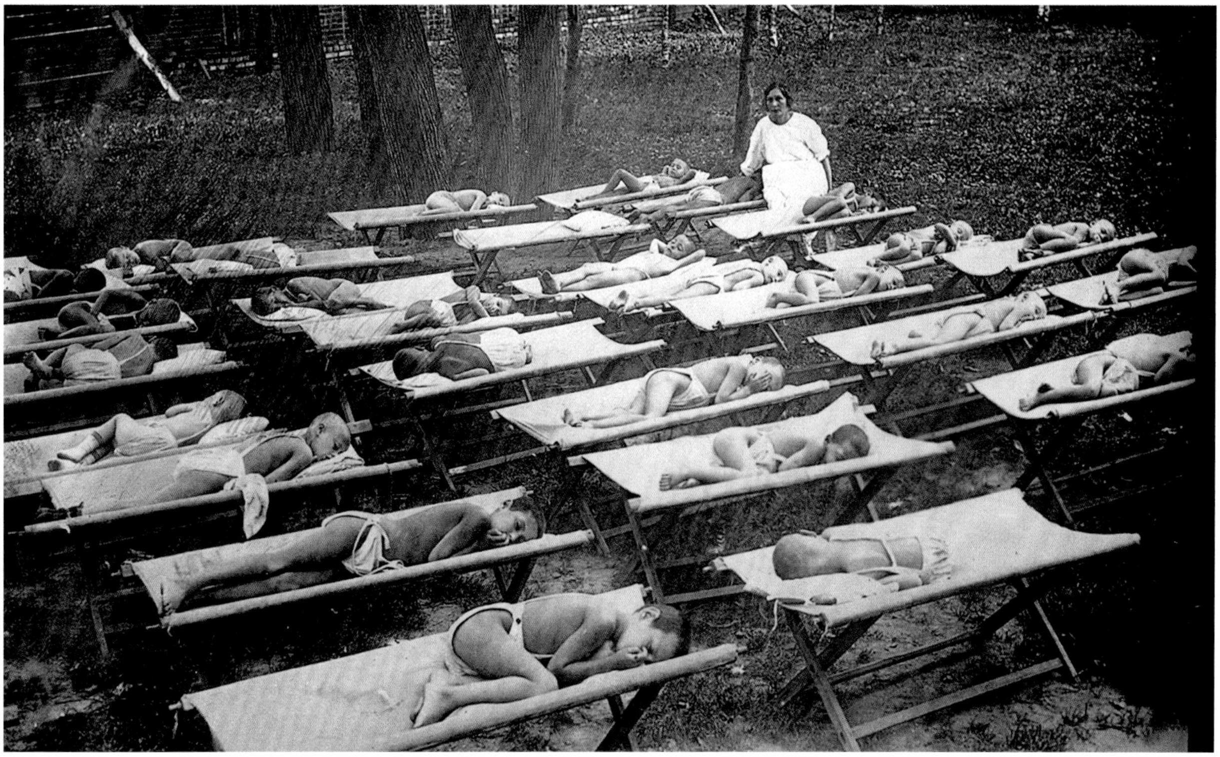

Tuberkulosebekämpfung in den ersten Jahrzehnten des 20. Jahrhunderts: Liegekur für Kinder im Sommer …

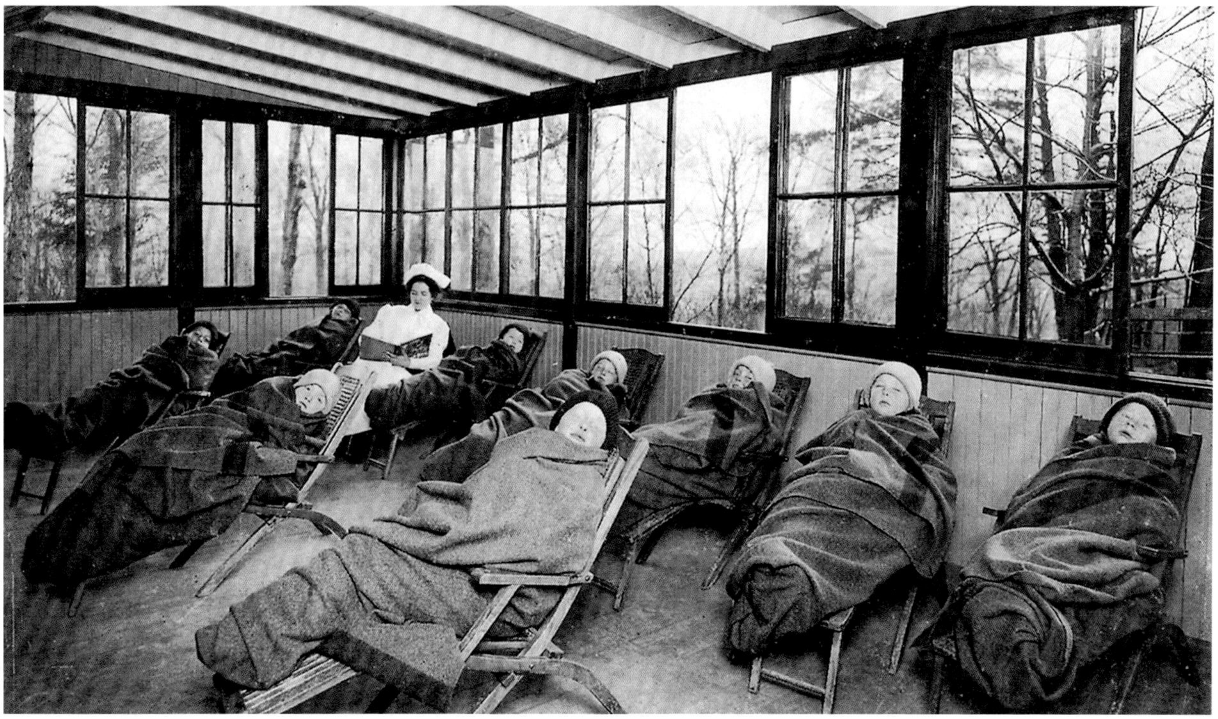

… und im Winter.

haus für dreißig Jungen und dreißig Mädchen, später wuchs die Kapazität auf im Sommer 160 Betten und im Winter 110. Das 1906 gegründete, nach der Kronprinzessin benannte Cecilienheim nahm neunzig Kinder auf, die an Knochen- und Gelenktuberkulose litten. 1906 hielten sich gleichzeitig rund 700 junge Patienten in Hohenlychen auf, bei drei- bis sechsmonatigen Aufenthalten waren es über das Jahr 2500 bis 3000.

Die jüngeren Kinder bekamen Schulunterricht, und 160 Jugendliche, denen es hinreichend gut ging, arbeiteten in der „Ländlichen Kolonie Königin-Luise-Andenken" und lernten in Berufsschulen Hauswirtschaft, Stickerei, Gärtnerei, das Drucker- und das Buchbinderhandwerk. All diese Abteilungen koordinierte ein ehrenamtlicher Ausschuss des Heilstättenvereins unter Gotthold Pannwitz, der die Heilstätten zu einer international bekannten Modelleinrichtung entwickelte.

Kaiserin Auguste Viktoria Sanatorium, vor 1926

Werner-Krankenhaus (vorne) und Helferinnenschule, vor 1916

Die Kaiserin, die selbst üppig gespendet hatte, besuchte im Juni 1911 Hohenlychen und legte den Grundstein für das „Kaiserin-Auguste-Viktoria-Sanatorium" für leicht-lungenkranke Frauen des Mittelstands. Kurz vor dem Ersten Weltkrieg beherbergte es hundert Patientinnen, die teils selbst zahlten, überwiegend aber von der Reichsversicherungsanstalt für Angestellte vermittelt worden waren. Seit 1912 wurden auch Familienangehörige von Versicherten behandelt, zu denen wahrscheinlich viele der Frauen in Hohenlychen gehörten.

Außer den Häusern der eigentlichen Heilstätten – zwei für Kinder, die Berufsschulen und die Frauenabteilung – wuchsen auf dem Gelände zahlreiche weitere Bauten empor. Mit dem „Werner-Krankenhaus" entstand das einzige moderne allgemeine Hospital im Kreis Templin. Hinzu kamen eine Kapelle, eine Badeanstalt, das Verwaltungsgebäude, eine Helferinnenschule, ein Hotel, ein eigener Bahnhof, diverse Wirtschaftsgebäude, das Haus der Verwaltungsdirektors und jenes des Ärztlichen Direktors. In der Ferienkolonie kamen 160 tuberkulosebedrohte Kinder während der Sommerferien unter. Schließlich standen in Hohenlychen zwölf große und 35 kleine Gebäude auf einer Fläche von 16 Hektar. Ein anstaltseigenes Wasserwerk befand sich direkt am Zenssee, ein Aggregat sorgte für Elektrizität. Die Stadt Lychen, die vorerst noch keine moderne Strom- und Wasserversorgung besaß, wurde an die Netze der Heilstätten angeschlossen.

Für die Patienten entwarfen die Architekten Paul Brandes und Paul Hakenholz Häuser, die wie das Gegenteil der krankmachenden Berliner Mietskasernen anmuten. Die großen Abstände zwischen den Gebäuden sorgten für reichlich Licht und Luft, zwischen ihnen standen Bäume. Für das Kaiserin-Auguste-Viktoria-Sanatorium wählten sie einen Standort nahe am Steilufer des Zenssees, die Schlaf-

Frauen bei der Liegekur

räume auf der Wasserseite versahen sie mit großen, nach Osten ausgerichteten Glasflächen. Die nach Süden offenen Liegehallen befanden sich in den oberen Stockwerken auf Galerien, überdachte Wandelgänge verbanden die drei Trakte. Die niedrigen, hölzernen Liegehallen der Viktoria-Luise-Kinderheilstätte befanden sich ebenfalls nahe dem See, Knaben- und Mädchenhaus mit den Schlafsälen lagen weiter landeinwärts, ebenso das geräumige Cecilienheim für knochentuberkulöse Kinder.

Viele der Häuser zeichnen sich durch eine dreiteilige Gliederung aus. Auf dem Sockel aus Ziegeln oder Sandstein, den breite, oft rundbögige Fenster durchbrechen, ruhen Stockwerke mit verputzten Wandflächen und schmaleren rechteckigen Fenstern, die oberen Stockwerke und Giebelzonen sind als Fachwerk gestaltet. Zusammen mit den ungewöhnlich spitzen Giebeln erzeugt die Auflockerung der Flächen nach oben hin einen Eindruck von Leichtigkeit. Voneinander abgesetzte Trakte und Treppentürme erinnern an verwinkelte mittelalterliche Bauwerke und lassen die an Hygienestandards ausgerichteten Zweckbauten einladend wirken.

PATIENTENALLTAG UND FINANZIELLES KALKÜL

Darüber, wie es den jungen Patienten in Hohenlychen erging, ist nichts überliefert, und auch von Erwachsenen aus anderen Anstalten gibt es kaum Berichte. Im Detail bekannt sind die Therapien und der streng festgelegte Tagesablauf in den Lungenheilstätten. Diesen gliederten fünf reichliche Mahlzeiten – „Diät" bedeutete in den Heilstätten einen besonders nahrhaften und fettreichen Speiseplan. Es gab viel Milch und jeden Tag Fleisch, außerdem reichlich Gemüse. Alkoholische Getränke galten vielen Ärzten als kräftigend und gut für das Herz. Nach dem Frühstück stand ein Spaziergang auf dem Programm: „Wald- und Heideflächen mischen der Luft die würzigen Bestandteile bei, welche zu tiefen Atemzügen einladen und wohltuend auf das Nervensystem einwirken, den Schlaf

Liegehalle in Hohenlychen, 1913.

bessern, den Appetit heben und somit das allgemeine Wohlergehen fördern."[9] Sodann absolvierten die Patienten über den Tag verteilt drei Liegekuren in den dafür vorgesehenen offenen Hallen. Eine Patientin schrieb aus Hohenlychen: „Die Gegend ist herrlich und auch sonst ist alles sehr nett, so [eine] schöne Zeit kann man ja selten erleben."[10]

Damals ungewöhnlich, aber ganz im Einklang mit dem hygienischen Ansatz war das tägliche Duschen oder Baden. Die Hydrotherapie sah kalte Güsse, warme Bäder und Abreibungen vor. Dreimal täglich kontrollierten die Bewohnerinnen und Bewohner ihre Körpertemperatur mit einem zu Beginn ausgegebenen Fieberthermometer. Überall hatten die Kranken den „blauen Heinrich", eine Spuckflasche, mitzuführen. Wer sie nicht vorzeigen konnte, riskierte es, nach Hause geschickt zu werden.

Die große Mehrheit der Patienten preußischer Lungenheilstätten waren Männer im besten Erwerbsalter, also zwischen fünfzehn und vierzig Jahren alt. Und sie waren Arbeiter, die es weder kannten, wochenlang nicht schuften zu müssen noch eine so reichhaltige Ernährung serviert zu bekommen. Vielen wurde bald langweilig. Die Ärzte hielten ihrerseits psychische Ausgeglichenheit für unabdingbar, um einen Therapieerfolg zu erzielen. Zu viel Bewegung und Aufregung, erst recht Tanz und Wirthausbesuche waren untersagt; empfohlen wurden Lektüre, Gesellschaftsspiele, Konzerte und natürlich frische Luft. Ein Arzt erklärte einem vom Anstaltsleben angeödeten Patienten: „Der schöne Wald ist manchem zu langweilig. Aber Sie sollen sich hier langweilen, um Ihre Nerven einigermaßen zu beruhigen, damit diese

9 Jüttemann S. 33
10 Postkarte vom 13.7.1926 im Archiv des Autors

wieder gestählt werden für den schweren Kampf ums Dasein draußen in der Welt."[11] Der Schriftsteller Joachim Ringelnatz trank aus Langeweile mehr Alkohol, als ihm – schon zum Frühstück – zugeteilt wurde, und rauchte heimlich auf der Toilette.

Ein Aufenthalt dauerte mindestens sechs Wochen, oft zehn bis vierzehn Wochen, manchmal auch zwanzig Wochen und länger. Wer sich entzog, bekam keine Invaliditätsrente. Dabei war diese sehr niedrig – nur etwas mehr als ein Sechstel des Jahreseinkommens eines Arbeiters – und reichte zum Leben nicht aus, erst recht nicht, wenn eine Familie davon abhing. Umso größer war die Bereitschaft, eine Heilstättenbehandlung zu beantragen, um weiterarbeiten zu können. Beide Seiten hatten dasselbe Interesse: Die Versicherungen wollten keine Rente zahlen, und die Versicherten lieber arbeiten, als eine unzureichende Rente zu erhalten. Ein wichtiges Kriterium für die Entlassung war, ob sich im Auswurf noch Bakterien fanden. Zeigten sich dort keine, bedeutete dies keineswegs, dass der Patient den Erreger losgeworden war, und die Heimgekehrten zeigten sehr häufig neuerliche Symptome. Die Mehrzahl der Patienten gelangte erst nach mehreren Einweisungen zur „wirtschaftlichen Heilung", also zur Wiedergewinnung der Erwerbstüchtigkeit, die aber vielmals nicht von Dauer war.

11 Moritz Bromme, Aus dem Leben eines modernen Fabrikarbeiters, Jena 1905, S. 337, bei Jüttemann S. 59

Nach dem Boom im Heilstättenbau suchten und fanden die Ärzte und Versicherer neue Mittel im Kampf gegen die Schwindsucht. In Fürsorgestellen unterrichteten sie die Stadtbewohner, wie sie einer Ansteckung entgehen konnten, und nahmen sich zu Hause liegender Schwerkranker an. Der „künstliche Pneumothorax", ein operativ herbeigeführter teilweiser Kollaps der Lunge, erhielt 1912 das wissenschaftliche Gütesiegel.

Die Heilstätten kosteten viel Geld, aber halfen sie auch? Seit Mitte der 1880er Jahre sanken die Todesfälle durch Tuberkulose. Waren es 1893 noch 26,1 pro 10 000 Lebenden, stand der Anteil 1913 noch bei 14,2. Hauptursache dafür waren die verbesserten Lebensbedingungen der armen Bevölkerungsschichten. Auch spielten die Erkenntnisse über die Krankheitsursachen und darauf basierende Vorbeugung eine Rolle. Die Heilstätten-Ärzte sahen ebenso ihre Arbeit bestätigt. Ob sie tatsächlich einen günstigeren Verlauf erreichten und die Erkrankten länger erwerbsfähig beziehungsweise am Leben blieben, lässt sich nicht eindeutig feststellen, ist aber wahrscheinlich. Unklar ist außerdem, ob die eingesparten Rentenzahlungen die für die Heilstätten aufgewandten Kosten übertrafen.

Tuberkuloseaufklärung um 1912. Als „englische Krankheit" bezeichnete man die Rachitis.

Deutsche Soldaten und Pflegekräfte in einem Lazarett während des Ersten Weltkriegs

VOM LAZARETT ZUR FORSCHUNGSSTÄTTE

Wie im Gründungsstatut des Heilstättenvereins festgeschrieben, standen mit Kriegsausbruch 1914 die Einrichtungen in Hohenlychen dem Roten Kreuz – seine ursprüngliche Aufgabe war die Versorgung verletzter Soldaten – zur Verfügung und dienten in den folgenden vier Jahren als Heilstätte für verwundete und lungenkranke Heeresangehörige. Während des Krieges und danach schlug die Schwindsucht aufgrund der mangelhaften Ernährung und fehlender Heizmittel wieder heftiger zu, die Erfolge der vorangegangenen eineinhalb Jahrzehnte gingen verloren. Kaum waren die Soldaten entlassen, füllte sich die Heilstätte von Neuem mit tuberkulösen Zivilisten.

Kriegskosten und Inflation verknappten überall die Mittel, viele der Mäzene von einst hatten nicht mehr viel zu geben, so dass die Berufsbildung und das Kindererholungsheim nicht weitergeführt werden konnten. Den gröbsten Geldmangel linderte die öffentliche Hand, genauer das Reichsinnenministerium, das Reichsarbeitsministerium, das Preußische Volkswohlfahrtsministerium, die Kommunen Lychen und Berlin, außerdem das Deutsche Rote Kreuz. Träger blieb aber der Heilstättenverein, während viele andere vereinsgeführte Sanatorien nach 1918 von den Landesversicherungsanstalten übernommen wurden.

Im Kuratorium des Vereins saßen 1927 immer noch die alten hohen Beamten wie Franz Bumm, ehemaliger Präsident des Reichsgesundheitsamtes, sein Nachfolger Carl Hamel oder Wilhelm Schultzen, Generaloberstabsarzt im Reichswehrministerium. Die Abteilungen verloren ihre Eigenständigkeit und ehrenamtlichen Leitungen, sie wurden zentral vom ärztlichen Direktor Adolf Koch und von Verwaltungsdirektor Walter Neumann gelenkt. Die Einrichtung bezog ihre Einnahmen aus den Pflegegeldern, die die Kranken- und Invaliditätsversicherungen für die Patienten bezahlten.

Prägend für die Entwicklung Hohenlychens in den 1920er Jahren wirkte August Bier, Direktor der I. Chirurgischen Universitätsklinik in Berlin. In dieser Eigenschaft unterstand ihm mit dem Cecilienheim die Abteilung für Gelenk- und Knochentuberkulose, zugleich eine Außenstelle der Friedrich-Wilhelms-Universität. Bier wandte sich von der lange üblichen Entfernung tuberkulösen Gewebes bis hin zur Amputation ganzer Gliedmaßen ab. Nach seiner Auffassung hatten die „Sonnenbehandlung" sowie Zug- und Druckreize eine heilende Wirkung auf geschädigte Organe, auch Injektionen von Tierblut schrieb er positive Reize zu. Bier wandte gymnastische, dazu physikalische Therapien wie etwa Massagen an. Diesen Ansatz verband er mit seiner sportmedizinischen Tätigkeit an der Deutschen Hochschule für Leibesübungen, die er seit 1920 leitete.

Mit den allgemeinen Verhältnissen stabilisierten sich ab 1924 auch jene in Hohenlychen. Die Heilstätten verfügten über 650 Betten für Tuberkulosekranke, das Personal zählte 250 Köpfe. Zum 25-jährigen Jubiläum der Heilstätte reiste 1927 die Hygiene-Kommission des Völkerbundes an, die Anstalten hatten – insbesondere dank der Behandlung von Knochentuberkulose durch August Bier – einen internationalen Ruf. Die Festschrift zum Jahrestag merkte an: „Vor allen Dingen aber ist die alte Tradition Hohenlychens erhalten geblieben, der alte Geist der Nächstenliebe lebt fort."[12]

Rundherum blühten der Fremdenverkehr und mit ihm die Stadt Lychen. 1925 zählte sie mit rund 4300 Einwohnern knapp 2000 Einwohner mehr als zu Beginn des Jahrhunderts, Gäste fanden in sechs Hotels und 17 Pensionen Unterkunft. „Ganz besonders stark war der Andrang von Fremden zu Ostern und Pfingsten. Das Verkehrsbüro im Rathaus mußte oft den Stettiner Bahnhof anrufen, keine Fahrkarten mehr nach Lychen zu verkaufen, weil keine Unterbringungsmöglichkeiten mehr bestanden." Das konnte die Autofahrer, die den Marktplatz zuparkten, nicht aufhalten. „Sonntags abends floß dann der Strom der Fahrzeuge nach Berlin zurück. Man hatte Mühe, dann über die Straße zu kommen, denn es war ein Verkehr wie am Potsdamer Platz."[13]

12 Volksheistättenverein S. 14
13 Carstedt S. 197f.

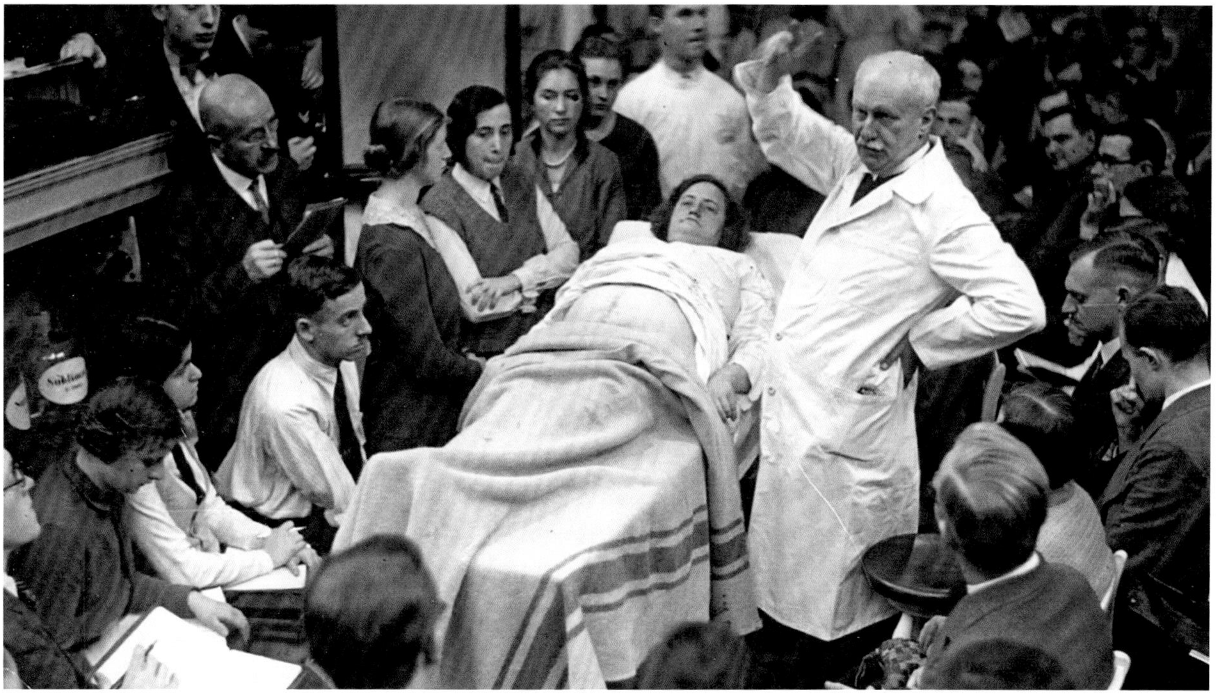

August Bier lehrt am Universitätsklinikum Berlin, 1931.

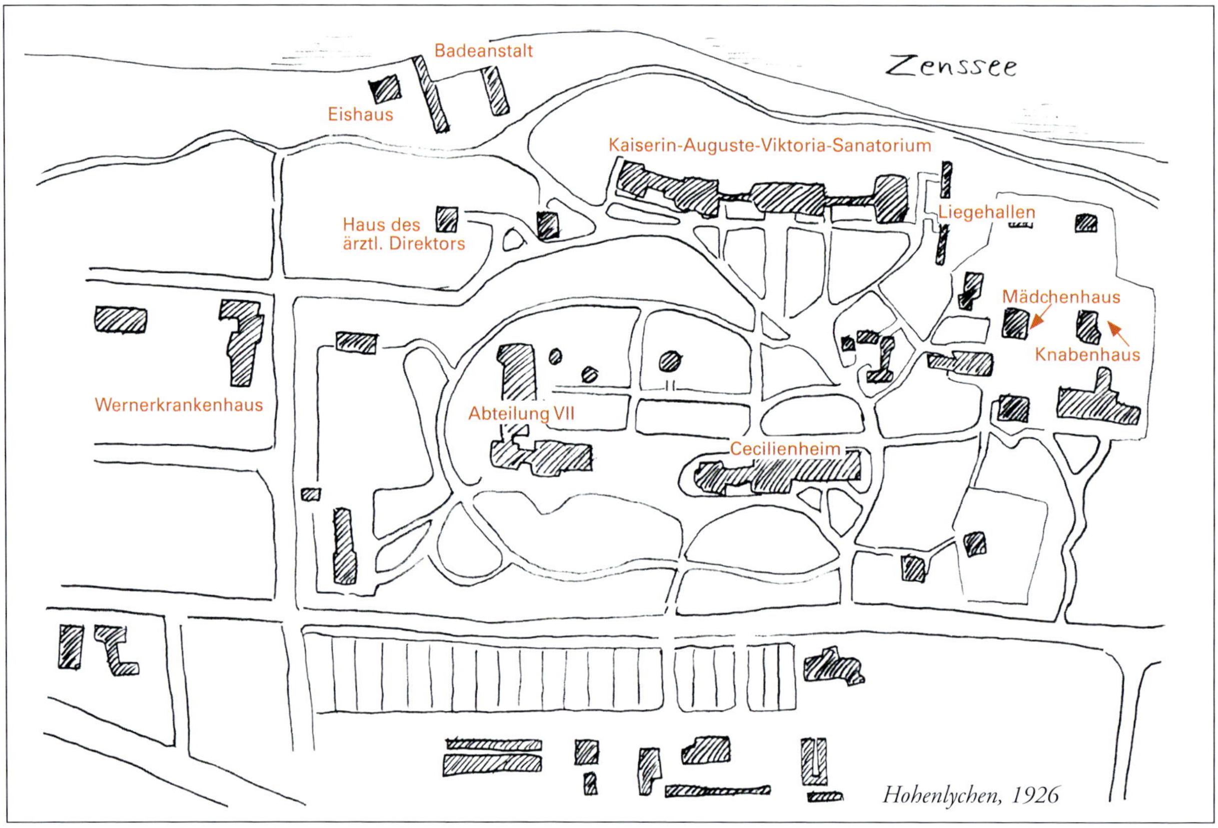

Hohenlychen, 1926

DIE NAZIFIZIERUNG EINES KRANKENHAUSES

Zum Nachfolger August Biers, der 1932 in den Ruhestand ging, wurde sein Schüler Eugen Kisch berufen, doch leitete er die Abteilung für Knochen- und Gelenktuberkulose nur bis Frühjahr 1933. Weil Kisch Jude war, verlor er nach 19 Jahren in Hohenlychen seine Stellung; „seit dem Judenboykott aus Deutschland geflohen", vermerken die Akten.[14] Auch Verwaltungsdirektor Walther Neumann wurde entlassen, und im August wurde der ärztliche Leiter Adolf Koch in den Ruhestand geschickt. Durchgesetzt wurde die „Säuberung" von „Kommissar" Heinz-Eduard Wehner, hinter ihm standen die neuen Machthaber in Berlin. Magnus von Levetzow, Reichstagsabgeordneter der NSDAP und neuer Polizeipräsident von Berlin, wo der Heilstättenverein eingetragen war, hatte im Mai 1933 dessen Vorstand abgesetzt. Nun hatte Leonardo Conti, Funktionär im Nationalsozialistischen Deutschen Ärztebund und Sonderkommissar im Preußischen Innenministerium, die Fäden in der Hand.

Für die Leitung Hohenlychens wurde Conti Karl Gebhardt aus München empfohlen. Der 36-Jährige Privatdozent und Schüler des berühmten Chirurgen Ferdinand Sauerbruch saß in einem Karriereloch, dem er nun dank seiner Kontakte zu nationalsozialistischen Medizinfunktionären entkam. Dem Arzt half sein langjähriges Engagement in Freikorps und völkischen Vereinigungen. Er hatte am Hitlerputsch teilgenommen und Jugendarbeit für den Bund Oberland geleistet. Am 1. Mai 1933 trat Gebhardt in die NSDAP ein. Ein Brief an den Reichsführer SS – „Lieber Heini Himmler" – beschleunigte Gebhardts Ernennung. In Landshut hatte er mit seinem Duzfreund Himmler dieselbe Schule besucht, und Gebhardts Vater war dort der Hausarzt der Himmlers gewesen.

Schon im Dezember 1933 begann der Bau eines neuen Operationshauses und war im Folgejahr abgeschlossen. Unter seinem Dach befanden sich

14 Waltrich Aufstieg S. 23

eine hochwertige Röntgenanlage, Operationsräume, eine große Abteilung für Krankengymnastik, eine Schwimmhalle mit zu öffnendem Glasdach und medizinische Bäder. Die „Klinische Abteilung für Sport- und Arbeitsschäden" widmete sich verletzten Sportlern, von der Kinderlähmung Geschädigten und den Opfern von Arbeitsunfällen. Die „Übungs- und Nachbehandlung" sollte die Leistungs- und Arbeitsfähigkeit so weit wie möglich wiederherstellen und orientierte sich an typischen Bewegungen in Werkstätten und auf Baustellen. An der neuen Klinik wurden Sportlehrer, Krankengymnasten und Ärzte ausgebildet. 60 bis 80 Freibetten vergab der Reichssportführer Hans von Tschammer und Osten an, wie es hieß, „wertvolle, körperlich behinderte Sportleute aus drückenden sozialen Verhältnissen".[15] Die sportmedizinische Neuausrichtung knüpfte an die gymnastischen und physikalischen Therapien an, die August Bier bis 1932 in der Behandlung von Knochentuberkulose angewandt hatte.

Die Behandlung von Tuberkulose-Patienten trat demgegenüber zurück, 1935 standen noch maximal 200 Betten für Kinder und Erwachsene im Kaiserin-Auguste-Viktoria-Sanatorium für sie zur Verfügung. Dafür gab es nun einen Erholungsort des Hilfswerks „Mutter und Kind" der NS-Volkswohlfahrt, außerdem ein Heim für ältere und ein Freizeitlager für jüngere Mütter. In der Ferienanlage Waldfrieden kamen „Schwächlinge" und „versagende Jugend" unter, die im Berufsleben nicht zurechtkamen, anfällig für Erkältungen oder körperlich geschädigt waren. Die „Übungslager" unter Gebhardts Aufsicht sollten ihnen „soldatische Zucht", „einheitliche Kleider und Stubenordnung, Zwang zur Reinlichkeit an sich selbst, an Schlafstelle und Gewöhnen an Sauberkeit und unaufdringliches gewandtes Auftreten" einimpfen.[16] Diese Grundsätze hatte Gebhardt schon 1927 festgelegt, als er für den völkischen Bund Oberland ähnliche Jugendlager organisiert hatte. Es ging ihm nicht nur darum, die Teilnehmer zu kräftigen, er wollte auch diejenigen erkennen und von weiterer Unterstützung ausschließen, die er als untüchtig für das Arbeitsleben einstufte.[17]

15 Hahn Leibesübungen S. 18
16 Hahn Grawitz S. 185
17 Hahn Leibesübungen S. 12

Karl Gebhardt, 1935

Auf den ersten Blick scheinen viele Neuerungen Gebhardts an jüngere oder ältere Traditionen Hohenlychens und anderer Lungenheilstätten anzuschließen: gymnastische Therapie, die Wiederherstellung von Arbeitsfähigkeit, die Erziehung proletarischer Patienten durch bürgerliche Ärzte, kräftigende Ferienlager für Jugendliche, die Betreuung von Frauen und Kindern. Auf den zweiten Blick zeigen sich deutliche Unterschiede in der Motivation: Patienten sollten

Ertüchtigung auf dem Zenssee, 1936

nicht aus „Nächstenliebe“ wiederhergestellt werden, sondern um der „Volksgemeinschaft“ von ökonomischem und militärischem Nutzen zu sein. Jugendliche aus der Stadt sollten nicht zuerst in den Genuss von Licht, Luft und Ruhe kommen, sondern streng erzogen und ausgesiebt werden. Kinder kamen nicht nach Hohenlychen, weil sie durch das Raster der Invaliditätsversicherung fielen, sondern weil ihre Gesundheit der „Volksgemeinschaft“ zugutekommen sollte.

Gebhardt, als Arzt ein „Gesundheitsführer“ des Volkes, formulierte 1935 diese Grundsätze so: „Ziel staatlicher Gesundheitsführung ist es, die Front des erbgesunden, kraftvollen Nachwuchses schrittweise zu verbreitern. Der Weg hierzu liegt neben dem Ausschalten des Minderwertigen im Vorbeugen und zunehmenden Ausgleichen.“[18] Die Anstalten Hohenlychen heilten nicht länger einzelne Kranke, sondern den „Volkskörper“. Sie dienten nicht der sozialen Versorgung, sondern der kollektiven Leistungsfähigkeit, der „Rassenhygiene“ und der „Erbgesundheit“. Viele Ärzte ermächtigten sich auf Grundlage dieses Ethos zum Äußersten. Das ärztliche Weltbild von 1937 formulierte: „Die Gemeinschaft hat aufgrund ihres dem Einzelwesen übergeordneten Lebensgesetzes das Recht, unter Umständen gegen ihre Glieder sogar vernichtend vorzugehen.“[19]

PROMINENTENKLINIK, REICHSSPORTSANATORIUM, SS-LAZARETT

Die attraktive Anlage am Wasser, der Ruf der Ärzte und Lychens Tradition als Sommerfrische zog die Berliner NS-Elite an. Für die Mächtigen und Reichen betrieb Gebhardt seit August 1934 in der ehemaligen Villa des Verwaltungsdirektors eine Privatklinik, bald als „Ministerpavillon“ bekannt. Dort ließ Rudolf Heß im Folgejahr eine Skiverletzung behandeln, der „Führer“ kam dreimal zu Besuch. Weitere Regierende aus Berlin wie Arbeitsminister Franz Seldte, Reichsleiter Alfred Rosenberg oder Frauenführerin Gertrud Scholtz-Klink folgten. Hermann Göring verteilte auf dem Lychener Marktplatz aus dem offenen Wagen Bonbons. 1936 steigerten die Olympischen Spiele den Ruf Hohenlychens. Angehörige der regierenden Häuser Belgiens, Griechenlands und Rumäniens reisten an, von der entthronten preußischen Verwandtschaft kam die Kaisertochter Viktoria Luise, nach der hier eine Abteilung benannt war. 1937 wurde dann wegen steigender Nachfrage die vormalige Helferinnenschule zur Privatstation II umgewidmet. Ebenfalls privilegiert und von großem öffentlichem Interesse waren die Sportler, die den Ruhm des Reichs in den olympischen Wettkämpfen mehren sollten. Im Vorfeld der Spiele verdoppelte die Klinik die entsprechenden Behandlungskapazitäten, verletzte „Sportkameradinnen“ und „Sportkameraden“ erhielten die bestmögliche Betreuung. In dieser Ausbauphase kamen eine Sportanlage, eine Apotheke und mehrere Wirtschaftsgebäude hinzu. Die älteren Gebäude erfuhren eine gründliche Modernisierung.

Der Reichssportführer Hans von Tschammer und Osten, der einen Sitz im Kuratorium der Anstalten innehatte, verfügte über die Mittel der Sporthilfe beziehungsweise über den „Sportgroschen“, den der Deutsche Olympische Ausschuss auf Eintrittskarten zu Sportereignissen und Briefmarken aufschlug, um die 1931 an Berlin vergebenen Olympischen Spiele zu finanzieren. Ab 1933 sollte dann das Reich für die Spiele aufkommen. Daraufhin leitete Tschammer die freigewordenen Mittel aus dem „Sportgroschen“ in die Stiftung Sporthilfe und nach Hohenlychen. Die Abteilung für Sport- und Arbeitsschäden trug deshalb den glänzenden Titel „Reichssportsanatorium“ und wurde zahlreichen ausländischen Delegationen aus dem Sport- und Gesundheitsbereich vorgeführt.

Für die Spiele war Gebhardt als erster Sportarzt des Landes selbstredend unverzichtbar und leitete das Ärztehaus auf dem Olympiagelände. Schon zuvor hatte er als Dozent in der benachbarten Reichsakademie für Leibesübungen gewirkt. Im Jahr nach den Spielen avancierte er zum Leiter von deren Medizinischem Institut, das an die Friedrich-Wilhelms-Universität angeschlossen war. Damit war er der erste ordentliche Professor für Sportmedizin in Deutschland.

Einen weiteren Karrierepfad betrat Karl Gebhardt seit 1935, als er sich der SS anschloss und sogleich den hohen Rang eines Sturmbannführers bekleidete. 1936 wurde an die Anstalten ein „Ver-

18 Hahn Grawitz S. 186
19 Hahn Ethische Grundlagen S. 134

Karl Gebhardt (Mi.) mit seinem Sohn und Reichssportführer Hans von Tschammer und Osten in Hohenlychen, Oktober 1942

tragslazarett" der SS mit 70 Betten angegliedert, entsprechende Baulichkeiten entstanden zeitgleich mit den neuen sportmedizinischen Anlagen seit April jenes Jahres. Es wurden seitdem verletzte Angehörige der SS-Verfügungstruppe, aus der die Waffen-SS hervorging, eingeliefert. Mit Gründung der neuen Abteilung trat der „Reichsarzt SS" Ernst-Robert Grawitz dem Kuratorium des Heilstättenvereins bei, ihm unterstand als Chef des SS-Sanitätsamts auch das medizinische Personal in den Konzentrationslagern. 1937 stieg Grawitz zur prägenden Figur des Deutschen Roten Kreuzes auf, dem die Anstalten nach wie vor zugehörten, so dass der Einfluss der SS noch einmal wuchs – ihrem Beirat gehörte SS-Chef Heinrich Himmler höchstselbst an. Gebhardts Bekannter aus Schultagen, der ihm auch während der zwanziger Jahre in der rechtsradikalen Szene Münchens immer wieder über den Weg gelaufen sein muss, besuchte spätestens im Juni 1936 zum ersten Mal Hohenlychen.

In den Vorkriegsjahren befasste sich Gebhardt mit der Linderung der Kinderlähmung. Später sagte er aus: „[I]ch hatte bestimmte Boote, sodass die Kindergelähmten ihr Dasein fast den ganzen Tag am Wasser zubringen konnten. Wir hatten uns im Winter verholfen, indem wir durch Salzeinlagen im Wasser einen günstigen Auftrieb in unseren Bädern herstellten."[20] Den Betroffenen versuchte er außerdem, mit den Mitteln der Wiederherstellungschirurgie zu helfen. Er beschritt damit ein Gebiet, das während des Krieges besonders gefragt sein sollte. Verwundete der Legion

20 Der Nürnberger Ärzteprozeß 1946/47 : Wortprotokolle, Anklage- und Verteidigungsmaterial, Quellen zum Umfeld, im Auftr. der Hamburger Stiftung für Sozialgeschichte des 20. Jahrhunderts hrsg. von Klaus Dörner u.a., München 1999, S. 3978

Condor, die in Spanien auf der Seite des putschenden Generals Franco gegen die Republik kämpfte, trafen in Hohenlychen ein und mehrten die Erfahrungen im Umgang mit Kriegsverletzten. Eine Chronik der Heilanstalten aus dem Jahr 1936 beschwor die große Gemeinschaft „Arbeiter – Soldaten – Sportler".[21] Gebhardt legte besonderen Wert auf den Zusammenhalt unter Patienten und Mitarbeitern und sprach vom „Geist von Hohenlychen" an der NS-Vorzeigeklinik.

TUBERKULOSEKRANKE UNTER DEM NS-REGIME

Die Nationalsozialisten stuften die in Hohenlychen noch immer praktizierte Heilstättenbehandlung, die schon vor 1933 gegenüber der chirurgischen Therapie an Boden verloren hatte, weiter herab. Mit dem Ziel, den „Volkskörper" auch auf Kosten des Einzelnen gesund zu erhalten, ging es dem Gesetzgeber zunehmend um die Isolierung der Kranken. Zunächst schränkte das Regime Ehen ein. Seit 1933 konnten Ärzte Personen, die vor einer Eheschließung standen und an ansteckenden Krankheiten litten, von der Gewährung staatlicher Darlehen ausschließen. Das Ehegesundheitsgesetz verbot 1935 Paaren, von denen ein Partner an Tuberkulose litt, die Heirat. Drei Jahre später erlaubte der NS-Staat einem gesunden Ehepartner die einseitige Scheidung von einem erkrankten.

Heinrich Himmler zeigte Interesse an einer medikamentösen Bekämpfung der Krankheit und schickte Karl Gebhardt – der Chirurg und Sportmediziner war erst an dritter Stelle für Tuberkulose zuständig – im Januar 1938 das Rezept einer Kräuterteemischung, das in der Familie Himmler als Mittel gegen Tuberkulose vererbt wurde. Gebhardt antwortete, das Rezept sei in der Volksmedizin lange bekannt und eine Wirkung nicht zu erwarten. Weit weniger harmlos waren die Versuche an KZ-Häftlingen in Dachau mit dem Ziel, die Wirkung homöopathischer Mittel gegen die Krankheit zu prüfen. Der für die Naturheilkunde sehr aufgeschlossene Himmler war enttäuscht, als sich keinerlei Wirkung nachweisen ließ.

Vielversprechender in der Bekämpfung der Tuberkulose waren die ersten Röntgenreihenuntersuchungen in Wehrmacht, SS, Reichsarbeitsdienst und in gefährdeten Industriebetrieben. Sie fanden seit 1938 statt, im selben Jahr wurde eine Meldepflicht eingeführt. Zugleich wuchs der Druck auf die Erkrankten. Dem Gedanken folgend, dass auch Charaktereigenschaften erblich seien, stellten nationalsozialistische Beamte und Ärzte rechtlich relevante Kategorien wie „Berufsverbrecher" oder „Asoziale" auf. Das beeinflusste auch ihre Sicht auf Kranke. Seit 1938 gestattete die „Verordnung zur Bekämpfung übertragbarer Krankheiten", „Ansteckungsverdächtige" „einer Aussonderung und Beobachtung" zu unterwerfen. Das bedeutete die Zwangsasylierung von Menschen mit offener Tuberkulose, insbesondere jener, die strafrechtlich auffällig geworden waren oder sich als „Asoziale" klassifizieren ließen. Ganz neu war diese Perspektive nicht: Von „böswilligen" Kranken war schon 1925 in ärztlichen Gesetzesvorschlägen,[22] von „asozialen Offentuberkulösen" auf einer Ärztetagung 1931 die Rede.[23]

Für die Zwangsunterbringung – die Kosten hatten die Betroffenen selbst zu tragen – entstand eine Reihe von Einrichtungen, unter anderem in Brandenburg-Görden und im thüringischen Stadtroda, wo bereits seit 1934 an den psychiatrischen Landesheilanstalten eine „Abteilung für zwangsweise Absonderung Offentuberkulöser" in Betrieb war. Noch relativ gut erging es dort den „Einsichtslosen". Bei diesen könne es sich um „anständige Volksgenossen" handeln, denen einfach das Krankheitsbewusstsein abgehe, oder kinderreiche Mütter, die aus „falsch verstandenem Pflichtgefühl" ihre Familien nicht verließen. Auch „Leichtsinnige" wie „unentwegte Tanzbodenkavaliere", „Wirtschaftbesucher" und „Kinderfreunde"[24] hatten noch ein vergleichsweise erträgliches Los, blieben aber wie die „Einsichtslosen" mindestens sechs Monate im Zwangsasyl.

Weitaus schlechter erging es denjenigen, denen die Ärzte „soziale Wertlosigkeit" attestierten. Sie erfuhren keinerlei Behandlung. Die Unterbringung dieser Menschen ähnelte der Einzelhaft in einem Ge-

21 Hahn Grawitz S. 178

22 Hähner-Rombach S. 269

23 Aly S. 132

24 Hähner-Rombach S. 275

fängnis, das Aufsichtspersonal war bewaffnet. Seit 1942 töteten Ärzte und Pfleger der Landesheilanstalt Stadtroda psychisch Kranke und geistig Behinderte durch systematische Mangelernährung. Auch die Verpflegung der „böswilligen" Lungenkranken war derart ungenügend – „dieselbe Kostform wie die geisteskranken Patienten" –, dass sie starben. Die Begründung: „eine künstliche Verlängerung des Lebens bei unheilbaren Asozialen [wäre] unangebracht", wie ein Arzt in einer medizinischen Fachzeitschrift erklärte.[25] Zu dieser Gruppe zählten die verantwortlichen Ärzte „Verbrechernaturen, Alkoholiker, Psychopathen, Prostituierte, ... obdachlose Offentuberkulöse". Auch „kommunistische Betätigung"[26] galt als Kriterium. Die Verbrechen in Thüringen wirkten sich auch auf die Patienten in Hohenlychen aus. In den deutschen Heilstätten sprach sich „Stadtroda" herum, so dass kaum ein Patient die Behandlung vorzeitig abbrach.

Die Tötungen in Stadtroda gehörten in den Zusammenhang der „wilden Euthanasie" oder „Aktion Brandt", dem 130 000 bis 230 000 Menschen in Deutschland und im annektierten Westpolen zum Opfer fielen. Wie in Stadtroda sollten auch im Warthegau die Morde auf Tuberkulöse ausgedehnt werden. Im Juli 1942 genehmigte Himmler dem Gauleiter Arthur Greiser die Vergasung von 20 000 bis 25 000 polnischen Tuberkulosekranken.

25 Aly S. 134

26 Hähner-Rombach S. 274

HOHENLYCHEN IN DEN KRIEGSJAHREN

Während der Besetzung Österreichs und des Sudetenlandes, später im Krieg gegen Polen war Karl Gebhardt als „Begleitarzt" Himmlers dabei, was ihn jedoch langweilte. 1940 wechselte er in den Sanitätsdienst der SS, der „Beratende Chirurg" hatte dort eine Spitzenposition inne. Himmler dekretierte: „Die klinischen Anordnungen von SS-Oberführer Prof. Dr. Gebhart sind für die Truppenärzte und Ärzte der Lazarette der Waffen-SS bindend."[27] Gebhardt inspizierte SS-Lazarette an den verschiedenen Fronten, stellte

27 Hahn Grawitz S. 347

Soldaten bei der Krankengymnastik, Hohenlychen 1941

eine mobile Chirurgie-Einheit auf, die an die Schauplätze schwerer Kämpfte verlegt wurde, operierte vielfach selbst und beriet den Reichsführer SS in Fragen der Organisation. Sein Rang war ab 1943 der eines SS-Gruppenführers und Generalleutnants der Waffen-SS, er trug seitdem den Titel des „Obersten Klinikers im Stabe Reichsarzt SS und Polizei".

Im Krieg teilten sich die 1000 Betten in Hohenlychen auf 300 zivile Tuberkulose-Patienten, 300 Verwundeten-Betten für die SS und 400 für die Wehrmacht auf. Dem SS-General und zivilen Chefarzt Gebhardt unterstanden sowohl die zivilen als auch die militärischen Abteilungen. Weil er die meiste Zeit unterwegs war, um die SS-Lazarette zu inspizieren und selbst Hand anzulegen, regelten Stellvertreter die täglichen Angelegenheiten. Die Ärzte führten anspruchsvolle Operationen an Verwundeten durch und veröffentlichten kriegschirurgische Forschungsarbeiten. Rekonvaleszenten und Versehrte machten kräftigende Übungen und trieben Sport; für das 1942 eingeführte Verwundetensportabzeichen erstellte Gebhardt die Leistungskriterien. „Wir hatten Werkstätten, Gärtnereien, Bäder, Schulungen, konnten die Verletzten samt ihren Familien aufnehmen, und dafür schulte ich seit 1943 einen Stab von Ärzten, Lehrern, Sportlehrern, gab 1943 Deutschland die Richtlinien für den Versehrten- und Verwundetentransport."[28] Nach dem Krieg wollte Gebhardt sein Haus zum Zentrum für die Ertüchtigung Kriegsversehrter machen und dachte dabei auch an die „merkwürdige psychologische Verschiebung, die der Schwerstbeschädigte sehr leicht bekommt".[29]

28 Der Nürnberger Ärzteprozeß 1946/47: Wortprotokolle, Anklage- und Verteidigungsmaterial, Quellen zum Umfeld, im Auftr. der Hamburger Stiftung für Sozialgeschichte des 20. Jahrhunderts hrsg. von Klaus Dörner u.a., München 1999, S. 3979

29 Ebd.

Beinamputierte beim Sport unter ärztlicher Aufsicht, Hohenlychen 1941

Wiederherstellung: SS-Mann beim Schnitzen, Hohenlychen 1941

Die SS stellte über ein Sonderkonto – gespeist von Spenden deutscher Großunternehmen beziehungsweise des „Freundeskreises Heinrich Himmler" – eine optimale Ausstattung Hohenlychens sicher, die Material- und Personalengpässe waren dort deutlich geringer als anderswo. Die SS zapfte für die Klinik außerdem die personellen Ressourcen der Konzentrationslager an. Häftlinge aus Ravensbrück und Sachsenhausen arbeiteten in der Versorgung und den Gärten, einige wenige auch im medizinischen Bereich. Sie trugen Zivilkleidung, damit sie bei den vornehmen Erholungs- und Heilungssuchenden, die sich ungeachtet des Lazarettbetriebs einfanden, keinen Anstoß erregten.

Die bevorzugte Versorgung der Anstalten durch die SS ging mit einem zunehmend engen Verhältnis zwischen Gebhardt und Himmler einher. In der Privatklinik brachte Himmlers Geliebte Hedwig Potthast im Februar 1942 ihren Sohn Helge zur Welt. Gebhardt half selbst bei der schwierigen Geburt und wurde Pate des Kindes. An die Mutter schrieb er: „Ich kann Ihnen nur die Versicherung geben, dass ich mich auch weiterhin bemühe, ein absolut getreuer Gefolgsmann des Reichsführers zu sein, dass ich gern und immer Ihnen und Ihrem Kind als Arzt und Kamerad freundschaftlich zur Seite stehen werde."[30] Der verheiratete SS-Offizier Gebhardt kannte den „Zeugungsbefehl" Himmlers an die Männer der Schutzstaffel, die eigene Fortpflanzung und damit die „Stärkung der Volkskraft" über die eheliche Treue zu stellen. Nun unterstützte er tatkräftig diese Moral und ihren obersten Verwirklicher.

MENSCHENVERSUCHE IN RAVENSBRÜCK UND HOHENLYCHEN

Während des Krieges ging der medizinische Forschungsbetrieb weiter, auch Gebhardt sprach selbstverständlich auf Ärztekongressen über Wiederherstellungs- und Kriegschirurgie. Kontrovers besprachen die deutschen Militärmediziner die Anwendung von antibiotisch wirkenden Sulfonamid-Präparaten. Die einen wollten sie bei schweren Wunden vorbeugend geben, die anderen favorisierten eine ausschließlich chirurgische Behandlung.

Die Sulfonamid-Debatte bekam Auftrieb, nachdem Agenten der tschechoslowakischen Exilregierung am 27. Mai 1942 in Prag ein Attentat auf Reinhard Heydrich verübten. Die Nummer zwei des NS-Gewaltapparats hatte als Stellvertretender Reichsprotektor von Böhmen und Mähren seit September 1941 eine Terrorherrschaft errichtet. Nach dem Anschlag befahl Himmler Gebhardt, sich um den Verletzten zu kümmern. Als der SS-Spitzenchirurg eintraf, war Heydrich bereits operiert worden. Sechs Tage nach dem Attentat entzündeten sich Heydrichs Wunden – Partikel aus dem Sitz seines Wagens waren durch die Explosion eines Sprengsatzes in seine Bauchhöhle eingedrungen. Gebhardt konnte ihm nicht helfen, der „Henker von Prag" starb am 4. Juni. In anschlie-

30 Himmler/Wildt S. 279

ßenden Racheakten töteten die deutschen Besatzer 1300 Menschen.

Hitlers Leibarzt Theodor Morell brachte die Anschuldigung auf, Heydrich hätte durch die Gabe eines bestimmten Sulfonamid-Präparats gerettet werden können. Gebhardt sah seine Karriere gefährdet und reagierte mit einer Art von „Forschung", die damals unter NS-Medizinern allgemein anerkannt war. Von Juli bis Dezember 1942 führte er an 74 Häftlingen Experimente durch, die Frauen stammten überwiegend aus Polen und waren im 15 Kilometer entfernten Konzentrationslager Ravensbrück inhaftiert. Sie waren zum Tode verurteilt worden und wurden mit einer späteren Begnadigung gelockt. Um herauszufinden, ob Sulfonamid Infektionen vorbeugte, brachte er ihnen Wunden an Ober- und Unterschenkeln bei und verschmutzte sie mit Splittern, Dreck und Bakterien. Die verwundeten Beine wurden in den meisten Fällen eingegipst, damit die Opfer nicht an die Wunden gelangten.

Seinen alten Standpunkt in der Sulfonamid-Debatte, dass der Wirkstoff bei der Erstversorgung von Kriegswunden wirkungslos sei, sah Gebhardt durch die Versuche bestätigt. In seiner Eigenschaft als Oberster Kliniker gab er daraufhin die verbindliche Weisung, die chirurgische Behandlung der medikamentösen vorzuziehen. Sein Ansehen als führender Militärarzt war gerettet. Elf „Kaninchen", wie sie im

Zwangsarbeit von weiblichen Häftlingen des KZ Ravensbrück

Lager genannt wurden, waren unter seiner Verantwortung gestorben oder erschossen worden. Unterstützt hatten ihn sein Assistent Fritz Fischer und die Lagerärztin Herta Oberheuser, die „Patientinnen" mit Spritzen getötet hatte und Anfang 1943 nach Hohenlychen wechselte.

Menschenversuche begleiteten Gebhardts Laufbahn auch weiterhin. Laut einer Anordnung Himmlers vom Mai 1944 sollte er zu allen Menschenversuchen in KZs eine Stellungnahme abgeben, auf der wiederum die Genehmigung durch Himmler basierte. Im selben Monat hielten 141 Mediziner die 4. Arbeitstagung Ost der Beratenden Militärärzte in Hohenlychen ab. Sie tauschten sich unter anderem über einige der Experimente aus, die SS, Wehrmacht und zivile Forscher an KZ-Häftlingen unternahmen.

Einige der grausamen Versuche wurden, auch von Gebhardt selbst, in Hohenlychen durchgeführt, zumeist aber in den Lagern. Gebhardts Assistent Ludwig Stumpfegger brach Ravensbrücker Häftlingen die Knochen oder pflanzte ihnen Knochensplitter ein, um den Heilungsprozess zu untersuchen. Einem Häftling, der anschließend getötet wurde, entnahm er ein Schulterblatt und transplantierte es einem Patienten in Hohenlychen. Der Oberarzt der Tuberkuloseabteilung Kurt Heißmeyer infizierte Gefangene des KZ Neuengamme im Erwachsenen- und im Kindesalter mit Tuberkulosebakterien. Er wollte herausfinden, ob durch eine zweite Infektion Heilung oder Immunisierung zu erreichen wären, obwohl frühere Untersuchungen längst bewiesen hatten, dass dies nicht der Fall ist. Heißmeyer hatte diese Ergebnisse aber nicht zur Kenntnis genommen. Manche der Häftlinge wurden getötet und seziert, anderen, die zunächst am Leben blieben, die Lymphdrüsen entfernt. Zwanzig für die Experimente missbrauchte jüdische Kinder und vier sie betreuende erwachsene Häftlinge erhängten SS-Männer aus Neuengamme am 20. und 21. April 1945 in der Schule am Bullenhuser Damm in Hamburg, damit sie nicht gegen ihre Peiniger aussagten.

EIN SANATORIUM WIRD MACHTZENTRUM

Während der berühmte Arzt Karl Gebhardt Menschenversuche durchführte und genehmigte, begaben sich die Mächtigen des „Dritten Reichs" in seine heilenden Hände. Am 18. Januar 1944 traf Albert Speer in der Hohenlychener Privatstation ein, er litt an einem entzündeten Knie. „Der Kranke macht einen ausgesprochen erschöpften Eindruck mit blasser, leicht schwitzender Haut", vermerkt die Krankenakte.[31] Das Knie wurde ruhiggestellt und dem Patienten eine Fastenkur verordnet. Seit seiner Berufung zum Rüstungsminister im Februar 1942 war Speer rastlos tätig gewesen, sein Körper forderte den Preis für die Arbeitsbelastung und die vielen Inspektions-

31 Brechtken S. 241

reisen durch das besetzte Europa. Zum Beispiel hatte er im Dezember 1943 die unterirdische Raketenfabrik bei Nordhausen im Harz begutachtet, wo Tausende Häftlinge beim Bau der Stollen zu Tode geschunden wurden. Anfang Januar hatte er mit Himmler die Heranschaffung von vier Millionen ausländischen Zwangsarbeitern im Laufe des Jahres 1944 besprochen.

Hohenlychen war für Speer in mehrfacher Hinsicht der richtige Ort: Hier waren Gelenkspezialisten tätig, der Ausgebrannte fand hier Ruhe, und schließlich verband ihn mit Himmler, dem obersten Herrn der Anstalten, ein Vertrauensverhältnis. Als sich ein längerer Aufenthalt abzeichnete, erhielt Speer drei zusätzliche Räume und eine direkte Telefonverbindung in sein Ministerium, seine persönlichen Sekretärinnen reisten an. Speer diktierte Briefe und empfing Besucher, er konferierte mit Militärs- und Rüstungsfunktionären. Das Ehepaar Gebhardt stellte für Treffen und Besprechungen auch sein Privathaus zur Verfügung, die Villa des ärztlichen Direktors hatte es nach dem Zeitgeschmack umgestaltet und erweitert.

Am 16. März spielte der renommierte Pianist Wilhelm Kempff in der Mehrzweckhalle der Anstalten, seine Einladung durch den Reichsminister Speer war ein Abschiedsgeschenk an das Personal Hohenlychens. Danach begab er sich auf einen Erholungsurlaub in Meran, auf dem ihn Gebhardt begleitete. Hitler persönlich hatte Gebhardt Anfang des Jahres für die Behandlung Speers von allen übrigen Pflichten freigestellt.

Die zweite NS-Größe, die von Hohenlychen aus ihre Amtsgeschäfte führte, war Heinrich Himmler, der seit Ende 1944 immer häufiger das vor Luftangriffen relativ sichere Hohenlychen aufsuchte. Anfang März erkrankte er in Pommern, wo er die Heeresgruppe Weichsel führte, an einer Angina. Er begab sich in Gebhardts Privatklinik, wo ihn am 21. März die Nachricht erreichte, dass Hitler dem militärisch nicht qualifizierten Terrorchef das Kommando über die Heeresgruppe Weichsel entzogen hatte.

Himmler blieben an militärischen Funktionen noch der Oberbefehl über den Volkssturm und das Ersatzheer, unter anderem sandte er aus dem märkischen Sanatorium am 28. März die Anordnung: „Aus einem Haus, aus dem eine weiße Fahne erscheint, sind alle männlichen Personen zu erschießen. Es darf bei diesen Maßnahmen keinen Augenblick gezögert werden."[32] Er bevollmächtigte die Gestapostellen, nach Gutdünken über die „Sonderbehandlung" von Gefangenen zu entscheiden. Die Täter vor Ort verübten daraufhin während der letzten Kriegsmonate viele Tausende Morde in den Lagern und Gefängnissen. Um ihre Befreiung zu verhindern, hetzte die SS die noch lebenden KZ-Häftlinge in Todesmärschen durchs Land.

VERHANDLUNGEN IN LETZTER STUNDE

Angesichts der unausweichlichen Niederlage suchte Himmler nach einem für ihn günstigen Ausweg aus dem Krieg und stellte Anfang 1945 Kontakte ins neutrale Schweden her, wo wiederum Diplomaten die Befreiung skandinavischer Häftlinge aus deutschen Konzentrationslagern anstrebten. In Hohenlychen, einer Einrichtung des Roten Kreuzes, traf er sich am 19. Februar zum ersten Mal mit dem Vermittler Graf Folke Bernadotte, dem stellvertretenden Vorsitzender des schwedischen Roten Kreuzes. Der Gastgeber Karl Gebhardt erklärte dem Unterhändler, das Lazarett sei mit Flüchtlingen überfüllt, achtzig Kinder hätten wegen Erfrierungen und Schussverletzungen amputiert werden müssen. In den Verhandlungen lehnte Himmler es ab, Häftlinge aus den Lagern zu entlassen, und gestattete die Zusammenlegung der Skandinavier im KZ Neuengamme.

Am 2. April erreichte Bernadotte in Hohenlychen Himmlers Zusage, dänische und norwegische Frauen und Kranke nach Schweden zu entlassen. Er lehnte aber eine von Bernadotte angesprochene Kapitulation ab, da Hitler sie nicht wolle, er aber an diesen durch Eid gebunden sei. Dann deutete er die Möglichkeit eines Staatsstreichs an und bat für diesen Fall um Vermittlung zu den Westmächten, doch sein Gegenüber machte ihm wenig Hoffnung, dass Briten und Amerikaner auf ihn zugehen würden. Die Gefangenen waren für Himmler also Verhandlungsmasse, ihre Freilassung sollte sein Image aufpolieren und

32 Longerich S. 740

Gesprächen mit dem westalliierten Oberkommandierenden Dwight D. Eisenhower den Weg ebnen.

Am 19. April willigte Himmler in Hohenlychen gegenüber Bernadotte in die Ausreise von Skandinaviern ins deutsch besetzte Dänemark ein. Am darauffolgenden Tag fuhr Himmler nach Berlin und gratulierte dem „Führer" zum Geburtstag. Auf dem Rückweg aus Berlin traf Himmler auf Gut Hartzwalde bei Rheinsberg Norbert Masur, einen Gesandten des Jüdischen Weltkongresses. In dem Gespräch leugnete Himmler die Massenvernichtung, log über die angebliche Verschonung und Zurücklassung von 150 000 Juden in Auschwitz und beschwerte sich darüber, von den Alliierten verleumdet zu werden. Dann stimmte er der Freilassung von tausend jüdischen Frauen aus Ravensbrück zu. Himmler glaubte fest an den Einfluss des „Weltjudentums" und meinte, mit seinen Lügen und Gnadenerweisen seine Verhandlungsposition gegenüber den Kriegsgegnern verbessern zu können. Nach seiner Rückkehr aus Hartzwalde traf Himmler Bernadotte nochmals in Hohenlychen und gab nun sein Einverständnis, dass die Schweden Frauen sämtlicher Nationalitäten aus Ravensbrück abholten.

Auch Gebhardt fuhr in diesen Tagen noch einmal in den Führerbunker, um sich von Hitler die Ernennung zum Geschäftsführenden Direktor des DRK bestätigen zu lassen. Sein Vorgänger Grawitz hatte sich und seiner Familie am 24. April das Leben genommen. Gebhardts Ehrgeiz blieb selbst im Angesicht der unvermeidlichen Niederlage wach und hungrig – oder er spekulierte darauf, als hoher Vertreter des Roten Kreuzes bessere Karten bei den Siegern zu haben.

Am 27. April 1945 verließ Himmler gegen Mittag Hohenlychen, Gebhardt folgte ihm am Nachmittag. Der Arzt sagte aus, mit den „Weißen Bussen" des Schwedischen und Dänischen Roten Kreuzes, die seit dem 22. April weibliche Häftlinge aus Ravensbrück abholten, nach Norddeutschland gelangt zu sein. Am 15. Mai habe er sich dann den Alliierten gestellt. Andere Stimmen bezeugen seine Anwesenheit im Gefolge des mit falscher Identität durch Norddeutschland irrenden

Einige der infolge der Verhandlungen zwischen Bernadotte und Himmler freigelassenen Häftlinge

Himmler, bis dieser durch britische Soldaten am 21. Mai in Lüneburg festgenommen wurde. Am wahrscheinlichsten ist, dass Gebhardt die Rolle von Himmlers Leibarzt bis zum Ende erfüllte. In seinen späteren Aussagen versuchte er offenbar, seine Verbundenheit mit dem verrufensten NS-Anführer zu schmälern. Vor Gericht beklagte er, dass Himmler vor seinem Untertauchen die SS-Angehörigen nicht von ihrem Eid gelöst hatte. Es scheint, als habe er sich bis zum letzten Augenblick daran gebunden gefühlt. Dabei hatte Hitler seinen „treuen Heinrich" am 28. April abgesetzt und seine Verhaftung befohlen, nachdem er aus den internationalen Medien von dessen Angebot einer Teilkapitulation vor den Westmächten erfahren hatte. Diesen hochverräterischen Vorschlag hatte Himmler am 23./24. April in Lübeck bei seinem letzten Treffen mit Bernadotte unterbreitet.

Himmler nahm sich Stunden nach seiner Gefangennahme und Identifizierung das Leben. Gebhardt stand 1946/47 im Nürnberger Ärzteprozess vor Gericht. Die Vorwürfe gegen ihn drehten sich hauptsächlich um die Sulfonamid-Experimente an Menschen und um die Knochenverpflanzungen. Der Angeklagte verteidigte sich mit dem Hinweis auf den wissenschaftlichen Nutzen der Versuche sowie ihre verantwortungsvolle Ausführung und nannte Himmler als deren Urheber. Gebhardt wurde zum Tod verurteilt, in einem Gnadengesuch argumentierte er: „Die ärztliche Verantwortung erstreckt sich unter der Voraussetzung, dass Menschenversuche vom Staate in einem Staatsnotstand ausdrücklich befohlen sind ..., allein auf eine wissenschaftlich exakte und einwandfreie, schonende Art der Durchführung."[33] Das Gesuch wurde abgewiesen und Gebhardt am 2. Juni 1948 im Gefängnis Landsberg hingerichtet.

33 Der Nürnberger Ärzteprozeß 1946/47: Wortprotokolle, Anklage- und Verteidigungsmaterial, Quellen zum Umfeld, im Auftr. der Hamburger Stiftung für Sozialgeschichte des 20. Jahrhunderts hrsg. von Klaus Dörner u.a., München 1999, S. 3228

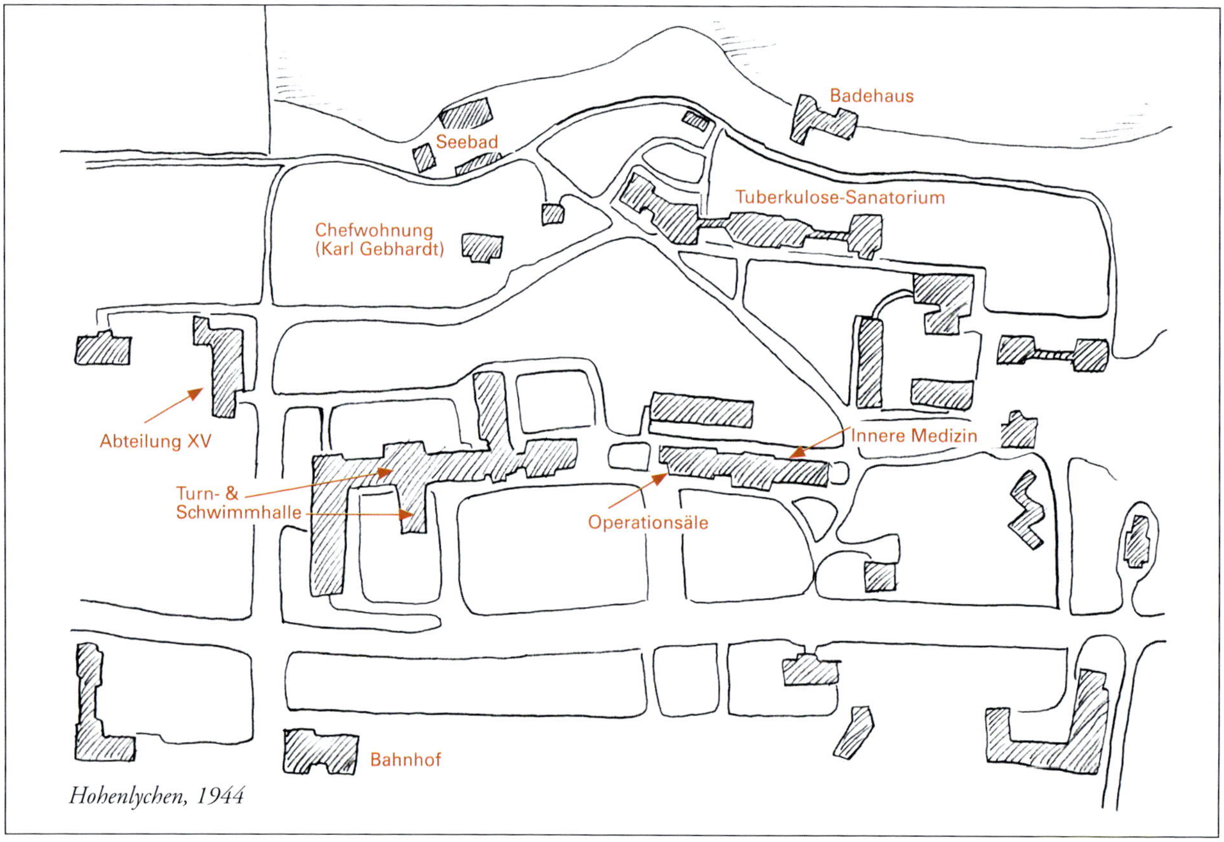

Hohenlychen, 1944

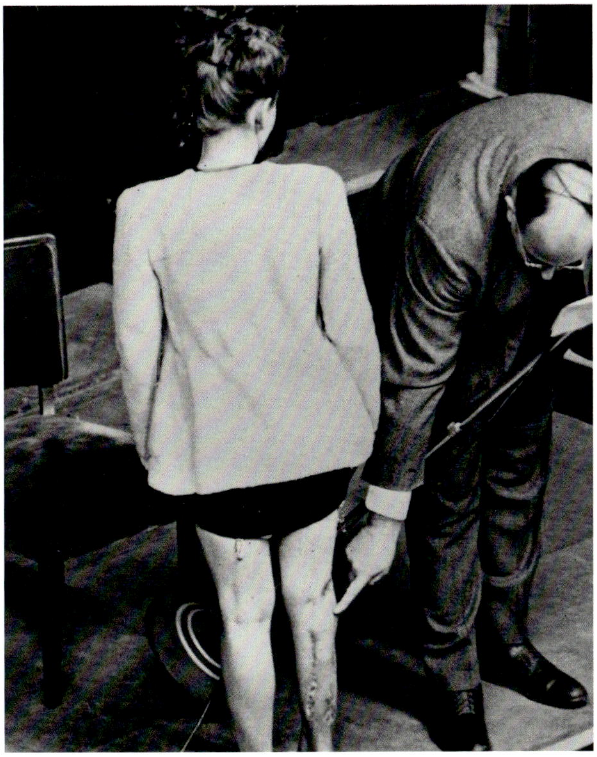

Ein Sachverständiger erläutert im Nürnberger Ärzteprozess die Folgen der Sulfonamidversuche an Jadwiga Dzido, Dezember 1946.

Herta Oberheuser, die einzige bei den Nürnberger Prozessen verurteilte Frau, im November 1946 auf der Anklagebank.

Sein Assistent und Mitangeklagter Fritz Fischer, zu lebenslanger Haft verurteilt, kam 1954 frei und arbeitete anschließend für das Pharmaunternehmen Boehringer Ingelheim. Er war einer von den wenigen NS-Tätern, deren Gewissen sich meldete, und gab seine Approbation zurück. Herta Oberheuser, die einzige in den 13 Nürnberger Prozessen verurteilte Frau, sollte zwanzig Jahre verbüßen, wurde aber schon 1952 entlassen. Sie praktizierte anschließend in Schleswig-Holstein, bis ihr nach Protesten überlebender Ravensbrück-Häftlinge 1958 – gegen ihren juristischen Widerstand – die Approbation entzogen wurde. Der Sportarzt Frowalt Heiß, in Hohenlychen tätig und von Gebhardt ausgebildet, betreute 1952 die westdeutsche Olympiamannschaft.

Kurt Heißmeyer, verantwortlich für die Tuberkuloseversuche an sowjetischen Kriegsgefangenen und jüdischen Kindern, betrieb eine Fachpraxis für Lungenheilkunde in Magdeburg und wurde 1964 nach Berichten in bundesdeutschen Medien verhaftet. Er legte vor Gericht die Aufzeichnungen zu seinen Menschenversuchen vor, die er in Hohenlychen am Ufer des Zenssees vergraben hatte. Anstatt ihn, wie Heißmeyer erwartet hatte, als Belege für die Einhaltung ärztlicher Ethik zu entlasten, besiegelten die Unterlagen seine Verurteilung zu lebenslanger Haft. Zudem hatte er während seines Prozesses eingestanden, keinen Unterschied zwischen Versuchstieren und Juden gesehen zu haben. Er starb 1967 im Gefängnis Bautzen.

KRIEGSENDE IN HOHENLYCHEN

Anfang 1945 – die Rote Armee stand an der Oder – wurden zum Schutz vor Luftangriffen und Kampfhandlungen Stollen in die Hänge am Zenssee gegraben. In der Lychener Volksschule lagerten Flüchtlinge. Die Brücken im Stadtgebiet wurden zur Sprengung vorbereitet, Panzerhindernisse entstanden auch im Wald und an der Landstraße östlich der Heilanstalt. Die Anstalten und das benachbarte Städtchen trafen am 27. April mehrere Tieffliegerangriffe. Am selben Tag fuhr, wie durch ein Wunder ohne Schaden zu nehmen, ein

letzter Lazarettzug mit zahlreichen Verwundeten und dem medizinischen Personal ab und erreichte sein Ziel Flensburg. Lettische SS-Soldaten und Lychener Bürger plünderten die Vorräte der Heilanstalten. Die Soldaten, die eigentlich die Stadt hätten verteidigen sollen, setzten sich anschließend nach Westen ab.

Am 28. April flohen die meisten Lychener vor den nahenden Rotarmisten, manche nach Nordwesten, andere in die Wälder der Umgebung. Am 29. erreichten Soldaten der 49. Armee von Templin kommend die beinahe unversehrten Kliniken, Artilleriefeuer zerstörte dabei den Bahnhof Hohenlychen. Wegen der gesprengten Brücken konnten zuerst nur Spähtrupps weiter in die unverteidigte Stadt vordringen, während die meisten der heranmarschierten Rotarmisten vorübergehend in den Heilstätten verharrten und Mobiliar und medizinische Ausrüstung zerstörten. Sie bedrängten die etwa fünfzig noch anwesenden Frauen, von denen acht sich mit Gift das Leben nahmen – es waren die ersten von fast 300 Selbstmorden in und um Lychen. Zwölf Zivilisten wurden von Sowjetsoldaten aus ungeklärten Gründen erschossen, davon drei auf dem Gelände der Klinik. 33 tot vorgefundenen Patienten des Lazaretts wurden mit 55 Zivilisten in einem Massengrab auf dem Friedhof von Hohenlychen beerdigt.

Zu der ungewöhnlich hohen Zahl an Selbsttötungen kamen schwere materielle Verluste: Sowjetsoldaten legten Feuer in der Stadt, die zu 60 Prozent niederbrannte. Löschwasser gab es keines, da die Leitung vom Wasserwerk der Heilstätten in die Stadt mit den Brücken zerstört worden war. Am 30. April befreite die Rote Armee das KZ Ravensbrück, Hunderte ihrer Kämpfer fielen in der Region. Ein sowjetischer Soldatenfriedhof zwischen Zehdenicker Straße und Pannwitzallee kurz vor dem Heilstättengelände erinnert an die sowjetische Eroberung und Präsenz.

SOWJETZEIT UND GEGENWART

Nach dem Abmarsch der ersten Eroberer und Befreier blieb eine sowjetische Besatzung in den Heilstätten zurück. Der örtliche Zahnarzt Kurt Krasemann begann noch im Mai, in den Heilanstalten Soldaten zu behandeln. Ein bescheidener medizinischer Betrieb kam in Gang, während die Demontagen und Zerstörungen sich fortsetzten. Ein amtlicher Bericht aus den Anstalten von 1946 stellte fest: „Im vergangenen Jahr wurde von Einheiten der Roten Armee die gesamte Inneneinrichtung unserer Stationen entweder ausgebaut oder zerstört. Operations- und Röntgeneinrichtungen wurden ausgebaut und mitgenommen.“[34] Ende November 1946 beschlagnahmte die Sowjetische Militäradministration Hohenlychen, die sie für Eigentum der NSDAP hielt. Ein Treuhänder mit guten Beziehungen zum örtliche SED-Leiter wurde eingesetzt, der niemandem Rechenschaft ablegte und sich in erster Linie um sich selbst sorgte, bis er 1950 hinter Gittern landete.

Politiker aus Stadt und Kreis schrieben im Februar 1947 in die Landeshauptstadt Potsdam, um die Freigabe der Heilanstalten durch die Sowjetarmee zu erreichen. Sie argumentierten, dass durch den schweren Luftangriff auf Templin im März 1944 das Kreiskrankenhaus zerstört worden sei und Hohenlychen nun als Ersatz dienen sollte. So sei nicht nur den Tuberkulosekranken im Landkreis zu helfen, sondern auch die Arbeitslosigkeit in Lychen zu bekämpfen.

Die Initiative lief ins Leere. Im März 1947 bezog das Lazarett der 2. Garde-Panzerdivision die Häuser in Hohenlychen. 1955 unterhielt es 300 Betten. Es gab eine gynäkologische Abteilung, eine Geburtsstation und eine für Kinderinfektionskrankheiten. Wie an den meisten sowjetischen Garnisonen waren die Kontakte zur Bevölkerung gering, zum ersten Mal umgab ein Zaun die Heilstätten. Die begehrte Ware im „Magasin“ blieb für die Lychener unerreichbar, während der Laden im nahen Standort Fürstenberg zugänglich war.[35] Bis in die achtziger Jahre wuchs die Kapazität auf 400 Betten, 1982 wurde ein Personalbau mit 70 Wohneinheiten fertiggestellt. Nach dem Abzug der russischen Armee 1993 wurde es modernisiert und dient als Wohnhaus. Mit der gesamten Liegenschaft fiel es wie die übrigen ehemaligen sowjetischen Militärstandorte an das Land Brandenburg.

Lange fand die Brandenburgische Boden Gesellschaft keine Interessenten für das Gelände am Zenssee, bis sich nach fast zwei Jahrzehnten Leer-

34 Waltrich Aufstieg S. 58

35 Diese und andere Informationen verdankt der Autor dem Lychener Bürger Henning Storch, der mich am 22. Februar 2020 um das Gelände führte.

stand eine Perspektive für Hohenlychen abzeichnete. Im Dezember 2011 war in der Lokalpresse zu lesen: „Eine echte Perle der Uckermark könnte in wenigen Jahren in Fürstenbergs Nachbarschaft entstehen. In Hohenlychen sollen ein Wellnesshotel, exklusive Ferienvillen, ein Hallenbad sowie Schule und Internat für Hotelangestellte gebaut werden."[36] Rund elf Millionen Euro plane der sächsische Investor in das Vorhaben zu stecken. Im Herbst 2019 verfügten in der „Parkresidenz Lychen", die den Namenszusatz „Kaiserin Auguste Viktoria" trägt, zwei sanierte Häuser über zehn Ferienwohnungen „im gehobenen Segment", zwei weitere Ferienhäuser standen vor der Fertigstellung.[37] In der früheren Klinik für Sport- und Arbeitsschäden war eine in Erweiterung befindliche Seniorenresidenz untergebracht. Mehrere Gebäude sind 2020 noch nicht saniert, die größten davon sind das frühere Auguste-Viktoria-Sanatorium und das ehemalige Cecilienheim. Wie zu Zeiten der sowjetischen Nutzung umgibt ein Zaun einen großen Teil des Geländes und hindert abenteuerlustige Besucher daran, in die verfallenden Bauten einzusteigen.

Auf einem separaten Grundstück steht die von Karl Gebhardt umgebaute ehemalige Villa des Ärztlichen Leiters, auch dort kann man Ferienzimmer mieten. Als Baudenkmal eingetragen ist die einst anstaltseigene Helenenkapelle, die den Sowjets als Treibstofflager gedient hatte. Ein Verein hat sie von der Stadt Lychen gepachtet, bietet sie für kulturelle Veranstaltungen und Trauungen an und unterstützt ihre Sanierung. Eine Tafel an der Ecke Pannwitzallee/Knesebeckstraße skizziert die Geschichte der Heilstätten zwischen humanitärem Engagement und Verbrechen gegen die Menschlichkeit.

36 www.moz.de/lokales/gransee/paradies-auf-umwegen-47928794.html abgerufen am 4.3.2020

37 www.nordkurier.de/uckermark/wohnpark-in-heilstaetten-sorgt-fuer-zuzug-nach-lychen-1537042810.html abgerufen am 4.3.2020

DIE WOLFSSCHANZE

DIE GEHEIME KOMMANDOZENTRALE

Während des Zweiten Weltkriegs nutzte Hitler eine Reihe sogenannter Führerhauptquartiere. In betont funktionaler, „feldmäßiger" Umgebung steuerte er Militär, Staat und Partei. Für die eigens gebauten, abgeschiedenen Befehlsstellen sprachen weniger praktische als symbolische Gründe: Der „Führer" betonte seine Rolle als Oberbefehlshaber und demonstrierte Anspruchslosigkeit. Die mobile Institution war zunächst in einem Sonderzug, dann an festen Standorten untergebracht. Der mit Abstand wichtigste war die Wolfsschanze bei Rastenburg. Dort verübte Claus von Stauffenberg am 20. Juli 1944 das gescheiterte Attentat auf Hitler. Heute sind die Bunkerruinen eine Touristenattraktion.

KRIEGSVORBEREITUNGEN

Im Juli 1940 gab Hitler den Befehl, einen Feldzug gegen die Sowjetunion vorzubereiten. Entsprechend der drei Heeresgruppen der Wehrmacht, die zu dem Angriff aufmarschierten, entstanden auf einen Befehl Hitlers vom November 1940 hin drei Einrichtungen. Sie lagen mehr oder weniger nahe der 1939 vereinbarten deutsch-sowjetischen Demarkationslinie: die Anlage „Süd" im galizischen Krosno, die Anlage „Mitte" bei Tomaszów Mazowiecki, beide im besetzten Polen beziehungsweise im „Generalgouvernement", und schließlich „Nord" bei Rastenburg. Sie lag als einzige auf Reichsgebiet und war entsprechend besser an die Hauptstadt angebunden, sodass sie von Beginn an zum eigentlichen Hauptquartier für den Ostkrieg auserkoren war.

Historische Ansicht von Rastenburg. Die mächtige Kirche St. Georg aus dem 14. Jahrhundert erinnert an die Kolonisierung Ostpreußens durch den Deutschen Orden.

Das masurische Rastenburg lag an der Bahnstrecke Königsberg – Prostken, die weiter Richtung Südwesten nach Polen hinein führte; Richtung Osten nach Angerburg zweigte in Rastenburg zudem eine eingleisige Linie ab. Das Garnisonsstädtchen an der Guber hatte 1939 knapp 20 000 Einwohner, es lebte vom Militär, der Landwirtschaft und den Zuwendungen des Reichs, die seit 1918 in das bis 1939 territorial abgetrennte Ostpreußen flossen. Acht Kilometer östlich befand sich die Görlitz, ein Waldgebiet im Eigentum der Stadt, das die Rastenburger zu ihrer Erholung gerne durchstreiften. Vom gleichnamigen Bahnhof mitten im Wald waren es nur wenige Schritte zu einem vielbesuchten Kurhaus.

Dieser Forst wurde als Standort des Führerhauptquartiers ausgewählt. Der Vorschlag dazu kam von Rüstungsminister Fritz Todt und Hitlers Heeresadjutant Rudolf Schmundt, die das Gebiet aus der Luft begutachtet hatten. Der Standort in der Görlitz

Hitler vor seinem Sonderzug in Polen, September 1939

hatte eine Reihe von Vorteilen zu bieten: relative Abgelegenheit, die Landstraße und die parallel verlaufende Bahnlinie Rastenburg – Angerburg, Wälder und die Masurischen Seen als natürliche Hindernisse für Angreifer am Boden, ausreichend Platz für etwaige Ausbauten. Das Dach des Waldes erschwerte eine Aufklärung und gezielte Angriffe aus der Luft viel effektiver, als es in einer Stadt wie etwa Königsberg möglich gewesen wäre.

Bis April 1941, so der Befehl Hitlers vom 19. Dezember 1940, sollte die Anlage bezugsfertig sein. Es war das erste großzügig geplante Führerhauptquartier, in dessen Umgebung zusätzlich den Stäben der Teilstreitkräfte und anderer Dienststellen ausreichend Raum zur Verfügung stehen sollte. Dies war eine Lehre aus den ersten Feldzügen, die aus beengten, dem Kriegsgeschehen nahen Befehlsstellen heraus gelenkt worden waren: die Kampagne gegen Polen von seinem Sonderzug aus, der Westfeldzug aus dem „Felsennest“ bei Rodert in der Eifel sowie der „Wolfsschlucht“ in dem nordfranzösischen Dorf Brûly-de-Pesche. Die Kommunikation zu den Stäben der Teilstreitkräfte im Raum Berlin hatte dabei unter den großen Entfernungen und der geringen Personalstärke im Führerhauptquartier gelitten.

In symbolischer Hinsicht war Ostpreußen nicht irgendeine Landschaft, sondern das frühere Ordensland, das deutsche Ritter einst Balten und Slawen abgenommen hatten. Die kurze, brutale russische Besatzung im August und September 1914 und der anschließende Sieg bei Tannenberg hatten die mythische Rolle des Landes als „Bollwerk“ gegen den „Osten“ erneuert. Es war also erst recht geeignet, von dort den Krieg gegen den „Osten“ zu leiten.

DAS FÜHRERHAUPTQUARTIER ALS SYMBOLISCHER ORT

Wie seine Vorgänger sollte auch das Hauptquartier in Ostpreußen der Selbstdarstellung dienen. Hitler wollte sich vom bequemen Dasein des Obersten Kriegsherrn im Ersten Weltkrieg und den damals als

Hitler im Gespräch mit dem ungarischen General Gusztáv Jány, rechts neben Jány der Generalstabschef des Heeres Franz Halder, Mai 1942. Dieses und viele andere Bilder inszenierten Hitler als Schlachtenlenker am Kartentisch.

wohllebig verschrienen rückwärtigen Militärstellen distanzieren und stattdessen „Frontnähe" demonstrieren. Also gab er seine Befehle von „feldmäßigen" Kommandozentralen aus, obgleich in und um Berlin die dafür notwendige Infrastruktur bereitstand. „Diese Anlagen waren neu in der Kriegsgeschichte, im Gegensatz zu einer zentralen Lösung erforderten sie einen weit überzogenen Aufwand. Da sie jedoch stets in direkter Beziehung zum jeweiligen Frontgeschehen standen, lässt sich aus dieser Bauwut wiederum das Gewicht der propagandistischen Außenwirkung erkennen, das ihnen zugemessen wurde."[1]

Die europäischen Widersacher Hitlers, Churchill und Stalin, blieben in ihren Hauptstädten, die beide vorübergehend bedroht waren. Sie harrten demonstrativ aus und mit der fortgesetzten Nutzung ihrer zivilen Regierungssitze demonstrierten sie, dass sie sich weiterhin in erster Linie als Staatenlenker begriffen. Zwar ließ sich Stalin als „Generalissimus" titulieren und zeigte sich in Uniform, doch sah er bald ein, dass sein Einfluss auf militärische Entscheidungen vor allem schadete, und verzichtete auf die praktische Ausübung des Oberbefehls. Hitler wiederum verschob mit seinem Umzug in ein abgelegenes, ganz überwiegend von Soldaten bevölkertes Hauptquartier das Gewicht auf seine militärische Kompetenz. Der Oberste Befehlshaber der Wehrmacht glaubte, dass vor der Weltgeschichte allein Stärke Legitimation verleihe, und wollte dementsprechend mit den eigenen militärischen Kräften die Vorherrschaft der „arischen Rasse" erkämpfen.

Zu Kriegsbeginn hatte er die Öffentlichkeit an seinen Dienst im Ersten Weltkrieg erinnert und verkündet, er wolle nun nichts anderes sein als „der erste Soldat des Deutschen Reiches". Die Farbe seines Uniformrocks wechselte von braun zu feldgrau, das zurückhaltend gestaltete Kleidungsstück mit dem Eisernen Kreuz und dem Hoheitszeichen auf dem

1 Seidler S. 25

Ärmel demonstrierte vorbildliche „soldatische" Bescheidenheit. Bis zum Sieg wollte er den feldgrauen Rock nicht mehr ausziehen, erklärte er am 1. September 1939 vor dem Reichstag, „oder ich werde das Ende nicht mehr erleben".

Vom „Führerhauptquartier" war bereits 1939 die Rede, nachdem Hitler vom „Führerzug" aus die Operationen in Polen geleitet hatte, und zwar in hymnischem Ton: „Führerhauptquartier – welch ein Klang verbindet sich mit diesem Wort! Wieviel Hoffnung und Vertrauen gelten dieser Stätte! Vom ersten Augenblick an, da der Führer zur Truppe an die Front ging, stand dieser Begriff bei 80 Millionen Deutschen im Mittelpunkt ihres Denkens über die Kriegsereignisse. Was macht der Führer jetzt? Wo ist er im Augenblick? ... Wie spielt sich sein Leben ab?"[2]

2 Otto Dietrich, Auf den Straßen des Sieges, München 1939, S. 27, bei Raichle S. 222

Die Bilder, die aus den Machtzentralen veröffentlicht wurden, zeigten Hitler im Freien oder in bescheidenem Ambiente. Während des Krieges verschwand so der Monumentalbarock der Reichskanzlei hinter dem Antibarock der Führerhauptquartiere. Während die Reichskanzlei die Gründung des „Großdeutschen Reiches" symbolisieren, also das Erreichte feiern sollte, standen die Führerhauptquartiere für die Mühen des Weges zum Sieg und zur Erringung eines Weltreichs, das wiederum die größenwahnsinnigen Bauten der „Welthauptstadt Germania" repräsentieren sollten.

Auf diesem beschwerlichen Weg schränkte sich Hitler in so mancher Hinsicht demonstrativ ein. Die abendlichen Filmvorführungen endeten ebenso wie die häufigen Theater- und Opernbesuche. Er trank nur noch Magermilch und wies an, nur im notwendigsten Maß zu heizen. Die Einrichtung von Hitlers Wohnräumen war ausgesprochen schlicht, der Dik-

Hitler mit engen Mitarbeitern im Juni 1940. Ganz links Chefadjutant Wilhelm Brückner, in der ersten Reihe von links nach rechts: Reichspressechef Otto Dietrich, Wilhelm Keitel, Hitler, Alfred Jodl, Martin Bormann, Luftwaffenadjutant Nicolaus von Below, Fotograf Heinrich Hoffmann. In der zweiten Reihe dritter von links Begleitarzt Karl Brandt, zwischen Jodl und Bormann SS-Verbindungsmann Karl Wolff, zwischen Bormann und Below Leibarzt Theodor Morell.

tator nächtigte in einem Feldbett, womit er auf eine Gewohnheit mancher Preußenkönige zurückgriff. „Man kann das wohl nur als eine große Schaueinlage Hitlers begreifen ... Kein Mensch in Deutschland hatte – abgesehen von Hitler selbst im Hinblick auf seine Stilisierung – einen konkreten Nutzen von diesen im Grunde etwas albernen Verzichtsaktionen."[3]

Das erste feste Führerhauptquartier „Adlerhorst" wurde in und um Schloss Ziegenberg beim hessischen Bad Nauheim ab 1939 ausgebaut. Der verantwortliche Albert Speer wollte dort für Hitler eine ähnlich angenehme Umgebung wie auf dem Obersalzberg schaffen, da allgemein mit einer langen Dauer des Krieges gegen den Angstgegner Frankreich gerechnet wurde. Im Februar 1940 bekam Hitler Bilder zur Ansicht und lehnte seinen Einzug sogleich ab, da er im Krieg ein einfaches Leben führen müsse und nicht in Schlösser gehe. Sein Ruf als Führer mit bescheidenen Ansprüchen sei in Gefahr, auch bei den Volksgenossen, die später einmal zu der Einrichtung wallfahren und ihn womöglich mit einem „pferdeliebenden Adeligen" vergleichen würden.[4] Hitler bezog dann eine hastig ausgebaute Flakstellung bei Rodert in der Eifel, das schon erwähnte „Felsennest". Bei Rastenburg wiederum entstand einige Monate später eine Befehlsstelle, die alle praktischen und propagandistischen Anforderungen von Anfang an erfüllen sollte.

„CHEMISCHE WERKE ASKANIA"

Im Laufe der Kriegsjahre wurden für Hitlers Befehlszentrale rund zwanzig Örtlichkeiten hergerichtet, nicht eingerechnet die Berliner Reichskanzlei und der Berghof bei Berchtesgaden. Die verschiedenen Standorte des Führerhauptquartiers wurden teils für mehrere Wochen, teils nur für wenige Tage, teils nie genutzt. Sie verfügten über befestigte und getarnte Wohn- und Bürobauten, über Bahnanschlüsse, Flugplätze und Fernmeldeeinrichtungen. Für das neue Hauptquartier in Rastenburg lag die Projektleitung bei der paramilitärischen Organisation Todt (OT), die die Errichtung zahlreicher für die Kriegführung relevanter Bauwerke von ihrer Berliner Zentrale aus lenkte. Diese übertrug die Ausführung den im Bunkerbau erfahrenen Firmen Wayss & Freytag und Dyckerhoff & Widmann zusammen mit einigen kleineren Unternehmen aus der Region. Die OT vertrat vor Ort das Deutsche Reich als Bauherrn und koordinierte die Arbeiten. Neben den Beschäftigten der Unternehmen, die der OT für die Dauer des Projekts eingegliedert wurden, stellte diese auch eigene Arbeiter ab.

Den städtischen Behörden in Rastenburg wurde aus Berlin mitgeteilt, dass ihr Wald für militärische Zwecke beschlagnahmt sei, und auch zwei adelige Grundbesitzer mussten einen Teil ihrer Forste abtreten. Für die Bevölkerung war unübersehbar, dass in ihrem Stadtwald etwas vor sich ging. Sie durften ihn nur noch am Rand betreten und stießen dort auf Wachsoldaten, Stacheldraht und Panzersperren. Straße und Bahnstrecke nach Angerburg wurden geschlossen, in der Stadt waren Bauarbeiter und Beamte einquartiert. Die Bauleitung ließ sich im Hotel Königsberg nieder. Am Bahnhof baute die OT Unterkunftsbaracken und legte ein Baustofflager an. Über Monate rollten LKWs mit Schotter und Sand in die Görlitz. Zur Erklärung bekamen die Ortsansässigen zu hören, dort entstünden kriegswichtige Industrieanlagen. Der Deckname des Unternehmens lautete „Chemische Werke Askania".

Zuerst schuf die OT die für den Bau benötigte Infrastruktur, sie baute den Bahnhof Görlitz aus und befestigte Straßen. Da Hitler schon im April 1941 einziehen wollte, hatte alles in großer Eile zu geschehen; in den Nachtstunden erhellten Scheinwerfer die Baustellen. Neben allerhand Ziegelbauten und hölzernen Baracken errichteten die Arbeiter zehn Bunker, denn die verschiedenen Verbindungsstäbe und Befehlshaber sollten ihre jeweils eigene Unterkunft erhalten. Die Schutzbauten wurden überirdisch angelegt, schon weil der nasse Baugrund für Tiefbauten schlecht geeignet war. Das sumpfige Gelände erforderte, dass auch manche Holz- und Ziegelgebäude auf Pfähle gestellt wurden. Die Wegführung verlief entlang der alten Spazierwege in der Görlitz.

Die Bunker hatten – vorerst – zwei Meter starke Decken, die Einschläge von 500-kg-Bomben ausgehalten hätten. Sie verfügten über schwere, gasdichte Stahltüren und Gasschleusen, die weit oben einge-

3 Raichle S. 201
4 Seidler S. 151

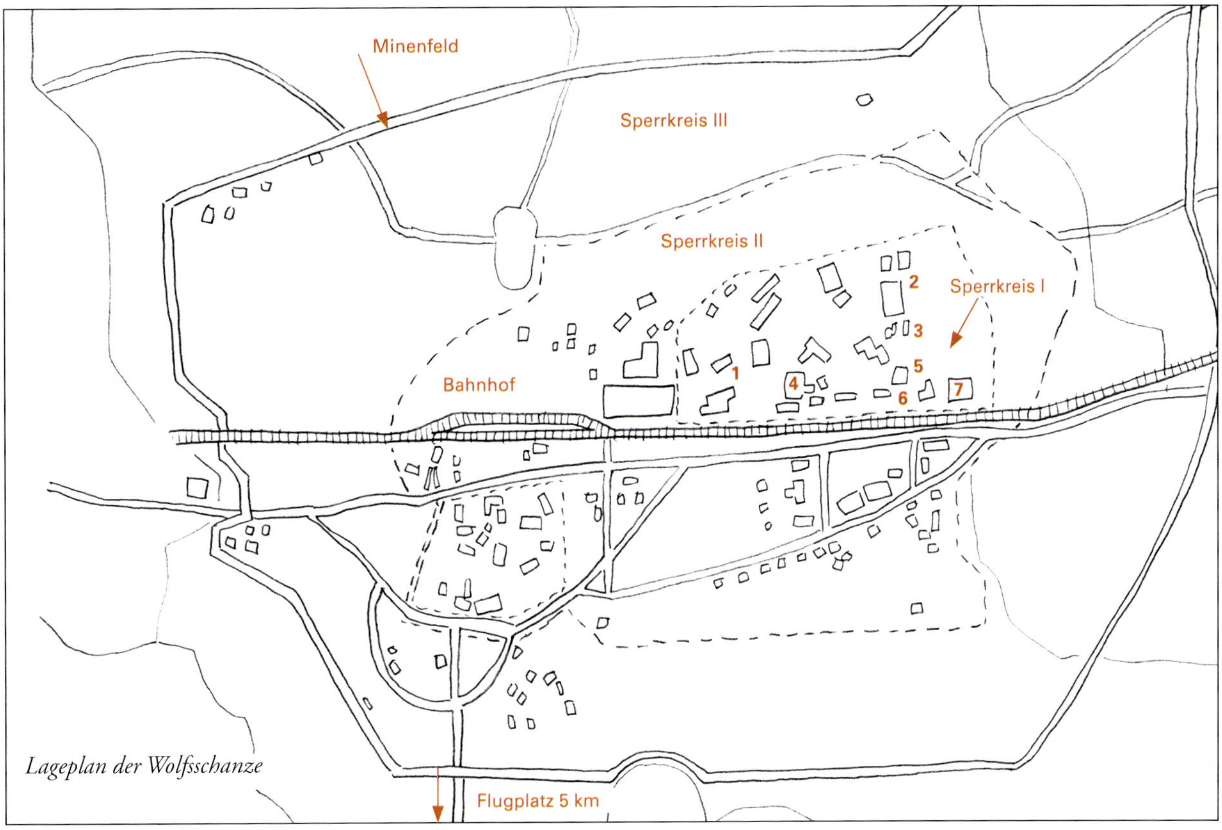

Lageplan der Wolfsschanze

1 *Lagebaracke, in der am 20. Juli 1944 das Attentat auf Hitler verübt wurde*
2 *Hitlers Bunker*
3 *Kasino I und Neues Teehaus*
4 *Fernschreibedienst*
5 *GenFeldm Keitel, Chef des Oberkommandos der Wehrmacht*
6 *General Alfred Jodl, Chef des Wehrmachtführungsstabes im Oberkommando der Wehrmacht*
7 *Görings Bunker*

lassenen Fenster konnte man mit dicken Stahlklappen verschließen. Das Innere war eingeschossig, die Raumaufteilung einfach und funktional; es handelte sich im Grunde um Baracken mit Betonmantel. Die Wände bekamen innen eine Putzschicht und Holzverkleidungen, waren also einigermaßen wohnlich. Jeder Raum hatte elektrische Heizungen oder Heizkörper, durch die warmes Wasser aus zwei Heizwerken am nahen Moysee floss. Das Platzangebot war gering, selbst Hitlers Unterkunft bestand zunächst nur aus einem Büro, einem Besprechungsraum und einem Schlafzimmer mit Dusche und Toilette. Auch war das Personal keineswegs vollständig innerhalb der Umzäunung untergebracht, unter anderem wohnten die Angehörigen von Hitlers Flugstaffel in Rastenburger Privatunterkünften.

Das Geheimprojekt sollte aus der Luft unsichtbar sein. Dafür wurden die Dächer mit einer Erdschicht versehen und bepflanzt. Die Außenwände bedeckte ein spezieller, mit Seegras versetzter und zusätzlich grün gestrichener Putz. Über die Wege spannten sich Tarnnetze. Etwaige Lücken in der Camouflage schlossen Baumattrappen. Dieser Aufwand sollte zum einen angreifende Flugzeuge täuschen, zum andern die Entdeckung der Anlage von vornherein erschweren. So überflog in den knapp zwei Jahren deutsch-sowjetischer Freundschaft zwischen August 1939 und Juni 1941 täglich eine russische Linienmaschine das Baugelände. Eine weitere Methode der Tarnung bestand darin, die Züge zwischen Rastenburg und Angerburg im Fahrplan anzuzeigen, obwohl diese nicht mehr verkehrten.

DAS MACHTNETZWERK IN OSTPREUSSEN

Am frühen Morgen des 22. Juni 1941 griffen 3,2 Millionen deutsche und verbündete Soldaten die Sowjetunion an. Am Tag darauf bestieg Hitler mit seinem Gefolge seinen persönlichen Zug und fuhr nach Ostpreußen ab. Am frühen Morgen des 24. Juni kam er an – rund drei Monate später als geplant. Der Angriff auf Jugoslawien und Griechenland im Frühjahr hatte eine Verschiebung der Aggression gegen die Sowjetunion erfordert. Sogleich gab er der weitgehend fertigen Anlage den Namen „Wolfsschanze". „Wolf" ließ er sich von Vertrauten nennen und in der „Kampfzeit" vor 1933 hatte er das Pseudonym „Herr Wolf" verwendet.

Mit Beginn des Deutsch-Sowjetischen Kriegs verlagerte sich das Zentrum der Macht von Berlin nach Ostpreußen. Zivile und militärische Dienststellen folgten, wie geplant, dem „Führer" und richteten sich in der weiteren Umgebung ein. So wurde aus Hitlers Befehlsstelle das Herzstück eines Netzwerks von Machtzentren. Bei und in Berlin verblieben unter anderem die Marine, deren „Koralle" genannte Zentrale in der Nähe von Bernau lag, und das Propagandaministerium, das weiterhin in der Wilhelmstraße saß beziehungsweise vom Dienstgebäude am Bogensee aus geleitet wurde.

Für das Oberkommando des Heeres (OKH) entstand am Mauersee zeitgleich mit der Wolfsschanze die Kommandostelle „Mauerwald". Weil das OKH den Ostkrieg operativ leitete, stand ihm eine noch größere Infrastruktur als dem Führerhauptquartier zur Verfügung. 120 Holzbaracken nahmen rund 1500 Stabssoldaten auf, die bei Luftalarm in diversen Bunkern hätten Zuflucht suchen können und von den bereitstehenden zehn Flakbatterien verteidigt worden wären. Zwischen Mauerwald und der 20 Kilometer südwestlich gelegenen Wolfsschanze bestand Bahnverkehr mit Triebwagen. Weiter östlich bei Lötzen nutzte die nachrichtendienstliche Abteilung „Fremde Heere Ost" des OKH die Feste Boyen, ein Bollwerk aus dem 19. Jahrhundert.

Die Luftwaffe befehligte Hermann Göring, außerdem Herr über die Rominter Heide, wo er sich schon 1936 den Reichsjägerhof hatte bauen lassen. Es befand sich 60 Kilometer nordöstlich vom Führerhauptquartier entfernt und damit nahe genug, um es als Dauerresidenz zu nutzen. Görings Stab fand Platz in seinem Forstmeisterhaus sowie im Gasthaus Zum Hirschen. 1942 kaufte er den Hohenzollern das ehemals kaiserliche Jagdschloss ab und brachte darin weiteres Personal unter. Görings Sonderzug „Asien" stand nebst Bunkeranlagen und Baracken im Wald von Groß-Kummetschen am Goldaper See. Innerhalb der Wolfsschanze konnte er auf das luxuriöse „Reichsmarschallhaus" zurückgreifen, was er in der Regel nur unmittelbar vor und nach den Lagebesprechungen tat, an denen er etwa einmal in der Woche teilzunehmen pflegte.

Für Hans Heinrich Lammers – als Chef der Reichskanzlei verband er Hitler mit den Ministerien und sorgte für die legislative Umsetzung von Hitlers Anweisungen – baute die OT bei Rosengarten ein Feldquartier. Am Mauersee stand Schloss Steinort, wo Außenminister Joachim von Ribbentrop residierte. SS- und Polizeichef Heinrich Himmler, dessen Zuständigkeiten zwischen zivilem und militärischem, staatlichem und parteilichem Bereich verschwammen, lenkte seine Dienststellen und Einheiten im Kommandoposten „Hegewald", später „Hochwald". Die „Feldkommandostelle" verwirklichte die OT zeitgleich mit dem Führerhauptquartier 20 Kilometer östlich davon nahe der Straße von Angerburg nach Lötzen, gut 500 Personen waren dort tätig.

AUSSTATTUNG UND SICHERHEIT

Die wichtigste technische Ausrüstung des Hauptquartiers bildete die Fernmeldezentrale. An sechs Doppelschaltschränken stellten zwölf im Dreischichtbetrieb eingesetzte Fernmeldesoldaten per Kabel die gewünschten Verbindungen her. Ein Tickgeräusch in der Leitung verstummte erst, wenn der Vermittler sich aus dem Gespräch genommen hatte. Sie konnten jede Befehls- und Dienststelle auf den Kriegsschauplätzen, in der Hauptstadt und im Ausland per Telefon, Fernschreiben und Funk erreichen; zahlreiche Nachrichten übermittelte das „Amt 500" des OKH in Zossen bei Berlin.

Der Schutz der Wolfsschanze lag beim Führer-Begleit-Bataillon der Wehrmacht, das zum Führer-

Fernmeldeeinrichtung im Führerhauptquartier (wahrscheinlich „Wehrwolf" bei Winniza), 1941/42

Begleit-Regiment und zur Führer-Begleit-Brigade heranwuchs. Die Soldaten patrouillierten in den äußeren Sicherheitszonen. Dem SS-Begleitkommando für Hitler gehörten Diener, Fahrer, Leibwächter und Ordonnanzen an. Die unmittelbare Bewachung Hitlers und seiner engeren Umgebung erledigten außerdem mehrere hundert Kriminalbeamte des Reichssicherheitsdiensts, die außerdem SS-Mitglieder waren und ab 1939 zusätzlich als „Wehrmachtbeamte auf Kriegsdauer" firmierten. Gestapo-Beamte hielten in den Siedlungen der Umgebung Augen und Ohren offen.

Die äußeren Sperranlagen waren acht Kilometer lang, sie bestanden aus fünf Meter tief gestaffelten Stacheldrahtzäunen, aus Panzergräben, Wachtürmen und Maschinengewehr-Stellungen. Es folgten, von außen nach innen, Sperrkreis III mit den Unterkunftsbaracken für 1800 Mann der Wach-, Flak- und Nachrichtentruppen. Im Sperrkreis II arbeitete der Wehrmachtführungsstab in zehn Baracken von 10 mal 30 Metern Fläche, sie wurden später mit Stahlbeton ummantelt und um drei weitere gleichartige Bauten ergänzt. Sperrkreis I beherbergte Hitler, seine Adjutanten und Sekretärinnen, Martin Bormann und die hohen Generäle Wilhelm Keitel und Alfred Jodl, die während des gesamten Krieges an Hitlers Seite blieben. Die Sperrkreise grenzten zwei Meter hohe Zäune aus Maschen- und Stacheldraht voneinander ab. Um sie zu betreten, brauchte man Sonderausweise für Tage, Wochen, Monate oder auf Dauer und musste die Tagesparole nennen.

Der Mantel der Geheimhaltung hielt nicht lange dicht. Schon nach einem Besuch Mussolinis im Hauptquartier im August 1941 und dem anschließenden offiziellen Kommuniqué kannten die Rastenburger die Identität des Geheimobjekts in ihrem Stadtwald, das ihnen bald selbstverständlich wurde. Am 20. April des Folgejahres holten mehrere große Mercedes-Karossen je elf Mädchen und Jungen aus Rastenburg ab,

damit sie Hitler im Sperrkreis I „Alle Vögel sind schon da“ statt des vorbereiteten Hitlerjugend-Liedes sangen. Später sahen sich die Kinder in der Wochenschau wieder – im Zusammenschnitt mit NS-Größen, die gar nicht dabei gewesen waren, und unterlegt mit dem Lied „In der schönen Rosenzeit“, das sie gar nicht gesungen hatten. Szenen aus der Wolfsschanze, zum Beispiel nach Besuchen ausländischer Staatsmänner, bekamen Kinogänger des Öfteren zu sehen, freilich ohne Nennung eines Ortsnamens.

Trotz solcher Vorsichtsmaßnahmen wusste seit Sommer 1942 auch die britische Regierung über die Wolfsschanze Bescheid. Die detaillierten Informationen hatte Jarosława Mirowska geliefert, eine Agentin des polnischen Untergrunds, die eine Beziehung mit einem SS-General hatte und in seiner Begleitung in den innersten Bereich gelangt war. Zwischenfälle gab es kaum. Im Juli 1942 überstieg ein polnischer Zwangsarbeiter, der nach Hause fliehen wollte, den äußeren Zaun und wurde von Wachsoldaten erschossen.

Kriegsherren im Waldquartier. Dieses Bild erschien im September 1941 in einer italienischen Illustrierten und zeigte Mussolini und Hitler in einer bescheidenen, naturnahen, zweckmäßigen Umgebung.

ARBEITEN UND LEBEN IM FÜHRERHAUPTQUARTIER

In der Wolfsschanze arbeiteten - und wohnten auch mehrheitlich - rund 2000 Menschen, wobei der Frauenanteil ein Prozent betrug. Eva Braun übrigens hat die Wolfsschanze nie betreten, sie gehörte auf den „privaten“ Berghof, wo sie sich leichter von den Militärs – wichtigen Adressaten von Hitlers Entsagungsübungen – abschirmen ließ. Allerdings telefonierten Hitler und Braun abends regelmäßig. Hitlers Sekretärin Traudl Junge zählte zu den zwanzig Frauen und kam Ende November 1942 in der Wolfsschanze an: „Der Kurierzug, den wir am Abend in Berlin mit unbekanntem Ziel ‚Gegenstation‘ bestiegen, fuhr am nächsten Morgen im Bahnhof von Rastenburg, Ostpreußen, ein. Dort erwartete die Besucher des Führerhauptquartiers auf einem Nebengeleise ein Triebwagen, der sie in den Wald hinein entführte. Schließlich landeten wir vor einem unscheinbaren Stationshäuschen ohne Namensschild und waren am Ziel. Wir wurden von Gruppenführer [und Hitlers Adjutant] Albert Bormann empfangen, der Triebwagen fuhr weiter [zum OKH-Standort ‚Mauerwald‘] und die übrigen Fahrgäste, die hier ausgestiegen waren, verschwanden in dem verschneiten Wald. Wir konnten keine Wohnungen, keine Häuser bemerken und waren doch im Führerhauptquartier.“[5]

Schon länger in Hitlers Diensten stand Junges Kollegin Christa Schroeder, die wenige Tage nach Bezug des Hauptquartiers im Juni 1941 eine Unterkunft im Sekretärinnenbunker, der hundert Meter von Hitlers Unterkunft entfernt lag, beschrieb: „Unser Schlafbunker hat die Größe eines Eisenbahnabteils und ist freundlich mit hellem Holz verkleidet. Er enthält eine verdeckte Waschtoilette, darüber einen Spiegel, ein kleines Siemens-Radio, mit dem man aber sehr viele Stationen hören kann. Der Bunkerraum besitzt sogar eine elektrische Heizung, die allerdings

5 Junge S. 38f.

nicht angestellt ist, hat formschöne Wandlampen und ein schmales hartes Lager mit Seegras gefüllt. Der Raum ist eng, macht jedoch alles in allem, nachdem ich einige Bilder an der Bunkerwand befestigt habe, einen artigen Eindruck."[6] Junge berichtete ergänzend, die Luftzufuhr sei durch eine Ventilationsöffnung an der Decke erfolgt. „Wenn man sie schloss, hatte man das Gefühl zu ersticken, wenn man sie öffnete, pfiff die Luft mit Getöse in den kleinen Raum und man hatte das Gefühl, im Flugzeug zu sitzen."[7] Noch 1941 wurden Anbauten an Hitlers Bunker in Angriff genommen, die nicht nur als Büros dienten. Denn die Sekretärinnen zogen es bald vor, „auf den Sofas in ihren Arbeitsräumen zu schlafen und hatten sich im vorderen Teil des Bunkers, der mit Fenstern versehen war und größere hellere Räume hatte, kombinierte Wohn- und Arbeitszimmer eingerichtet."[8]

Die Bewohner des Hauptquartiers suchte in der warmen Jahreszeit regelmäßig eine Mückenplage heim. Hitler beschwerte sich, man habe sich das sumpfigste und klimatisch ungünstigste Gebiet ausgesucht, und die SS-Wachen tauften ihre Unterkunft „Mückenheim". Über den Köpfen getragene Mückennetze kamen in Mode und die Jagd auf die Insekten geriet zum allgemeinen Zeitvertreib. Als hunderte Liter Petroleum in den Feuerlöschteich geschüttet wurden, starben außer den Insektenlarven auch die Frösche. Hitler bemerkte ihr Verstummen und erregte sich über den Tod der Amphibien, die schließlich jeden Tag tausende Mücken fangen würden. Man füllte also sauberes Wasser in den Teich und bevölkerte ihn mit herbeigeholten Fröschen.

Trotz der Insektenplage erkannten die Bewohner auch angenehme Seiten an der Wolfsschanze. „Zumindest im Winter hatte die ostpreußische Gegend einen unbeschreiblichen Reiz. Die verschneiten Birken, den klaren Himmel und die Weite der Ebenen mit ihren Seen werde ich nie vergessen",[9] erinnerte sich Traudl Junge. Eine Badestelle am Moysee mit Sprungturm, Badehaus und Bunker lud die Belegschaft zur Erholung ein, und auch junge Frauen aus Rastenburg kamen dorthin. In einer Holzbaracke neben der Nachrichtenzentrale fanden allabendlich zwei Filmvorführungen statt. Hitler sah sich lediglich die neuste Wochenschau an und gab Anweisungen zu deren Zensur.

Friseursalon in der Wolfsschanze

Den Arbeitsrhythmus in der Wolfsschanze bestimmte der Tagesablauf des „Führers". Erst gegen Mittag stand Hitler auf. Nach einem kleinen Frühstück ließ er sich in der „Mittagslage" zwei bis vier Stunden lang die militärische Situation schildern. Ein großer Teil der Zeit verging dabei mit Hitlers weitschweifenden Monologen zu diversen militärischen Problemen, aus denen die Generäle seinen Willen heraushören mussten. Es folgte das Mittagessen, das wegen der gewohnt einseitigen Tischgespräche nicht selten zwei Stunden dauerte. Im fest gemauerten Kasino I bereitete für Hitler und seine Umgebung ein ehemaliger Koch des Berliner Hotels Kaiserhof die Mahlzeiten zu. Die Küche, die sich an der Wehrmachtsverpflegung orientierte und Hitler mit speziellen vegetarischen Gerichten versorgte, bediente auch die Mitarbeiter und Wachen des innersten Sperrkreises. Christa Schroeder beschrieb Hitlers Speisesaal in einem Brief Ende Juni 1941 als „einen langgestreckten, weiß getünchten Raum, der etwas in die Erde eingebaut ist, so daß die kleinen mit Gaze versehenen Fenster sehr hoch liegen. An den Wänden hängen Holzschnitte,

6 Schroeder S. 111
7 Junge S. 44f.
8 Ebd. S. 44f.
9 Ebd. S. 47

der eine stellt Hutten dar, der andere Heinrich den I. Einige Tage später wurde eine erbeutete sowjetische Fahne an der Wand befestigt. In diesem Raum, dessen ganze Länge die für 20 Personen Platz bietende Tafel einnimmt, speist der Chef mit seinen Generalen, Generalstabsoffizieren, Adjutanten und Ärzten zu Mittag und Abend. Beim Frühstück sind wir zwei Mädchen dabei."[10]

Nach dem Mittagessen zog sich Hitler zurück oder empfing nichtmilitärische Besucher. Seine freie Zeit vertrieb sich Hitler tagsüber bevorzugt mit der Dressur seiner Schäferhündin Blondie, wenn auch nicht immer mit derselben Begeisterung. Hitlers Sekretärin Traudl Junge erinnerte sich an drückende Sommertage: „Die Luft war dumpf und feucht und manchmal atembeklemmend. Bei solcher Witterung war es schwer, Hitler zu seinem täglichen Spaziergang zu bewegen. Er verkroch sich in seinem kühlen Bunker, und nur seinem Hund Blondie zuliebe unternahm er nach dem Frühstück einen Rundgang in dem kleinen Gelände, das an seinen Bunker anschloss und für diesen Zweck reserviert war. Hier musste die Schäferhündin ihre Kunststücke zeigen und wurde von ihrem Herrn zu einem der gelehrigsten und gewandtesten Hunde, die ich jemals erlebt habe, ausgebildet."[11] Um 18 Uhr kam Alfred Jodl zu einer weiteren Lagedarlegung in Hitlers Arbeitszimmer.

Frühestens um 20 Uhr gab es Abendessen, danach begannen die Teerunden, die bis sechs Uhr am nächsten Morgen dauern konnten. Hitlers Sekretärin Christa Schroeder: „Im Arbeitszimmer Hitlers, gegenüber der Fensterfront, war ein breiter Kamin und um den davor stehenden runden Tisch standen Sessel mit Binsengeflecht. Hier versammeln sich zum Tee in

10 Schroeder S. 113

11 Junge S. 47

Besprechung am 5. November 1943: Hitler im Gespräch mit dem bulgarischen Ministerpräsidenten Dobri Boschilow, rechts neben Hitler Außenminister Dimitar Schischmanow und Wilhelm Keitel

Sowjetsoldatinnen in deutscher Gefangenschaft, wahrscheinlich Sommer 1941. In den ersten Kriegsmonaten starb die große Mehrheit der Kriegsgefangenen in deutscher Obhut.

der Regel um den Chef ein Arzt, ein militärischer und ein persönlicher Adjutant, Martin Bormann, wir zwei Mädchen und Heim, Bormanns Adjutant. Dieser war von Bormann beauftragt, ‚heimlich' Hitlers Gespräche nach dem Tee zu Papier zu bringen."[12] Für diese Runden stand außerdem ein Teehaus bereit.

BEFEHLSZENTRALE DES VERNICHTUNGSKRIEGS

Die aufgezeichneten Monologe widerspiegeln Hitlers Denken, die Briefe seiner Sekretärin auch den Geist in der Kommandostelle. Christa Schroeder: „Der Chef sitzt [im Speisesaal] so, daß er die auf der gegenüberliegenden Wand aufgehängten Karten von Rußland vor Augen hat, was ihn natürlich zu immer wieder neuen Ausführungen über Sowjet-Rußland und die Gefahren des Bolschewismus anregt. Er muß in der letzten Zeit, seitdem der sogenannte Freundschaftspakt mit Rußland abgeschlossen wurde, sehr gelitten haben. Jetzt redet er sich seine Befürchtungen von der Seele, immer wieder betonend, welch große Gefahr der Bolschewismus bedeutet und daß, wenn er noch ein Jahr gewartet hätte, es wahrscheinlich schon zu spät gewesen sei."[13]

Der angebliche Präventivkrieg und die ihn begleitenden Verbrechen forderten schließlich mehr als 30 Millionen Opfer, davon 27 Millionen Menschen aus der Sowjetunion. Schroeder berichtete nach den Lagebesprechungen am 28. Juni: „So nach all' den bisherigen Erfahrungen kann man sagen, daß es ein Kampf gegen wilde Tiere ist. Wenn man sich fragt, wieso es kommt, daß wir so wenig Gefangene gemacht haben, so muß man wissen, daß die Russen verhetzt sind von ihren Kommissären, die ihnen Greuelmärchen über unsere ‚Unmenschlichkeit' erzählt haben, die sie spüren werden, wenn sie in unsere Gefangenschaft gerieten. Sie sind angewiesen, sich bis zum Äußersten zu verteidigen und sich notfalls selbst zu erschießen."[14]

12 Schroeder S. 116

13 Schroeder S. 113

14 Ebd. S. 114f.

Der zähe Widerstand und schnell aufgestellte neue Verbände machten in den folgenden Monaten die deutschen Blitzkriegspläne zunichte, verhinderten aber nicht, dass allein 1941 über drei Millionen Sowjetsoldaten in Gefangenschaft gingen. Die große Mehrzahl verhungerte, weil trotz der Planung des Feldzugs als Blitzkrieg viel zu wenig Versorgung für die erwarteten Gefangenenmassen vorbereitet worden war. Zehntausende Gefangene wurden zudem systematisch ermordet.

Der Vernichtungskrieg traf außer den Soldaten auch die Bevölkerung in der Sowjetunion. Laut dem im Vorfeld gefassten „Hungerplan" verbrachten die Besatzungsbehörden große Mengen Nahrungsmittel nach Westen, so dass nicht genug für die heimische Bevölkerung blieb – im belagerten Leningrad und anderswo starben über vier Millionen am allgemeinen Mangel. In den Städten hingen oft viele Dutzende willkürlich Getötete zur „Abschreckung" an Bäumen und Balkonen. Deutsche Einheiten brannten viele Hunderte Dörfer nieder, töteten ihre Bewohner oder verschleppten sie. So sollte den Partisanen, die hinter der Front gegen die Deutschen kämpften, die Lebensgrundlage entzogen und nebenbei die „slawischen Untermenschen" im „Lebensraum" dezimiert werden. Die Besatzer deportierten 2,7 Millionen Sowjetbürger zur Zwangsarbeit und beuteten weitere vor Ort aus.

Jugendliche Zwangsarbeiter im Auffanglager Brandenburg-Görden, September 1942

Hitler begründete diese Politik im kleinen Kreis mit zoologischen Vergleichen und kolonialistischen Klischees: „Wäre die russische Menschheit nicht durch andere ... zum Staat organisiert worden, so wären sie Kaninchen geblieben. Man kann Kaninchen nicht zum Leben der Bienen oder Ameisen erziehen. Diese haben die Fähigkeit, Staaten zu bilden, Hasen haben sie nicht. ... Wir bringen ihnen das Lesen besser nicht bei. Sie lieben uns gar nicht, wenn wir sie mit Schulen quälen; es wäre schon falsch, sie auch nur auf eine Lokomotive zu stellen. ... Wir finden in ihnen die Menschen zur Bearbeitung des Bodens, der uns heute abgeht. ... Den Ukrainern liefern wir Kopftücher, Glasketten als Schmuck und was sonst Kolonialvölkern gefällt. Unsere Deutschen – das ist die Hauptsache – müssen eine festungsartig in sich geschlossene Gemeinschaft bilden, – der letzte Pferdebursche muß höher stehen als einer der Eingeborenen ..."[15] Die deutsche Herrschaft über die „Ostvölker" könne nur durch Härte Bestand haben: „Wir sind gezwungen, mit einer Handvoll Leute Bezirke von 300 auf 500 km Ausdehnung zu regieren. Selbstverständlich wird der Polizei da die Pistole locker sitzen müssen. Die Männer der Partei werden das schon richtig machen."[16]

Krieg und Vernichtungspolitik rechtfertigte Hitler außerdem mit einem seiner Lieblingsthemen: der angeblichen Verwandtschaft von Kommunismus und Christentum. „Der schwerste Schlag, der die Menschheit getroffen hat, ist das Christentum; der Bolschewismus ist der uneheliche Sohn des Christentums; beide sind eine Ausgeburt des Juden."[17] „Saulus-Paulus" habe das Römische Reich zerstören wollen,

15 Hitler S. 63
16 Ebd. S. 51
17 Ebd. S. 41

Kriegszerstörung in der Sowjetunion

indem „die Lehre von der Gleichheit der Menschen vor einem alleinigen Gott" durchsetzte. „Ich glaube keine Sekunde an irgendeine Schilderung römischer Cäsaren, wie sie uns überliefert ist. Nie hat Nero Rom angezündet, das haben die Christen-Bolschewiken gemacht, wie die Kommune 1871 Paris und 1933 den Reichstag in Flammen steckte."[18] Die Juden hätten durch das Christentum und den Bolschewismus eine Vermischung der Rassen angestrebt und die unteren Schichten gegen ihre Führer aufgebracht, um insbesondere die germanischen Völker zu schwächen.

Seit dem Spätsommer 1941 verübten die Einsatzgruppen von SS und Polizei mit Hilfe der Wehrmacht den Völkermord an den sowjetischen Juden und verschickten dazu detaillierte „Ereignismeldungen", die außer in Himmlers „Feldkommandostelle Hegewald" und dem Berliner Reichssicherheitshauptamt auch in der Wolfsschanze einliefen. Hitler begründete auch die Ermordung der Juden Europas in seinen Monologen: „Zahllose Erkrankungen haben die Ursache in einem Bazillus: dem Juden! ... Wir werden gesunden, wenn wir den Juden eliminieren."[19] Von den Opfern des Völkermords, die hinter den gemeldeten Zahlen standen, hielt sich Hitler fern. Er sah nicht, wie Kinder an der Hand ihrer Mutter zu den Erschießungsgruben gingen.

18 Hitler S. 107

19 Hitler S. 293

Mit dem gelben Stern gekennzeichnete jüdische Zwangsarbeiter in der Sowjetunion

DER OBERSTE BEFEHLSHABER UND DIE GENERÄLE

Der Plan, die Sowjetunion schnell zu besiegen, scheiterte im Winter 1941/42 an der Gegenoffensive der Roten Armee vor Moskau. Auch nach diesem Rückschlag blieb die Initiative bei der Wehrmacht, die eine Sommeroffensive gegen den Kaukasus und die Wolga mit der Stadt Stalingrad vorbereitete. Zu deren Leitung erfolgte im Juni und Juli 1942 die Verlegung von Hitlers Befehlsstelle in das Hauptquartier „Wehrwolf" (oder „Werwolf") beim ukrainischen Winniza. Das Kommandozentrum war seit Ende 1941 vorbereitet worden. 10 000 sowjetische Kriegsgefangene und tausend jüdische Zwangsarbeiter hatten es errichtet; 2000 waren aufgrund der Arbeitsbedingungen zu Tode gekommen, die übrigen waren nach Ende der Arbeiten ermordet worden beziehungsweise „verschwunden".[20] Schon im April 1942 hatten SS- und Polizeiverbände die meisten Juden Winnizas, die nach den Massakern des Jahres 1941 noch am Leben waren, als „Sicherheitsvorkehrung" erschossen. Auch Hitlers Leibwächter vom Reichssicherheitsdienst beteiligten sich an den Massenmorden.

Himmler, Ribbentrop und Lammers folgten und richteten sich, wie in Ostpreußen, in nicht zu großer Nähe zu Wehrwolf ein. Engster Mitarbeiter Hitlers im politischen Bereich war Martin Bormann, Chef der Parteikanzlei. Er war der einzige ranghohe Zivilist

20 Wendy Lower, Nazi Empire Building and the Holocaust in the Ukraine, Chapel Hill 2005, S. 155

im Hauptquartier, die Generäle hatten andere wie Himmler oder Ribbentrop erfolgreich ferngehalten. Bormann war grob und intrigant, er versuchte Frauen zu umgarnen und galt allgemein als unbeliebt. Er entschied, wer zum „Führer" gelangte, die Bunker der beiden standen nahe beieinander. Der Torwächter ließ insbesondere den Reichskanzlei-Chef Lammers außen vor und stärkte damit das Gewicht der Partei gegenüber den staatlichen Behörden. Im Laufe der Monate in Ostpreußen und der Ukraine schwanden Hitlers Interesse und Engagement für zivile Belange ohnehin zusehends.

Bormann unterstand auch der seit September 1942 tätige „Stenographische Dienst im Führerhauptquartier". Die Kurzschrift-Kräfte hatte Hitler vom Reichstag angefordert, der seit 1933 eine zombieartige Existenz als Versorgungseinrichtung für verdiente Nationalsozialisten und als Publikum für Hitler-Reden fristete. Ursache war ein Streit mit den Generälen über die stockende Offensive im Kaukasus. Jodl, der Hitler bei anderer Gelegenheit zum strategischen Genie erklärte, hatte wieder einmal Hitlers Anschuldigung widersprochen, die Kommandeure vor Ort hätten die Befehle des „Führers" nicht oder falsch ausgeführt. Nun sollten die Stenographen die täglichen Lagebesprechungen wie auch Hitlers sonstige offizielle Gespräche protokollieren. Er wollte sicherstellen, dass vor der Nachwelt die Richtigen für die Fehler dieses Krieges verurteilt würden. Bis zu hundert Seiten Text kamen so Tag für Tag zusammen.

Die fragmentarisch erhaltenen Aufzeichnungen bestätigen die Berichte von Teilnehmern an den „Führerlagen". Typisch war, dass Hitler um konkrete Entscheidungen herumlavierte und eben nicht führte, sondern den Dingen ihren Lauf ließ, bis eine geänderte Lage bestimmte Entscheidungen eindeutig erforderte. Oder dass er befahl, keinen Meter Boden preiszugeben, ohne auf Nachfrage sagen zu können, wie längerfristig und erfolgreich vorzugehen sei. In anderen Fällen griff er noch in die letzten Kleinigkeiten ein. Bei Widerspruch schnitt er dem Gegenüber das Wort ab und „flüchtete sich in Monologe, in denen er seine Ideen lang und breit darlegte. Er hatte eine besondere Art, seinen Standpunkt auszudrücken. Seine Einlassungen schienen unendlich lang und unerträglich, aber die geschickte Dialektik und die scheinbare Logik erzielten eine unfehlbare Wirkung. Wer ihm anfänglich widersprochen hatte, gab sich innerlich geschlagen und räumte am Ende ein: ‚Der Mann hat doch Recht!'"[21]

Einerseits wollte Hitler alles entscheiden, andererseits schob er anderen die Schuld für Misserfolge zu und entließ die nach seiner Meinung verantwortlichen Generäle. Den Generalstabschef des Heeres wechselte er während des Krieges dreimal aus, Kommandeure der Fronttruppen noch viel häufiger. Auch seinen Verbündeten machte er Vorwürfe. Dem italienischen Außenminister Ciano erklärte er im Dezember 1942, die Probleme in Stalingrad seien vor allem „durch eine mangelhafte Zusammenarbeit zwischen den verbündeten Armeen" bedingt.[22] Wenige Wochen später gab Hitler dem rumänischen Diktator Ion Antonescu und seinen Streitkräften die Schuld an dem Desaster. Dabei war er es gewesen, der jedes Zurückgehen untersagt und von den Befehlshabern vor Ort verlangt hatte, mit ihren Soldaten glorreich unterzugehen.

Nach Stalingrad gab es im Heer viele unzufriedene Stabsoffiziere und Generäle, doch zum Widerstand konnten sich die wenigsten entschließen. Es gab kaum einen Chef der Heeresgruppen, der nicht auf eine Teilnahme an der Verschwörung gegen Hitler angesprochen worden wäre. Alle lehnten ab – einen so populären Staatschef abzusetzen hätte, wie sie meinten, in einem Bürgerkrieg geendet. Ehe sie sich einem Staatsstreich anschlössen, müsse Hitler tot sein. Oder schlicht: „Preußische Feldmarschälle meutern nicht."[23]

Nur einzelne Befehlshaber wagten es, einen unsinnigen Befehl doch einmal nicht auszuführen oder nachdrücklich zu widersprechen, und wurden daraufhin oftmals entlassen. Die meisten Generäle aber gehorchten. Hinterher beschuldigten sie Hitler in ihren Memoiren, für die zahlreichen Rückschläge und Katastrophen verantwortlich gewesen zu sein. Oft war das tatsächlich so gewesen, aber warum hatten sie die Befehle dann umgesetzt? Warum hatten sie einen

21 Loringhoven S. 80
22 Neumärker S. 106
23 Das – zum Teil angezweifelte – Zitat Erich von Mansteins geht zurück auf Rudolph-Christoph von Gersdorff, siehe Oliver von Wrochem: Erich von Manstein. Vernichtungskrieg und Geschichtspolitik, Paderborn [2]2009, S. 100

nach ihrer Darstellung so unfähigen Oberbefehlshaber nicht beseitigt? Die Alternative zu einem Putsch lag darin, dabei zuzusehen, wie das eigene Land in Trümmer sank, während die Soldaten, die unter ihrem Befehl standen, sinnlos starben. Aber das war den Schriften eines Franz Halder oder Erich von Manstein zufolge eben allein Hitlers Schuld, genau wie die zahllosen Gräueltaten – wenn sie diese denn überhaupt erwähnten oder nicht einfach mit dem Bombenkrieg gegen Deutschland verrechneten. Dabei hatten sie den Vernichtungskrieg befehligt und die Verbrechen mit verantwortet und veranlasst.

AUSBAUMASSNAHMEN UND SICHERHEITSSORGEN

Während das Führerhauptquartier im Sommer 1942 von Winniza aus agierte, erhielten die Bunker im Sperrkreis I der Wolfsschanze weitere bequeme Anbauten aus Holz, die bei der Rückkehr des Führerhauptquartiers am 1. November bezugsbereit waren. Die Lagebesprechungen liefen fortan in einem an Hitlers Bunker angebauten Raum ab statt wie bisher im Bunker Keitels oder im Teehaus. Weitere Umbauten wurden vom Auftauchen sowjetischer Flugzeuge veranlasst, die im April 1943 einige wenige Bomben auf Ostpreußen warfen. Daraufhin wurden die Holzbaracken der Wolfsschanze mit Beton und Ziegeln befestigt und solide Neubauten für diverse Verbindungsbüros im Sperrkreis III errichtet.

Hitler empfing hohe Gäste wie den finnischen Marschall Gustaf Mannerheim oder König Boris von Bulgarien im innersten Sperrkreis, wo auch ein Gästebunker für Übernachtungen bereitstand. In seinem spartanisch ausgestatten Hauptquartier, in der „Abgeschiedenheit von Wald und Beton"[24] demonstrierte er ihnen seine Konzentration auf den Krieg. Mehrmals kam Benito Mussolini. Ein besonderer Besuch war der vom 15. bis 18. September 1943. Im Führerhauptquartier führte er lange Gespräche mit Hitler, der ihn zum Oberhaupt eines Marionettenstaats in Norditalien machte. Kurz zuvor, am 12. September 1943, hatten deutsche Fallschirmsoldaten den von der neuen italienischen Regierung gefangengesetzten Mussolini aus einem Hotel auf dem mittelitalienischen Gebirgsmassiv Gran Sasso geholt.

Die Befreiung des Ex-Duce nährte die Sorgen um die Sicherheit des „Führers" und motivierte die Einrichtung des Sperrkreises A innerhalb des Sperrkreises I. Um Hitlers, Bormanns und Keitels Bunker, das Kasino I sowie um das Heerespersonalamt und die Wehrmachtsadjutantur zog sich seitdem ein weiterer Zaun mit drei Eingängen. Die Ausgabe der Tagesausweise verlief nach strengen Kriterien und frühzeitigen Anträgen, allein die Fahrzeuge von Ministern, Reichsführern und Marschällen durften durch die Tore fahren. Die Maßnahme erschwerte Angriffe auf Hitler aus dem eigenen Machtapparat heraus, gegen Luftlandeunternehmen gegnerischer Streitkräfte wie das Mussolini-Unternehmen hätte sie jedoch kaum Wirkung entfaltet. Anders die zusätzlichen Sperrbauten, die ab Frühjahr 1944 erstellt wurden: Um den äußeren Drahtverhau entstand in 100 Meter Abstand ein weiterer, in der Fläche dazwischen wurden rund 55 000 Minen platziert.

Ab März 1944 – Hitler war nach Berchtesgaden abgereist – forcierten Bautrupps den Ausbau der Bunker in Sperrkreis I auf Wand- und Deckenstärken von bis zu acht Metern. Sie zogen außerdem den gigantischen „Allgemeinen Bunker" für das Personal des Hauptquartiers in Sperrkreis III hoch sowie einen kleineren in Sperrkreis I. Seit Sommer 1943 hatten schwere britische und amerikanische Bomben immer häufiger die Decken und Wände von Luftschutzbauten in deutschen Städten durchschlagen und Sorgen um die Sicherheit des Führerhauptquartiers geweckt. Ende August erhielt Wayss & Freytag von der OT-Bauleitung in Rastenburg den Auftrag, im „Sonderbauvorhaben Rastenburg" für zwei Bunker jeweils 3000 Kubikmeter Stahlbeton zu verbauen. Viele kleinere Firmen aus der Umgebung wurden beteiligt, zudem zog die OT Arbeiter aus dem Reparaturprogramm für die bombengeschädigten Industrieanlagen an der Ruhr ab und nahm widerstrebenden Baufirmen aus weit entfernten Regionen ihre Facharbeiter weg. Schließlich werkten 3600 zum großen Teil zwangsverpflichtete Arbeiter für 500 Firmen in der Wolfsschanze, viele von ihnen waren Bürger gegnerischer Staaten und wurden ohne Rücksicht auf Sicherheitsbedenken in der innersten Zone des Hauptquartiers

24 Kaule S. 32

Hitler mit dienstverpflichteten Frauen vom Reichsarbeitsdienst in der Wolfsschanze. Solche Presseaufnahmen sollten Volksnähe ausdrücken und der Entrückung des „Führers" etwas entgegensetzen.

eingesetzt. Sie fehlten unter anderem für zivile Bunkerbauten wegen eines Projekts, das am Ende ohne jeden Nutzen blieb.

Der Bunkerausbau sollte zunächst im April abgeschlossen sein, doch der Mangel an Transportraum und Baustoffen sowie der geringe Arbeitseifer der dienstverpflichteten Bauarbeiter ließen die Bauleitung der OT in Rastenburg die Fertigstellung mehrmals verschieben, schließlich bis Ende 1944. Als Hitler am 15. Juli zurückkehrte, stieß er also auf eine Baustelle. Sein eigener Bunker, wegen der gewaltigen Betondecke von Beobachtern mit einem ägyptischen Grabmal verglichen, war noch im Bau; er wich in den Gästebunker aus. Die Bauarbeiten bedingten auch, dass nicht der an Hitlers Bunker angebaute Lageraum zum Schauplatz des bekanntesten Ereignisses in der Wolfsschanze wurde, sondern eine nahegelegene Baracke.

DAS ATTENTAT

Die zum Widerstand bereiten Heeresoffiziere hatten 1943 mehrere Attentate auf Hitler geplant und waren knapp gescheitert. Ihre Entschlossenheit wuchs mit der Verschlechterung der militärischen Lage, die im Sommer 1944 dramatische Ausmaße annahm. In der Normandie wurden die Anfang Juni gelandeten Truppen von Tag zu Tag stärker und es stand fest, dass die deutschen Verteidiger sie nicht in ihre Schiffe zurücktreiben würden – laut Hitler die Voraussetzung für eine erfolgreiche Beendigung des Krieges. Noch viel mehr deutsche Soldaten standen in Weißrussland und der Ukraine der Sowjetarmee gegenüber, die seit Ende Juni eine Reihe vernichtender, weittragender Angriffe führte. Die extrem hohen Verluste der Wehrmacht besiegelten den Ausgang des deutsch-sowjetischen Konflikts.

Am 20. Juli war die Rote Armee auf 100 Kilometer an die Wolfsschanze herangerückt. Bald hörte man den Kanonendonner und sah in der Dunkelheit das Aufblitzen der Abschüsse am Horizont. Zum vierten Mal seit Anfang Juli reiste Claus von Stauffenberg an jenem Tag zu einer der täglichen Lagebesprechungen und zweiten Mal in die Wolfsschanze. Die ersten beiden Konferenzen waren noch auf dem Berghof bei Berchtesgaden abgehalten worden, dann war Hitler wegen des Zusammenbruchs der Heeresgruppe Mitte in Weißrussland nach Ostpreußen zurückgekehrt. Jedes Mal hatte der Oberst eine Bombe im Gepäck gehabt, sie aber nicht gezündet, weil er neben Hitler unbedingt auch Himmler und Göring töten wollte. Doch nach den militärischen Katastrophen der vorangegangenen Wochen ließ der Attentäter alle Wünsche und Bedenken fallen. Er wollte endlich handeln, um Deutschland einen halbwegs glimpflichen Ausweg aus dem verlorenen Krieg zu eröffnen.

Wolfsschanze, 15. Juli 1944: Claus von Stauffenberg (links) brachte an diesem Tag bereits zum zweiten Mal die Bombe mit zur Lagebesprechung. Im Hintergrund sind deutlich die Tarnvorrichtungen zu erkennen.

In einem Nebenraum der Baracke, in der wegen der Bauarbeiten an Hitlers Bunker die Besprechungen stattfanden, machten Stauffenberg und sein Adjutant Werner von Haeften kurz nach 12.30 Uhr die Bombe scharf. Um 12.37 Uhr betrat Stauffenberg den Lageraum, begrüßte Hitler, lehnte die Tasche in unmittelbarer Nähe zu diesem an ein Bein des schweren Kartentischs und verschwand nach ein bis zwei Minuten unter einem Vorwand. Der lautlose, dafür ungenaue, seit etwa sieben Minuten laufende Zeitzünder sollte den Sprengstoff nach 15 bis 30 Minuten detonieren lassen. Als die Bombe nach weniger als zwölf Minuten, um 12.42 Uhr, explodierte, hatte der Bombenleger den innersten Sicherheitskreis bereits verlassen. Die heftige Explosion von einem Kilogramm Hexit – ein zweites, in der Hektik nicht mehr mit einem Zünder versehenes Paket hatte Haeften wieder aus der Lagebaracke mitgenommen – ließ Stauffenberg zusammenzucken. Ein Offizier des Hauptquartiers erklärte beruhigend, dass im Sperrgürtel regelmäßig Wildtiere auf Minen träten. Stauffenberg setzte sich in das für ihn bereitstehende Auto und verließ das Hauptquartier Richtung Flugplatz. Anderthalb Minuten bevor Alarm ausgelöst wurde, passierte er den letzten Sperrkreis, wurde aber an der Außenwache angehalten und konnte mit viel Glück seine Durchfahrt erreichen. Unterwegs warf Haeften das zweite Sprengstoffpaket, das auch ohne eigenen Zünder mit dem ersten Paket zusammen explodiert wäre und dem Attentat wohl das gewünschte Ergebnis beschert hätte, aus dem Wagen in den Wald.

Zurück in Berlin kam Stauffenberg auch noch eine Schlüsselrolle im versuchten Staatsstreich zu. Er war Stabschef des Ersatzheers und versuchte, die im Reich stationierten Einheiten ohne deren Wissen um die Ziele der Verschwörer in Marsch zu setzen. Doch der „Walküre"-Plan scheiterte daran, dass Hitler überlebt hatte. Neben Schürfungen und Prellungen trug er, wie alle im Raum Befindlichen, geplatzte Trommelfelle davon, außer ihm gab es zehn weitere Leichtverletzte. Die 13 Schwerverletzten brachte man in das nahe SS-Lazarett Carlshof, vier der Ein-

Martin Bormann (links) und Hermann Göring (in heller Uniform) begutachten den zerstörten Kartentisch in der Lagebaracke.

gelieferten starben an ihren Verwundungen. In dem Lazarett hatte sich bis 1940 die renommierte Betreuungseinrichtung „Carlshöfer Anstalten“ befunden, bis die Bewohner und Patienten verlegt und im Rahmen der „Euthanasie“ ermordet worden waren.

Bald nach der Explosion fiel der Verdacht auf Stauffenberg und Hitler ersetzte noch am frühen Nachmittag dessen Vorgesetzten, den Befehlshaber des Ersatzheeres Friedrich Fromm, durch Himmler. Um 21.15 Uhr verbreitete der Rundfunk die Nachricht, dass der „Führer“ demnächst sprechen werde. Gegen ein Uhr in der Nacht war dann Hitler zu vernehmen, um allen zu beweisen, dass er am Leben war. Dreimal bezog er sich auf die „Vorsehung“. Dass er fast unverletzt geblieben sei, bestätige seinen Auftrag, für Deutschland zu sorgen und zu arbeiten. Mit der kleinen, ehrgeizigen und gewissenlosen Clique von Offizieren, die hinter dem Anschlag Stauffenbergs stecke, werde „so abgerechnet, wie wir das als Nationalsozialisten gewohnt sind“.[25] Stauffenberg und vier weitere Verschwörer waren da schon tot, der von Hitler inzwischen abgesetzte General Fromm hatte ihn standrechtlich erschießen lassen.

Viele Verschwörer wurden während der folgenden Wochen verhaftet, ihre Familien in „Sippenhaft“ genommen. Die vom Volksgerichtshof zum Tode Verurteilten wurden in der Haftanstalt Plötzensee an dünnen Stahlseilen erhängt. Im August nahm Bernd Freytag von Loringhoven an einer Lagebesprechung in der Wolfsschanze teil, „als plötzlich SS-Gruppenführer Fegelein den Raum betrat, den Vortrag Guderians frech und rücksichtslos unterbrach und einen Stapel Fotos auf den Kartentisch vor Hitler hinwarf. Zu meinem Entsetzen gewahrte ich, dass es sich um Aufnahmen der Hinrichtung vom 8. August handelte. Hitler setzte seine Brille auf, griff sich begierig die makabren Bilder und betrachtete sie lange mit geradezu wollüstiger Freude. Anschließend gingen die Großaufnahmen vom fürchterlichen Todeskampf der Verurteilten von Hand zu Hand.“[26]

Bereits seit der Niederlage in Stalingrad verschlechterte sich Hitlers Gesundheit. Loringhoven

25 Neumärker S. 15

26 Loringhoven S. 65f.

beschrieb seinen Zustand kurz nach dem Attentat so: „Das war nicht mehr der Führer des ‚Großdeutschen Reiches', sondern ein Mann von 55 Jahren mit der Haltung eines Greises, gebeugt, hinkend, den Kopf zwischen die Schultern gezogen, mit blassem Gesicht, dumpfem Blick und grau-fahler Haut. Er ging mit kleinen Schritten, zog das linke Bein nach und trug den rechten Arm, der bei dem Attentat leicht verletzt worden war, in einer Schlinge."[27]

Das Attentat vergrößerte noch einmal die Sorge um die Sicherheit des „Führers". Man stockte die SS-Wacheinheiten auf, und wer zu Hitler wollte, musste seine Waffe abgeben und sich durchsuchen lassen. Um der Wirkung einer möglichen weiteren Bombe vorzubeugen, verlegte Hitler die Lagebesprechungen vorübergehend in ein Zelt vor seinem Bunker. Zudem wuchs mit „Market Garden", dem großen Fallschirm-Unternehmen der Westalliierten in den Niederlanden Mitte September 1944, die Furcht vor einer Luftlandung. Fallschirmtruppen bewachten deshalb die möglichen Landezonen.

Zudem verschlechterte der 20. Juli das ohnehin prekäre Verhältnis Hitlers zu seinen Generälen, sein Misstrauen und sein Jähzorn nahmen noch einmal zu. „Jede Veränderung der Frontverläufe musste ihm in allen Einzelheiten vorgelegt werden. Geschah dies nicht, so strafte er den für schuldig Befundenen mit unerbittlicher Strenge und gab sich gegenüber den Generälen und vor allem gegenüber denen des Generalstabs heftigen Beschimpfungen hin, indem er sie des Hochverrats und der Sabotage bezichtigte. Die anwesenden Generäle und Offiziere hörten sich diese Vorwürfe schweigend an. Die Einzigen, die zu widersprechen wagten, waren Jodl und vor allem [Heeresstabschef Heinz] Guderian, dessen Streitigkeiten mit Hitler sich immer mehr verschärften."[28]

Der „Führer" nahm die Realität seit Jahren überwiegend anhand persönlich gefärbter, interessengeleiteter Berichte seiner Paladine wahr und, noch viel mehr, über die irreführende Abstraktion des Kartentisches, welcher er nun endgültig verfiel. Längst entsprachen die Fähnchen auf der Karte nicht mehr voll kampffähigen Einheiten. „Es gab zwar Berichte über die wirkliche Lage der Truppe, doch die sah Hitler sich niemals an. Stattdessen versteifte er sich auf seine Analysen und war ganz hingerissen von dem Zauber der Markierungen auf den Landkarten."[29] Der „erste Soldat des Reiches", wie er sich sah, lebte in seiner eigenen Welt. Diese Welt verdüsterte sich nicht nur im übertragenen Sinn. Hitler verließ seine ohnehin lichtarme Behausung immer seltener und vorwiegend nach Anbruch der Dunkelheit.

Anfang August warfen sowjetische Maschinen über dem Führerhauptquartier Flugblätter ab, auf denen Namen von vielen dort Tätigen genannt waren; die Informationen stammten von ehemaligen Wachen. Daraufhin befahl Hitler, dass kein Wachsoldat mehr an die Front kommen durfte. Bomben warfen die Flugzeuge keine – sei es, weil sie sich keine größere Wirkung versprachen, sei es, dass ihnen Hitler als Garant einer totalen deutschen Niederlage erschien, den sie bis zu deren Eintreten erhalten wollten. Aus diesem Grund hatten auch die Briten, die ja schon seit 1942 die Lage der Wolfsschanze kannten, von Luftangriffen abgesehen. Anfang November trafen dann einige verirrte Bomben den Sperrkreis III, verursachten aber keine Schäden.

NEUE PROJEKTE UND ABSCHIED

Am 8. November konnte Hitler in seinen fertig verstärkten Bunker einziehen. Der 20. November war dann schon sein letzter Tag im ostpreußischen Führerhauptquartier, in welchem er seit Juni 1941 850 Tage verbracht hatte. Neben der Gefahr durch die feindlichen Truppen machte nun ein Polyp auf Hitlers Stimmbändern, der in Berlin operiert werden sollte, die Abreise notwendig. Zwei Tage später erstellten Pioniere einen „Sprengkalender" für das Hauptquartier, Flakgeschütze und andere Bewaffnung wurden abgebaut. Lebensmittel- und Munitionsvorräte blieben aber unangetastet, und am 4. Dezember ordnete Keitel an, die Anlage betriebsbereit zu halten.

Seit Oktober planten die Führungsstäbe eine Offensive im Westen. Hitler befahl die Verlegung von Truppen aus dem bedrohten Ostpreußen in die Eifel, von wo der Angriff starten sollte. Die Ardennen-

27 Loringhoven S. 10
28 Ebd. S. 77
29 Loringhoven S. 77

Blick in den Flur eines der Blockhäuser, ca. 1941/1942

offensive, die letzte strategische Karte NS-Deutschlands, steuerte er von dem Hauptquartier Adlerhorst in Hessen aus, das er 1940 noch verschmäht hatte. Allerdings nutzte Hitler nicht das Ziegenberger Schloss, das der Oberbefehlshaber West, Gerd von Rundstedt, bezog, sondern feste Blockhäuser mit darunterliegenden Bunkern in einem nahen Wald.

Unterdessen baute das NS-Regime mit großem Aufwand an Arbeitskräften und Material an einem neuen Führerhauptquartier in Schlesien. Nur wenige Unterlagen blieben zu dem als „Riese" bekannten Kommando- und Industrie-Komplex im Eulengebirge erhalten, der seit Herbst 1943 vorangetrieben worden war. Unter dem Eindruck des Bombenkrieges sollten dort die wichtigsten Ministerien und die Oberkommandos der Teilstreitkräfte mindestens sieben Meter tief unter der Erde installiert werden. Eine der Kommandostellen, vielleicht die für das Führerhauptquartier vorgesehene, entstand unter und im Schloss Fürstenstein. 20 000 Menschen sollten in dem Komplex wohnen und arbeiten. In dem etwa vier mal acht Kilometer großen Gebiet arbeiteten KZ-Häftlinge und Kriegsgefangene bis Anfang 1945. Als das Vorhaben abgebrochen wurde, war es trotz des gewaltigen Ressourcenverbrauchs – 150 Millionen RM und mehr als doppelt so viel Beton wie in der Wolfsschanze – und dem Tod von 5000 Häftlingen erst zur Hälfte fertiggestellt.

„Riese" war ganz offensichtlich als größerer und mehr Sicherheit bietender Ersatz für die Wolfsschanze gedacht, die dann auch Anfang 1945 von den Sowjets eingenommen wurde. Am 12. Januar begannen sechs Millionen Soldaten der Roten Armee von der Ostsee bis in die Karpaten ihre Offensive gegen die Wehrmacht. In Ostpreußen behauptete Gauleiter und Verteidigungskommissar Erich Koch, dass die Region verteidigt werden könne. Er verbot Evakuierungen, gehörte dann aber zu den Ersten, die

Sowjetische Soldaten in Tilsit, Ostpreußen, Januar 1945

sich absetzten, während viele der zu spät Flüchtenden von den feindlichen Truppen eingeholt wurden. Ostpreußen versank im Chaos des Krieges. Sowjetsoldaten mordeten, plünderten, vergewaltigten. Sie handelten im Einklang mit der Propaganda gegen die „Hitlerfaschisten", aber gegen den Befehl, die Bevölkerung zu schonen. Viele waren fassungslos über den relativen Wohlstand in dem Land, das das ihre überfallen und verwüstet hatte, und mussten zugleich erkennen, dass ihre sozialistische Heimat keineswegs das Paradies war, das man ihnen angepriesen hatte. In Rastenburg trieb sie zusätzlich an, dass dort Hitlers Hauptquartier gewesen war, dessen Bunker und sonstige Bauten am 24. Januar die verbliebene Besatzung mit sehr großen Mengen Sprengstoff zerstört hatte. Währenddessen setzten deutsche Täter das Morden fort. Von 7000 Jüdinnen aus dem KZ Stutthof überlebten nur 15 die Massaker an der Ostseeküste zwischen Königsberg und Palmnicken.

An die Einstellung von „Riese" schloss sich das noch schwerer zu fassende Projekt „S III" in Thüringen an. Einige Dienststellen, darunter die Reichskanzlei, zogen Anfang 1945 nach Thüringen. Im Jonastal liefen im November 1944 Bauaktivitäten an, die vielleicht den Zwecken des Führerhauptquartiers dienten. Noch bevor der Umzug des Machtapparats, geschweige denn die vorgesehenen Baumaßnahmen abgeschlossen waren, besetzten die Amerikaner Thüringen. Als letzte Zufluchten waren die als „Hagen" oder auch als „Siegfried" bezeichnete Bunkeranlage in Pullach bei München sowie der für Kriegszwecke ausgebaute Berghof-Komplex bei Berchtesgaden vorgesehen, wurden aber von Hitler nicht mehr genutzt. Der „Führer" zog es bekanntlich vor, in Berlin zu bleiben; das Oberkommando der Wehrmacht kehrte in sein angestammtes Quartier in der Bendlerstraße, das Oberkommando des Heeres nach Zossen zurück. Für die Lagebesprechungen in der Reichskanzlei und

Flüchtlinge in Ostpreußen, Januar 1945

dann in deren Bunker, wo Hitler am 30. April 1945 Selbstmord verübte, pendelten die Generäle also stundenlang vom Umland ins Berliner Regierungsviertel.

Hitler dachte, wie im Falle des peinlich komfortablen Adlerhorsts, gewiss daran, dass die Wolfsschanze einmal ein Denkmal seines historischen Lebensraumkrieges sein würde. So ist es auch gekommen, doch stehen die zyklopischen Trümmer nicht für sein vermeintliches Feldherrngenie und seine Selbstbeschränkung, sondern bezeugen sein Scheitern. Statt der bescheidenen Wohnräume sehen Besucherinnen und Besucher heute geborstene Bunkerhüllen.

DAS NACHLEBEN DES HAUPTQUARTIERS

Nach der Übernahme des südlichen Ostpreußens durch die Volksrepublik Polen im Sommer 1945 hieß Rastenburg zunächst Rastembork. Im Jahr darauf erhielt die Stadt den Namen Kętrzyn, um den Historiker Wojciech Kętrzyński zu ehren, der 1838 im nahen Lötzen als Adalbert von Winkler geboren worden war und sich nach der Entdeckung seiner polnischen Wurzeln ganz der polnischen Nationalbewegung verschrieben hatte. Die neuerliche Umbenennung war einer von vielen Versuchen, der von Stalin angeordneten und den Westalliierten abgenickten Vereinnahmung der „wiedergewonnenen Gebiete“ einen nationalhistorischen Anstrich zu geben. Auch nach Rastenburg/Kętrzyn wurden Polen aus den Regionen um Wilna und Lemberg „umgesiedelt“, die ihre nunmehr sowjetische Heimat verlassen mussten.

Die neuen Anwohner nahmen sich viele brauchbare Kleinigkeiten. Deutsche Kriegsgefangene und polnische Arbeiter durchsuchten dann seit 1946 die in Trümmern liegende Wolfsschanze nach verwendbaren Materialien. Sie demontierten und verluden

Betonmischmaschinen und Baustoffe, die für den Bau eines Flughafens in Warschau-Okęcie, den heutigen Chopin-Flughafen, Verwendung fanden. Noch vorhandene Holzbaracken nutzten Bauarbeiter des Warschauer Kulturpalastes als Unterkunft, einige dienten in der Hauptstadt noch in den 2010er Jahren als Studentenwohnheim.[30] Bis Mitte der fünfziger Jahre entschärften polnische Pioniere 55 000 Minen und 200 000 Stück Munition, drei Soldaten starben dabei.[31]

Seit 1957 erkundeten polnische Offizielle, Höhlenforscher und Soldaten das Gelände und prüften eine touristische Erschließung. Sie wollten auch den Erzählungen der lokalen Bevölkerung entgegentreten, dort lagerten noch große Mengen Sprengstoff und haltbarer Lebensmittel. Ein weiteres Gerücht besagte, in getarnten Bunkern lebten noch immer etliche deutsche Soldaten, die vom Ende des Krieges nichts mitbekommen hätten. Man fand sie genauso wenig wie Explosivstoffe oder Vorräte.

Ab 1959 wurde das Gelände von Sperrkreis I zugänglich gemacht. Das frühere Gästehaus der SS übernahm ein Hotel. Es entstanden Parkmöglichkeiten, ein Zeltplatz, Kioske, ein Kassenhäuschen und 15 Informationstafeln, die das Leiden der Polen unter der deutschen Besatzung beziehungsweise das Wüten der „Faschisten“ thematisierten und die Befreiung durch die Sowjetarmee priesen. Immerhin saß das Haupt der deutschen Schreckensherrschaft, die 3 Millionen Juden und mindestens 1,7 Millionen nichtjüdische Polen das Leben kostete, während knapp der Hälfte ihrer Dauer in der Wolfsschanze. Der schick-

30 wolfsschanze.pl/en/wolfs-lair-demolition/ abgerufen am 11.8.2020. Die private Webseite bietet reichhaltige Informationen auf Polnisch und Englisch.

31 wolfsschanze.pl/en/wolfs-lair-demolition/ abgerufen am 11.8.2020

Beginnender Bunkertourismus: Besucher in der Wolfsschanze, 1956

Hitlers Bunker, 2013

salsbeladene Ort, die Faszination des Bösen und der unwirkliche Anblick der gewaltigen Betonblöcke zogen 1967 180 000 Besucher an, jeder Zehnte von ihnen kam aus dem Ausland.

An das Attentat vom 20. Juli erinnert seit 1992 eine an den Resten der Lagebaracke angebrachte Bronzetafel mit der Inschrift: „Hier stand die Baracke, in der am 20. Juli 1944 Claus Schenk Graf von Stauffenberg ein Attentat auf Adolf Hitler unternahm. Er und viele andere, die sich gegen die nationalsozialistische Diktatur erhoben hatten, bezahlten mit ihrem Leben.“ Der Enthüllung wohnten die drei Söhne Stauffenbergs bei, hochrangige Regierungsvertreter der beiden beteiligten Länder hingegen nicht. Die Enthüllung der Tafel bot die Gelegenheit, die nicht mehr angemessenen Tafeln aus den sechziger Jahren zu entfernen. Zum 50. Jahrestag des Attentats reichten sich dann dort die Parlamentspräsidenten Polens und Deutschlands die Hände. Seit dem Fall des Kommunismus besuchen neben der schrumpfenden Zahl deutscher Heimwehtouristen zunehmend Normalurlauber sowie Bunkerbegeisterte die Wolfsschanze und die übrigen Kommandostellen in der Region.

Die liberalen Wirtschaftsreformen der frühen neunziger Jahre machten auch vor der Wolfsschanze nicht Halt. Die Vermarktung des historischen Orts lag seit 1993 bei der GmbH Wilcze Gniazdo (Wolfsnest), die zu 80 Prozent dem polnisch-österreichischen Süßwarenhersteller Carpatia und zu 20 Prozent der Gemeinde Kętrzyn gehörte. Die gewinnorientierten Pächter des ehemaligen Führerhauptquartiers überlegten immer wieder, den touristischen Anziehungspunkt mit einer aus Wachsfiguren nachgestellten Lagebesprechung aufzuwerten und dort einen Freizeitpark oder ein Resort zu bauen.

Die Präsentation der historischen Stätte sorgte zunehmend für Unmut. Jan Oldakowski, Direktor am Museum des Warschauer Aufstands, sprach von einem „grotesken Disneyland“.[32] Die nationale Forstverwaltung übernahm das 250 Hektar große Gelände 2017 von der GmbH, die bei der Vertragsverlängerung 2012 gemachte Auflagen, durch Modernisierungen die Sicherheit der Besucher zu gewährleisten, nicht erfüllt hatte. Auch zu einer geplanten Zusammenar-

32 www.dw.com/de/hitlers-wolfsschanze-wird-restauriert/a-48496893 abgerufen am 11.8.2020

Lageplan der Bunkerstadt

beit mit dem Kulturministerium für ein Bildungsprojekt war es nicht gekommen.

Die Forstbehörde – vor Ort ist die Oberförsterei Srokowo zuständig – betreibt seitdem einen Kurswechsel weg von Vergnügungs- und hin zu Informationsangeboten und beendete unter anderem die Paintball-Spiele auf dem Gelände.[33] „Bislang konzentrierten sich die Besucherführer oft auf technische Details wie die Betonsorten, Dicke der Bunkerwände oder Bewohnerzahl der Anlage. Wir wollen die Wolfsschanze künftig als mahnendes Beispiel zeigen. Schließlich war das eine Art Klein-Berlin, wo viele der Nazi-Verbrechen beschlossen und in die Wege geleitet wurden",[34] sagte Forstamtsleiter Zenon Piotrowicz.

Zum 75. Jahrestag des Warschauer Aufstands wurde 2019 eine Ausstellung mit Waffen eröffnet, die 1944 auf Seiten der Aufständischen Verwendung fanden, darunter ein aus der Ostsee geborgener deutscher Panzer von gleicher Bauart wie ein von der polnischen Heimatarmee in Warschau erbeuteter.[35] Die Kämpfe der Heimatarmee gegen die Wehrmacht in Wilna wurden nachgestellt. Seit 2020 zeigt die Einrichtung einen Nachbau der Lagebaracke, wie sie am 20. Juli 1944 aussah. Dieser ist in den ehemaligen Keitel-Bunker integriert. Dort sind auch aufgelesene Funde zu sehen, die bei Begehungen des Geländes gemacht wurden, zum Beispiel Teile der sanitären Ausstattung oder zerbrochenes Geschirr. Gäste können eine mehrsprachige, die wichtigsten Informationen vermittelnde App auf ihrem Mobiltelefon installieren, 19 Guides bieten Führungen in sechs Sprachen an.[36] 2018 lag die Besucherzahl bei knapp 300 000.

33 Die offizielle Webadresse lautet wilczyszaniec.olsztyn.lasy.gov.pl und ist ausschließlich in polnischer Sprache.

34 www.mdr.de/nachrichten/osteuropa/land-leute/wolfsschanze-nachbau-baracke-100.html abgerufen am 11.8.2020

35 dzieje.pl/aktualnosci/wilczy-szaniec-w-gierlozy-gotowy-do-sezonu abgerufen am 14.8.2020
dzieje.pl/wystawa/w-polowie-przyszlego-roku-powstanie-wystawa-plenerowa-w-wilczym-szancu abgerufen am 14.8.2020
dzieje.pl/wystawy/w-wilczym-szancu-powstala-ekspozycja-sprzetu-militarnego abgerufen am 14.8.2020

36 wilczyszaniec.olsztyn.lasy.gov.pl/jezyki-obce#.XzvIKC3qj-Y abgerufen am 18.8.2020

Ruinen des ehemaligen Göringbunkers

REICHSKANZLEI:

Arnold, Dietmar: *Reichskanzlei und „Führerbunker". Legenden und Wirklichkeit,* Berlin 2005

Brechtken, Magnus: *Albert Speer. Eine deutsche Karriere,* München 2017

Demps, Laurenz: *Die Wilhelmstraße. Eine Topographie preußisch-deutscher Macht,* Berlin 2000

Görtemaker, Heike: *Hitlers Hofstaat. Der innere Kreis im Dritten Reich und danach,* München 2019

Joachimsthaler, Anton: *Hitlers Ende. Legenden und Dokumente,* 2. Aufl., München 2004

Kellerhoff, Felix: *Mythos Führerbunker. Hitlers letzter Unterschlupf,* Berlin 2003

Schäche, Wolfgang; Reichhardt, Hans J.: *Von Berlin nach Germania. Über die Zerstörungen der „Reichshauptstadt" durch Albert Speers Neugestaltungsplanungen,* 2. Aufl., Berlin 1998

Schönberger, Angela: *Die Neue Reichskanzlei von Albert Speer. Zum Zusammenhang von nationalsozialistischer Ideologie und Architektur,* Berlin 1981

Speer, Albert (Architekt): *Die neue Reichskanzlei,* München 1940

Thorau, Dagmar; Schaulinski, Gernot (Hg.): *Mythos Germania. Vision und Verbrechen,* 2. Aufl., Berlin 2016

Topographie des Terrors (Hg.), *Die Wilhelmstraße 1933–1945. Aufstieg und Untergang des NS-Regierungsviertels,* Berlin 2012

CARINHALL:

Ciesla, Burghard und Helmut Suter: *Jagd und Macht. Die Geschichte des Jagdreviers Schorfheide,* Berlin [2]2013

Gautschi, Andreas: *Der Reichsjägermeister. Fakten und Legenden um Hermann Göring,* 5. Auflage, Göttingen 2010

Goebbels, Joseph: Tagebücher, im Auftrag des Instituts für Zeitgeschichte hrsg. von Elke Fröhlich, 1993-2005. In: *Nationalsozialismus, Holocaust, Widerstand und Exil 1933–1945.* Online-Datenbank. De Gruyter 2006

Gritzbach, Erich: *Hermann Göring. Mensch und Werk,* München [36]1941 (1938)

Knopf, Volker: *„Jagdhaus Schorfheide". Das Blockhaus der Reichspräsidenten am Werbellinsee,* Endingen 2007

Knopf, Volker; Martens, Stefan: *Görings Reich. Selbstinszenierungen in Carinhall,* 8. Auflage, Berlin 2019 (1999)

Neumärker, Uwe; Knopf, Volker: *Görings Revier. Jagd und Politik in der Rominter Heide,* 2. Auflage, Berlin 2008

Wölker, Thomas: *Carinhall, Hermann Görings Wohnsitz in der Schorfheide. Ein Beitrag zur Entmystifizierung,* in: Jahrbuch für Brandenburgische Landesgeschichte 45/1994

BOGENSEE:

Berkholz, Stefan: *Goebbels' Waldhof am Bogensee. Vom Liebesnest zur DDR-Propagandastätte,* Berlin 2004

Dimmey, Jana; Matthes, Karin: *Rote Stühle. Das Gelände am Bogensee. Hochschule der FDJ und Goebbels Landsitz,* Heidelberg 2009

Fohrmann, Petra: *Die Kinder des Reichsministers. Erinnerungen einer Erzieherin an die Familie Goebbels 1943 bis 1945,* Swisttal 2005

Goebbels, Joseph: Tagebücher, im Auftrag des Instituts für Zeitgeschichte hrsg. von Elke Fröhlich, 1993-2005. In: *Nationalsozialismus, Holocaust, Widerstand und Exil 1933–1945.* Online-Datenbank. De Gruyter 2006

Gotschlich, Helga; Lange, Katharina; Schulze, Edeltraud (Hg.): *Aber nicht im Gleichschritt. Zur Entstehung der Freien Deutschen Jugend,* Berlin 1997

Kershaw, Ian: *Das Ende. Kampf bis in den Untergang. NS-Deutschland 1944/45,* München 2011

Longerich, Peter: *Goebbels. Biographie,* München 2010

Mählert, Ulrich; Stephan, Gert-Rüdiger: *Blaue Hemden, rote Fahnen. Die Geschichte der Freien Deutschen Jugend,* Opladen 1996

Oven, Wilfred von: *Finale furioso. Mit Goebbels bis zum Ende,* Tübingen 1974

Rohowski, Ilona: *Bogensee. Vom Goebbels-Landsitz zur Jugendhochschule „Wilhelm Pieck" der FDJ. Die bauliche Entwicklung des Ortes 1936–56,* in: Brandenburgische Denkmalpflege 17,1 (2008), S. 6–20

HOHENLYCHEN:

Aly, Götz: *Tuberkulose und Euthanasie,* in: Jürgen Pfeiffer (Hg.): *Menschenverachtung und Opportunismus. Zur Medizin im Dritten Reich,* Tübingen 1992

Brechtken, Magnus: *Albert Speer. Eine deutsche Karriere,* München 2017

Carstedt, Ernst: *Geschichte der Stadt Lychen,* hg. von der Arbeitsgemeinschaft für uckermärkische Kirchengeschichte, Hohenlychen 1977

Fränkel, C. (Carl): *Das Wesen und die Bekämpfung der Tuberkulose. Kurze Belehrung herausgegeben vom Deutschen Central-Komite zur Errichtung von Heilstätten für Lungenkranke,* Berlin 1905

Fuchs, Petra; Liebner, Petra; Schulz, Marco: *Heilstättenbewegung in Brandenburg. Das Beispiel der Lungenheilstätten Kolkwitz, Hohenlychen und Beelitz,* in: Wolfgang Hofmann, Kristina Hübener, Paul Meusinger (Hg.): *Fürsorge in Brandenburg. Entwicklungen – Kontinuitäten – Umbrüche,* Berlin 2007

Hahn, Judith: *Grawitz, Genzken, Gebhardt. Drei Karrieren im Sanitätsdienst der SS,* Münster 2007

Hahn, Judith: *Leibesübungen und Leistungsmedizin. Der Sportarzt Karl Gebhardt und die Heilanstalten Hohenlychen in der NS-Zeit,* Hefte zur Geschichte der Charité – Universitätsmedizin Berlin, Heft 4, Berlin 2018

Hahn, Susanne: *Ethische Grundlagen der faschistischen Medizin, dargestellt am Beispiel der Tuberkulosebekämpfung,* in: Achim Thom und Horst Spaar: *Medizin im Faschismus. Symposium über das Schicksal der Medizin in der Zeit des Faschismus in Deutschland 1933–1945,* Ost-Berlin 1983

Hähner-Rombach, Sylvelyn: *Sozialgeschichte der Tuberkulose. Vom Kaiserreich bis zum Ende des Zweiten Weltkriegs unter besonderer Berücksichtigung Württembergs,* Stuttgart 2000

Himmler, Katrin und Wildt, Michael (Hg.): *Himmler privat. Briefe eines Massenmörders,* München, Zürich 2014

Jüttemann, Andreas: *Die preußischen Lungenheilstätten. 1863 – 1934 – unter besonderer Berücksichtigung der Regionen Brandenburg, Harz und Riesengebirge,* Lengerich 2015.

Knesebeck, Bodo von dem; Pannwitz, Gotthold: *Das Deutsche Rote Kreuz und die Tuberkulose-Bekämpfung,* Berlin 1912

Longerich, Peter: *Heinrich Himmler. Biographie,* München 2008

Verkehrsverein Lychen (Hg.), *Luftkurort Lychen. Das märkische Interlaken,* 1930

Volksheilstättenverein vom Roten Kreuz, *Hohenlychen 1902–1927.* Festschrift zum 25jährigen Bestehen der Heilanstalten und Berufsschulen Hohenlychen, Berlin 1927

Waltrich, Hans: *Aufstieg und Fall der Heilanstalten Hohenlychen (1902 bis 1945),* Blankensee 2001

Waltrich, Hans: *Die Eroberung Lychens Ende April 1945,* Blankensee 2003

WOLFSSCHANZE:

Hitler, Adolf: *Monologe im Führerhauptquartier. Die Aufzeichnungen Heinrich Heims,* hg. von Werner Jochmann, Hamburg 1980

Junge, Traudl: *Bis zur letzten Stunde. Hitlers Sekretärin erzählt ihr Leben,* München 2002

Schroeder, Christa: *Er war mein Chef. Aus dem Nachlaß der Sekretärin von Adolf Hitler,* München [11]2002 (1985)

Kaule, Martin: *Wolfsschanze. „Führerhauptquartier" in Masuren,* Berlin 2014

Loringhoven, Bernd Freytag von: *Mit Hitler im Bunker. Die letzten Monate im Führerhauptquartier Juli 1944 – April 1945,* Berlin 2006

Neumärker, Uwe; Conrad, Robert; Woywodt, Cord: *Wolfsschanze. Hitlers Machtzentrale im II. Weltkrieg,* Berlin [3]2007

Raichle, Christoph: *Hitler als Symbolpolitiker,* Stuttgart 2013

Seidler, Franz W.; Zeigert, Dieter: *Die Führerhauptquartiere. Anlagen und Planungen im Zweiten Weltkrieg,* München 2001

Prenzlau
Unterucker See
Lychen
Hohenlychen
Ravensbrück
Fürstenberg
ittstock/Dosse
Templin
Rheinsberg
Schwedt/Ode
Havel
Carinhall
Angermünde
Zehdenick
Grimnitzsee
Rheinsberger Rh.
Jagdhaus des Reichspräsidenten
Hubertusstock
Parsteiner See
Neuruppin
Oder-Havel-Kanal
Rhinkanal
Schorfheide
Eberswalde
Bad Freienwa (Oder)
Ruppiner K.
Bogensee
Oranienburg
BRANDENBURG
Hohen Neuendorf
Velten
Hauptkanal
Hennigsdorf
Bernau bei Berlin
Panketal
Glienicke/ Nordbahn
Nauen
Brieselang
Ahrensfelde
Strausberg
Falkensee
Hoppegarten
Berlin
Reichskanzlei
Schöneiche bei Berlin
Havel
NDENBURG
DER HAVEL
Schwanenwerder
POTSDAM
Erkner
Teltow
Werder (Havel)
Schönefeld
Zeuthen
Spree
Kloster Lehnin
Blankenfelde-Mahlow
Königs Wusterhausen
Fürstenwalde/ Spree
Schwielow-see
Michendorf
Ludwigsfelde
Scharmützel-see
Mittenwalde
Plane
Nuthe
Trebbin
Beeskow
d Belzig
Dahme
Spree
Luckenwalde